ICH WAR HITLERS LETZTES AUFGEBOT

Das letzte Aufgebot der Nazis gegen Kriegsende bestand zum Teil aus Kindern. Eines davon ist der Hamburger Günter Lucks, Jahrgang 1928. Ende 1944 wird der 16-jährige HJler zu einer Grundausbildung der Wehrmacht nach Böhmen geschickt, im März 1945 wird er für die «Kampfgruppe Böhmen in der SS-Panzergrenadierdivision Hitlerjugend» rekrutiert. Einen Monat später werden die Jungen an die Front bei Wien geschickt. Das Kind kämpft und tötet – und gerät in sowjetische Gefangenschaft. Es beginnt eine jahrelange Odyssee durch diverse Lager im Baltikum und in Russland. Lucks hat Glück im Unglück; sein Sprachtalent, seine Musikalität, seine Anstelligkeit und sein kindliches Äußeres (das ihm den Spitznamen «Bubi» einträgt) verschaffen ihm Freunde auch bei den Russen. In Tuschino, seiner letzten Station, erlebt er die erste große Liebe seines Lebens zu einer jungen Russin, die er zeitlebens nicht vergessen wird. Erst 1950 kehrt er nach Hamburg zurück, von jeglicher patriotischen Abenteuerlust kuriert.

Günter Lucks, Jahrgang 1928, war nach der Ausbildung bis 1955 bei der Post tätig. Danach arbeitete er im graphischen Gewerbe, ab 1962 bis zur Rente im Axel Springer Verlag. Dort war er lange Jahre Betriebsrat. Eine Einladung der Bundeswehr in Gründung, ihr als Offizier beizutreten, hatte er abgelehnt.

Harald Stutte ist Historiker, Politikredakteur bei der «Hamburger Morgenpost» und Autor verschiedener Reisemagazine. Er wurde mit dem Reportagepreis der Vereinigung Deutscher Reisejournalisten ausgezeichnet.

Günter Lucks mit Harald Stutte

ICH WAR HITLERS LETZTES AUFGEBOT

Meine Erlebnisse als SS-Kindersoldat

Weltbild

Genehmigte Lizenzausgabe für Verlagsgruppe Weltbild GmbH,
Steinerne Furt, 86167 Augsburg

Lektorat: Frank Strickstrock
Das Gedicht HELDEN VON HEUTE von
Günter Grass auf S. 57/58 ist mit freundlicher Genehmigung des
Steidl Verlags dem Lyrikband »Dummer August« entnommen;

Karten S. 6/7 und Seite 187 Peter Palm, Berlin
Umschlaggestaltung: Uhlig, Augsburg / www.coverdesign.net
Umschlagmotiv: picture-alliance / Judaica-Sammlung Richter
Gesamtherstellung: CPI Moravia Books s.r.o., Pohorelice
Printed in the EU
ISBN 978-3-8289-4490-9

2013 2012 2011
Die letzte Jahreszahl gibt die aktuelle Lizenzausgabe an.

INHALT

Oslo
NORWEGEN
Stockholm
Tallinn/Reval
Estnische SSR
Peipussee
Tartu (Dorpat)
Pskow
Ösel
Göteborg
Gotland
SCHWEDEN
Lettische SSR
Riga
Salaspils
Ogre
Mittau
Libau
DÄNEMARK
Dünaburg
Litauische SSR
Memel
Kopenhagen
Malmö
Ostsee
Bornholm
Kauen
Memel
Tilsit
Wilna
Flensburg
Gdingen
Königsberg
Kiel
Minsk
Rostock
Danzig
Bremerhaven
Hamburg
Weißrussische SSR
Bremen
Stettin
Bialystok
Bromberg
Elbe
Oder
Berlin
Hannover
Potsdam
Frankfurt/Oder
Brest-Litowsk
Pinsk
Posen
Warthe
Weichsel
Bug
Warschau
Magdeburg
Friedland
Cottbus
Lodz
Heiligenstadt
Leipzig
Weimar
POLEN
Lublin
Breslau
Oder
DEUTSCHLAND
Dresden
Elbe
Böhmen
Gleiwitz
Kattowitz
Frankfurt/Main
Prag
Krakau
Lemberg
Networschitz (Netvořice)
Beneschau (Benešov)
Mähren
Nürnberg
Tabor
TSCHECHO-SLOWAKEI
Stanislau
Pisek
Brünn [Spielberg]
Stuttgart
Donau
Dürnholz
Kaschau
Znaim (Znoymo)
Bad Luhatschowitz (Luhačovice)
Czernowitz
Großkrut
Altlichtenwarth
Linz
Preßburg
München
Wien
Salzburg
Theiß
Debrecen
Inn
Innsbruck
ÖSTERREICH
Budapest
Klausenburg
Graz
UNGARN
Maros
Bozen
Drau
Szeged
RUMÄNIEN
ITALIEN
Laibach
Fünfkirchen
Hermannstadt
Agram
Triest
Esseg
Venedig
Fiume
Save
Neusatz
Belgrad
Bologna
JUGOSLAWIEN
Donau
Adria
Zara
Florenz
Sarajewo
Split
Nisch
0 100 200 km

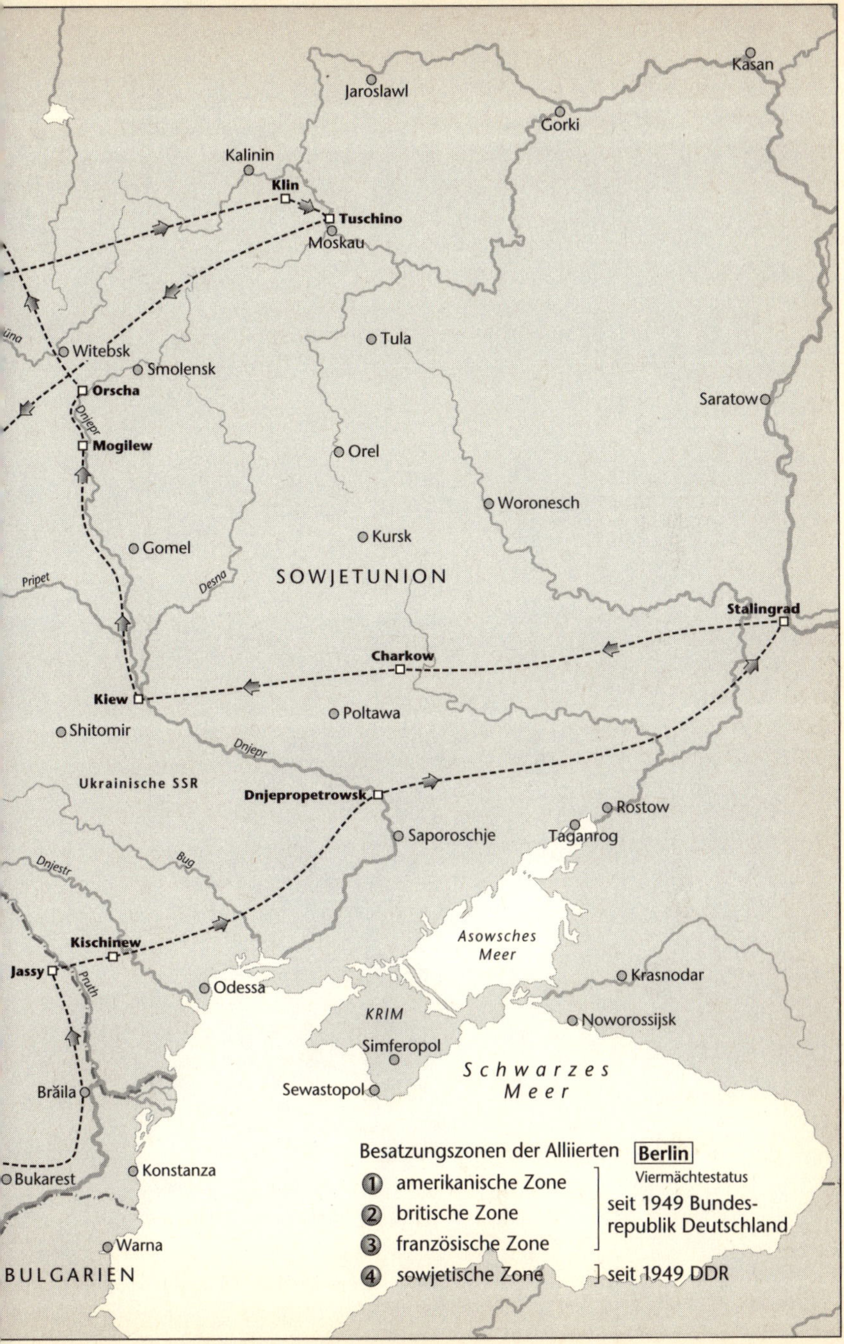

Kasan
Jaroslawl
Gorki
Kalinin
Klin
Tuschino
Moskau
Düna
Witebsk
Smolensk
Orscha
Dnjepr
Mogilew
Tula
Saratow
Orel
Woronesch
Kursk
Gomel
Pripet
Desna
SOWJETUNION
Stalingrad
Charkow
Kiew
Poltawa
Shitomir
Dnjepr
Ukrainische SSR
Dnjepropetrowsk
Rostow
Saporoschje
Taganrog
Dnjestr
Bug
Asowsches Meer
Kischinew
Jassy
Pruth
Odessa
Krasnodar
KRIM
Noworossijsk
Simferopol
Schwarzes Meer
Sewastopol
Brăila
Besatzungszonen der Alliierten
Berlin
Viermächtestatus
1 amerikanische Zone
2 britische Zone
3 französische Zone
seit 1949 Bundesrepublik Deutschland
4 sowjetische Zone
seit 1949 DDR
Bukarest
Konstanza
Warna
BULGARIEN

VORWORT

In meinen Träumen kehren die schrecklichen Bilder immer wieder. Dann sehe ich die toten Zivilisten in dem österreichischen Dorf Altlichtenwarth. Ich sehe den Kameraden, den wir «Enteritis» nannten und der etwas rechthaberisch gewesen war. Und der dann von einer Granate zerfetzt und besudelt mit Obstkompott unter Dutzenden kaputter Einweckgläser lag, die wir zuvor im Keller eines Bauernhauses gefunden hatten. Oder ich sehe das Bild eines sowjetischen Soldaten, der mit geweiteten Augen auf mich zusprang, mir sein entsichertes Gewehr an den Kopf hielt und mir irgendetwas in russischer Sprache entgegenschrie, das ich damals nicht verstand. Schwer verletzt lag ich in einem Lazarettzug. Der Krieg war bereits vorbei. Nie wieder in meinem Leben hatte ich eine solche Todesangst wie in jenem Moment.

Solche Bilder sind sehr privat und schwer vermittelbar. Sie waren in meinem Kopf verschlossen, unsichtbar für meine Umgebung. Als alter Mensch hat man sehr viel Zeit und beschäftigt sich mehr mit der eigenen Vergangenheit. Endlich hatte ich das Bedürfnis, meine Geschichte, die Geschichte eines Kindersoldaten und später die eines jugendlichen Kriegsgefangenen, der Nachwelt mitzuteilen. Meinem Sohn zum Beispiel, denn den Gedanken an eine Buchveröffentlichung hatte ich zunächst nicht. Aber ich begann vor einigen Jahren damit, meine Geschichte niederzuschreiben. Und ich war selbst überrascht, wie lebendig die Erinnerungen noch sind, selbst an Details.

Die Idee, meine Erlebnisse aufzuzeichnen, kam mir an einem Januarmorgen im Jahr 2005. Ich war mit der U-Bahn in die

Stadt gefahren, womit wir Hamburger im engeren Sinn unsere City meinen. Ich wollte mir eine neue Jacke kaufen. Als notorischer Frühaufsteher erreichte ich die Innenstadt, ehe die ersten Läden öffneten. Und so bummelte ich ziellos umher. Auf der Altmannbrücke blieb ich stehen und beobachtete von oben den Schienenverkehr am südlichen Ausgang des Hauptbahnhofes. Es war ein geschäftiges Treiben da unten, S-Bahnen fuhren hin und her, linker Hand wartete ein ICE. Hinter mir lag das alte Postamt. Früher nannte man diesen Komplex – bestehend aus dem Hauptpostamt 1, dem Paketpostamt 7 und dem Bahnpostamt 17 – «Hühnerposten». Benannt nach der Straße gleichen Namens, die dort einst verlief. Hier hatte ich im April 1943 meine Lehrzeit begonnen – oder «Lernzeit», wie man früher bei der Post sagte. Rechter Hand von mir sah ich das Museum für Kunst und Gewerbe, auch das existierte seinerzeit schon. Auf der anderen Seite, wo jetzt das Elektronikkaufhaus Saturn steht, befand sich das Naturhistorische Museum, in dessen Haupthalle ein Walskelett gigantischen Ausmaßes zu sehen gewesen war. Damals war das in Hamburg eine große Attraktion. Im Krieg fiel das Museum leider den Bomben zum Opfer.

In Gedanken versunken begab ich mich auf eine imaginäre Reise, eine Zeitreise, 60 Jahre zurück. Und plötzlich war alles wieder da. Denn genau hier, am Hamburger Hauptbahnhof, hatte sie begonnen: meine lange Odyssee. Ich dachte an jenen kalten 4. Januar 1945 zurück, als eine rußigen Dampf ausstoßende Lokomotive den Zug aus der halbzerstörten Bahnhofshalle zog, in dem ich einem unbekanntem Schicksal entgegenrollte. Als angehender Frontsoldat saß ich damals in einem Waggon zwischen frustrierten Soldaten und Zivilisten. Auf meinen Knien hielt ich einen kleinen Koffer mit etwas Wäsche, in der Tasche meiner HJ-Uniform hatte ich den Einberufungsbefehl für ein sogenanntes Reichsausbildungslager. Dort sollte ich, ein junger Mensch von gerade mal 16 Jahren, zum Soldaten geschliffen

Als zwölfjähriger «Pimpf»
in der Kinderlandverschickung
im Frühjahr 1941

werden. An dieser Stelle im Herzen Hamburgs begann die Irrfahrt eines Kindes, das für wenige Wochen in einen sinnlosen, apokalyptischen Krieg geschickt und in die Uniform der Waffen-SS gesteckt wurde – einer militärischen Organisation, die für zahlreiche Kriegsverbrechen verantwortlich war. Was aber nicht automatisch bedeutet, dass nur Verbrecher in ihr dienten. Sondern am Ende auch halbe Kinder, wie wir es waren.

Ich nahm mir an jenem Morgen vor, meine Erlebnisse zu Papier zu bringen. Wenn alte Menschen ihre Lebensgeschichte schreiben, öffnen sie oft ein Ventil: Mitunter treibt sie Verbitterung um, zuweilen auch Wehmut, der Wunsch, etwas aufzuarbeiten, oder das Gefühl, der Nachwelt etwas Besonderes zu hinterlassen. In meinem Fall stand keiner dieser Beweggründe Pate. Vielmehr wollte ich meinem Sohn ein ganz persönliches Geschenk machen, ich wollte ihm «gelebte Geschichte» schenken, meine Lebensgeschichte, die auch ein Kapitel deutscher Geschichte in der Mitte des vergangenen Jahrhunderts ist. Ich war einer aus der Masse von schätzungsweise 3,35 Millionen deutschen Soldaten, die in sowjetische Kriegsgefangenschaft gerieten. Ähnliche Schicksale wurden schon viele erzählt. Doch erst, als ich in meinen Erinnerungen grub, als ich das Erlebte wieder zum Leben erweckte, wurde mir klar, dass meine Geschichte etwas Besonderes war, dass ich viele Dinge erlebt habe, die in den zahllosen Büchern, Filmen, Dokumentationen, die es über die Kriegs- und Nachkriegszeit gibt, so noch nicht publiziert worden waren.

Schwer verletzt überlebte ich das Kriegsende und wurde auf eine fünfjährige Reise durch insgesamt elf sowjetische Gefangenenlager geschickt. Dort erlebte ich schlimme Dinge – Zwangsarbeit, Hunger, brutale Behandlung und den Verlust vieler Kameraden, die an Krankheit, Entkräftung oder Hoffnungslosigkeit starben, vor allem in den ersten Nachkriegsjahren. Doch ich machte auch Erfahrungen, die man in einer Kriegsgefangenschaft nicht unbedingt erwartet: Freundschaft und Anteilnahme selbst von Bewachern und Angehörigen des Volkes, deren Gefangene wir waren. Und ich erlebte die erste Liebe meines Lebens – zu einem Moskauer Mädchen, etwas jünger als ich. Ihretwegen wäre ich sogar freiwillig in der Sowjetunion geblieben. Meine Kameraden nannten mich damals nur Bubi, weil ich noch sehr kindlich aussah und mich vermutlich auch oft noch sehr unreif verhielt. Heute denke ich keineswegs mit Verbitterung an die Gefangenschaft, sondern habe sehr lebhafte Erinnerungen an eine Zeit, die mich geprägt hat und immer noch sehr beschäftigt. Verbitterung empfinde ich nur über jene, die diesen Krieg begannen und Millionen Unschuldige – darunter Jugendliche wie uns – als williges Kanonenfutter verheizten.

In einem Aufruf der *Hamburger Morgenpost* wurden anlässlich des 60. Jahrestages des Kriegsendes Zeitzeugen gesucht, die mit dem 8. Mai 1945 ganz persönliche und außergewöhnliche Erlebnisse verbanden. Ich meldete mich, ein Artikel über meine Odyssee erschien in dem Blatt. Jahre später schickte ich nochmals meine Erlebnisse an das Blatt, sehr viel detaillierter. Eher zufällig las der Politikredakteur Harald Stutte meine zu Papier gebrachten Erlebnisse und ermunterte mich, sie zu einem Buch auszubauen. Zwei Jahre brauchten wir, bis wir meine losen Erinnerungen zu dem vorliegenden Buch verdichtet hatten. Nicht die oft beschriebene Geschichte einer Niederlage, die eigentlich eine Befreiung war, sollte im Mittelpunkt stehen. Sondern das Schicksal von Jugendlichen und Kindern, deren Naivität und deren Enthusiasmus von den Nazis missbraucht wurden. Und die letztlich ebenfalls zu denen zählen, die für die Verbrechen, die im Namen des deutschen Volkes begangen wurden, die Zeche zahlen mussten. Der Missbrauch junger Menschen als willige Vollstrecker des Krieges ist also kein neues Phänomen. Nur die Dimensionen haben sich geändert. Hunderttausende Kindersoldaten – UNICEF, *Terre des Hommes* und *Amnesty International* bezeichnen damit «alle Kämpfer und deren Helfer, die unter 18 Jahre alt sind» – werden heute in Kriegen in Zentral- oder Westafrika verheizt. Auch wenn die Situation mit der unsrigen damals nicht vergleichbar ist, so ist uns allen gemein, dass wir um unsere Kindheit, die wichtigste und prägendste Zeit des Lebens, betrogen wurden.

I. IM KRIEG

EINE FAMILIE IM KRIEG

Ich stamme aus einer sozialistisch geprägten Familie. Schon mein Großvater, der Schneidermeister Adolf Schill, war in der sozialistischen Arbeiterbewegung Hamburgs engagiert und genoss sogar eine gewisse regionale Prominenz. Er war ein Veteran der USPD, einer Linkspartei, die sich noch während des Ersten Weltkrieges von der SPD abgespalten hatte. Ein Großteil der USPD war dann 1919 in der neugegründeten Kommunistischen Partei aufgegangen. Adolf Schill hatte die SPD-Legende August Bebel noch persönlich gekannt. Er war stolz darauf, Bausteine für den Bau des Gewerkschaftshauses – der «Waffenschmiede des Proletariats», wie er es nannte – gespendet zu haben. Mich nervten diese proletarischen Heldenlegenden zwar, denn ich war in meiner Jugend ein stolzer Hitlerjunge und Gefolgsmann Hitlers. Aber «verpfiffen» hätte ich meinen Opa nie, obwohl so etwas in anderen Familien durchaus vorkam. Mein Vater, der als Soldat im Krieg war, stand politisch sogar noch weiter links. Er war einst Mitglied im Rotfrontkämpferbund (RFB), dem paramilitärischen Arm der Kommunisten, ebenso mein Stiefvater, der neue Mann meiner Mutter. Meine Eltern hatten sich scheiden lassen, als ich noch ein kleiner Junge war. Mein Vater ebenso wie mein Stiefvater waren bis zu Hitlers Machtergreifung 1933 in der kommunistischen Bewegung Hamburgs aktiv gewesen.

Nach Hitlers Machtergreifung waren ganze Hundertschaften von RFB-Leuten der SA beigetreten. Ich erinnere mich noch, dass uns ein Freund meines Vaters besuchte, in nagelneuer SA-Uniform. «Komm doch auch zu uns, Hermann», bat er meinen

Vater. «Sieh mal, die schönen braunen neuen Stiefel und die Uniform, alles umsonst. Der Führer will uns auch Arbeit beschaffen.» Mein Vater starrte ihn fassungslos an, Ehrlosigkeit und spontane Gesinnungswechsel waren ihm zuwider. Doch die Nazis machten es den ehemaligen Kommunisten leicht und waren nicht nachtragend, schließlich gab es auch ranghohe Nazis wie Joseph Goebbels, die einst kommunistischen Ideen anhingen. Hart und unnachgiebig bekämpften sie aber jene, die nach 1933 in den Untergrund gingen. Dazu fehlte meinem Vater der Mut, was ich sehr gut verstehen kann, denn die Überlebenschancen als kommunistischer Widerstandskämpfer waren gering. Er fügte sich still und wurde später zur Wehrmacht eingezogen. Seine innere Überzeugung jedoch gab er nicht auf.

Wir Kinder sahen in den erst allmählich einsetzenden Luftangriffen zu Beginn des Krieges noch eine Art Abenteuer, sie hatten für uns ein unterhaltsames Moment. Etwas weit hergeholt vergleichbar mit Fernsehen oder den heute so populären Computerspielen. Auch wenn es heute unglaublich klingt, empfanden wir das so, denn die Gefahr dieser Angriffe war uns anfangs noch nicht bewusst. In klaren Nächten standen wir draußen und sahen die Scheinwerferbündel unserer Flugabwehr am Himmel, auf der Suche nach englischen Fliegern, die sie mitunter erfassten. Hatten die hellen Leuchtbalken erst mal einen feindlichen Flieger fixiert, gab es für ihn in den meisten Fällen kein Entrinnen mehr, trotz all der fliegerischen Kapriolen, zu denen er ansetzte. Gebannt blickten wir zum Himmel, beobachteten das Duell und sahen, wie die kleinen Explosionswölkchen der Flakgeschosse die Flugbahn des Bombers säumten. Alle deutschen Städte waren eingebettet in einen Ring aus Flakstellungen, in denen ab 1943 Jugendliche, die sogenannten Flakhelfer, die Geschütze bedienten. Wurde der Flieger von einem Geschoss getroffen, freuten sich meine Freunde stets, jubelten, wie man sich heute während einer Fußball-Live-Übertragung über ein

Tor seines Lieblingsvereins freut. So richtig begeistert war ich von dieser Jagd da am Himmel nie. Eigentlich freute ich mich nur, wenn ich am Himmel kleine Fallschirme sah. Hitlerjunge hin oder her – ich hatte Mitleid mit den abgeschossenen Piloten und gönnte ihnen die Rettung; zeigen und mitteilen mochte ich das aber meinen Freunden nicht.

Am folgenden Tag gingen wir Kinder dann die Straßen entlang und suchten Granatsplitter von den Geschossen der Fliegerabwehrkanonen. Wir tauschten sie untereinander. Wenn einer der Splitter noch ein Stück des Führungsringes aufwies, war es so wertvoll wie fünf andere Stücke. Am begehrtesten waren Bombensplitter aus Leichtmetall, dafür gab es unter uns Jungens zehn andere. In der ersten Zeit waren Leichtmetallsplitter für uns sogar so wertvoll wie eine seltene Briefmarke. Doch das Angebot an Fundstücken wurde im Verlauf des Krieges immer größer, der Umtauschkurs sank, Folge des forcierten Bombenkrieges der Alliierten gegen das Reich, das die Lufthoheit verlor und den Himmel über den Städten nicht mehr wirksam zu schützen vermochte. Immer mehr Bomben fielen und begruben so manchen der kleinen Sammler unter sich.

In den ersten Kriegstagen wurde in den Städten noch strikt auf Einhaltung der Verdunkelung geachtet. Fenster, Auto- und sogar Fahrradscheinwerfer mussten mit blauem Verdunkelungspapier beklebt werden. Nur kleine Lichtstreifen blieben ausgespart. Blockwarte liefen nachts durch die Straßen, «Licht aus!» riefen sie, falls jemand das Verdunkelungsgebot missachtete. Die Menschen trugen kleine, phosphoreszierende Abzeichen, in Hamburg waren das oft kleine Möwen. Daran sollte erkannt werden, dass jemand entgegenkam. In den Kinos und im Radio wurde gemahnt: «Denk an die Verdunkelung!» Doch all diese Vorsichtsmaßnahmen ließen später nach, denn die Alliierten bombardierten die deutschen Städte, ob sie nun dunkel waren oder nicht.

Aus sporadischen Bomberattacken wurden allmählich Großangriffe mit Bomberflotten, die den Städten schwer zusetzten. Schrecklich für uns waren die Nächte, die wir Großstadtkinder dann stundenlang im Luftschutzkeller sitzen mussten. Oft wurden wir nachts aus dem Schlaf gerissen, wenn die Sirenen heulten. Wir mussten dann in die bereitliegende Kleidung schlüpfen, wurden schlaftrunken von den Erwachsenen durchs zumeist kalte Treppenhaus gezogen, um die schutzverheißenden Luftschutzkeller zu erreichen. Dort warteten wir, bis der Albtraum endete, ein langgezogener Sirenenton gab Entwarnung. Dauerte der Alarm länger als drei Stunden, fiel am nächsten Tag die Schule aus. Wir empfanden das als kleine Entschädigung für durchlittene und durchwachte Nächte.

Als sich die Luftangriffe häuften, führten die Nazis die sogenannte Kinderlandverschickung ein – KLV abgekürzt. Kinder, vorzugsweise aus den besonders gefährdeten Großstädten mit Industrie, wurden in vermeintlich sichere Gebiete gebracht, vor allem aufs Land. Oft geschah das unter Zwang, und so manche Träne wurde vergossen, weil sich die Kinder nicht von ihren Eltern trennen wollten. Meist ging es nach Süd- oder Ostdeutschland sowie in die sogenannte Ostmark, wie Österreich seit dem Anschluss ans Deutsche Reich genannt wurde, oder nach Böhmen und Mähren. Die kleinen Kinder kamen in der Regel in die Obhut von Privathaushalten, die sich dafür freiwillig zur Verfügung stellten. Schulkinder indes gingen in Klassenformation mit Lehrern in dafür vorbereitete KLV-Lager. Hatte man Glück, kam der eigene Lehrer mit. Das war aber nur selten der Fall, denn die Lehrer erfanden oft Gründe, der ungeliebten Verschickungsaktion zu entgehen. Es gab aber auch Lehrer, die ihre Schüler begleiteten. Ein kleines Hamburger Mädchen wurde von ihrer Klassenlehrerin, einer gewissen Frau Hannelore Schmidt, heute bekannt als Loki Schmidt, Frau des Alt-Kanzlers Helmut Schmidt, damals in ein KLV-Lager ins fränkische

Coburg begleitet. Zufällig war ich zur gleichen Zeit in diesem Lager, lernte das Mädchen aber nicht kennen, ein Jahrzehnt später wurde es meine Frau.

Für meine Familie, so wie für alle Menschen in Deutschland, war dieser Krieg längst allgegenwärtig geworden. Die Städte waren zerstört, fast jede Familie hatte gefallene Angehörige zu beklagen. Und die Nachrichten von der Front verhießen nichts Gutes. Auch im ganz alltäglichen Leben war die Not groß. Die Lebensmittel waren rationiert, wir Kinder wurden dazu verdonnert, in unserer Freizeit Rohstoffe zu beschaffen. So wurden die Haushalte aufgefordert, Fleischknochen aufzubewahren. Diese wurden dann wiederverwertet, zum Beispiel für die Herstellung von Seife. Kinder und Jugendliche rückten regelmäßig mit Bollerwagen aus, wir sagten damals Blockwagen dazu, um diese Knochen einzusammeln. Das organisierten die Schulen generalstabsmäßig. Unsere Lehrer teilten uns Häuserblocks zu, pro Kind zwei bis drei. Wir zogen dann nach Schulschluss los, klingelten an der Haustür, sagten einen Spruch auf, etwa folgenden Inhalts: «Heil Hitler, haben Sie Knochen?» Fast schon stereotyp bekamen wir dann blöde Antworten: «Ja, aber die brauche ich selbst noch …!» oder «Ja, die tun mir weh …» Einer sagte auch: «Sag dem Lehrer, ich hab nicht mal Fleisch, woher soll ich denn da die Knochen nehmen?»

Trotzdem trugen wir regelmäßig mehr oder weniger große Ladungen Knochen zusammen. Denn die Menschen hatten in sechs Kriegswintern gelernt zu improvisieren, vor allem zu organisieren. In den Großstädten wurden Haustiere gehalten, das Fleisch wurde gegen andere Dinge getauscht. Auf unserem Schulhof waren Tonnen aufgestellt, und ein Lehrer schrieb auf, wer wie viel Knochen mitbrachte. Dafür gab es dann Lob oder Tadel. Doch leider standen vor der Schule oft große Jungs, die uns Kleineren die Knochen abnahmen, weil sie zu faul waren, selbst welche zu sammeln. Und sie drohten uns Schläge an, würden wir ihren Diebstahl verraten. Gewalt unter Jugendlichen ist kein neues Phänomen unserer Tage. Hin und wieder waren die Großen aber auch gnädig und ließen uns einen Teil unserer Ausbeute.

Die Versorgung war schlecht, aber es reichte zum Überleben. Irgendwie. Die Freude war groß, wenn in den Zeitungen bekannt gegeben wurde, dass es sogenannte Sonderzuteilungen gab, Essensrationen zusätzlich zu dem, was uns kraft unserer Lebensmittelkarten zustand. Ich erinnere mich, wie wir uns einmal in der Vorweihnachtszeit über ein zusätzliches Ei freuten. Man war bescheiden geworden. Das ewige Schlangestehen zerrte an den Nerven. Und man musste immer scharf aufpassen, dass der Krämer im Eifer des Gefechts nicht zu viele Abschnitte von der Karte trennte. Bei den vielen, winzig kleinen 50-Gramm-Abschnitten passierte das gelegentlich. Kam man dann nach Hause, gab es Krach mit der Mutter, weil diese Marken für uns Städter überlebensnotwendig waren.

Wenn auch nicht an den «Endsieg», so glaubten wir trotz der schweren Niederlagen, die auf das Desaster von Stalingrad folgten, gefüttert mit den Goebbels'schen Propagandamärchen aus Rundfunk und Zeitung, dass das deutsche Heer überall standhaft dem Ansturm einer Welt von Feinden trotzte, ungeachtet der immer wieder eingeräumten kleineren «planmäßigen Rückzüge». Da ich aus einem sozialistisch geprägten Elternhaus stammte, gab es bei uns zu Hause nie so etwas wie Kriegsbegeisterung. Meine Mutter hatte ihre eigene Art, dem NS-Regime ein klein wenig die Stirn zu bieten. In den Geschäften waren damals Schilder angebracht, auf denen stand: «Kommst du als Deutscher hier herein, dann muss dein Gruß ‹Heil Hitler› sein!» Meine Mutter aber rief stets halblaut «Hein Dittmer».

Zum sogenannten Führergeburtstag am 20. April hatten wir die Pflicht, die Fensterfront unserer Mietwohnung mit der Hakenkreuzfahne zu beflaggen. Meine Mutter kam dem nicht nach, hängte stattdessen ein rotes Federbett aus dem Fenster – in proletarischer Verbundenheit unserer kommunistischen Vergangenheit gedenkend. Der Blockwart, ein NS-Funktionär niederen Ranges, der mit der Kontrolle der Straßenzüge beauftragt war, klingelte bei uns und fragte empört, was das zu bedeuten habe. Meine Mutter, keineswegs auf den Mund gefallen, machte dem Mann unmissverständlich klar, dass wir keine Hakenkreuzfahne besäßen. Und außerdem seien ihre kleinen Kinder Helma und Jürgen Bettnässer. Deshalb hänge das in den Federbetten damals typische rote Inlett zum Trocknen an der frischen Luft. Der Mann war sprachlos und gab auf.

Die sozialistischen Attitüden meines Elternhauses ließen mich kalt. Denn ich war ein Kind meiner Zeit, 1928 geboren und aufgewachsen in der Hitler-Diktatur. Die Meinungsvielfalt und diese Lust an der politischen Kontroverse, welche die Zeit zwischen den Weltkriegen geprägt hatten, existierte für meine Generation nicht mehr, wir hatten das nie kennengelernt. Unter uns Jugendlichen haben wir so gut wie nie über Politik diskutiert. Wir kamen gar nicht erst auf die Idee, weil es ja nur eine Meinung gab, zumindest nur eine zugelassene. Der Führer war unfehlbar, das war in München, in Berlin und natürlich auch in Hamburg so. Ich erinnere mich beispielsweise daran, dass Hamburger Gastwirte damals sehr besorgt waren, dass womöglich der Alkohol bei so manchem Gast die Zunge lösen könnte, was dann zu enormen Scherereien geführt hätte. In einer Kneipe nahe unserer Wohnung in Hammerbrook, in die ich mitunter mit einem großen, verschließbaren Fünf-Liter-Glasballon geschickt wurde, um Bier «außer Haus» zu holen, hing ein Schild, auf dem stand: «Sub di duun un freet di dick un hol dat Mul vun Politik!» (Sauf dich voll und fress dich dick und halt das Maul von Politik.) Was «draußen» tabu war, galt nicht für die eigenen vier Wände. Daheim wurde heftig diskutiert und gestritten, was mich allerdings abstieß, denn zumeist stritten meine Eltern und ihre Genossen unter Verwendung eines «revolutionären Kauderwelschs», zumindest empfand ich das so, das ich nicht verstand. Da ging es um «Revisionisten», die proletarische Vorhut, das Monopolkapital – ich verstand Bahnhof. Für mich war die Linie der Nazis maßgeblich, denn deren Botschaft schien klar zu sein, ihre Sprache war einfach und deutlich. Und sie waren die Sieger. Zumindest damals.

Ich hatte eine große Sammlung der damals üblichen Elastolin-Soldaten. Es gab Deutsche, Franzosen, Engländer, sogar abessinische Soldatenfiguren. Mein Bruder und ich waren die Feldherren, wir schickten unsere Heere in gewaltige Schlachten, wobei ich als der Lütte stets die ausländischen Truppen befehligen musste und natürlich immer verlor. Egal, wie clever ich meine Soldaten postierte, es gewannen immer die Deutschen unter General Hermann, so der Name meines zwei Jahre älteren Bruders. Als mein Vater eines Tages mitbekam, dass ich eine Gruppe SA-Männer und eine Figur von Hermann Göring mit nach Hause brachte, wurde er furchtbar wütend und warf sie alle ins Feuer des Ofens. Kurz darauf wurde er selbst Soldat. Er kam nach Frankreich und wurde 1947 aus der Kriegsgefangenschaft entlassen.

Das dritte Kriegsjahr ging zu Ende. An den Fronten verließ uns das Glück. In Stalingrad kämpfte die 6. Armee ihren Todeskampf. Und in Hamburg? Die Silvesternacht auf das Jahr 1943 feierten wir mit bescheidenem Luxus: Man trank etwas Bier und rauchte die wenigen Zigaretten, die es für Raucherkarten gab. Wir besaßen ein Grammophon, zu den krächzenden Walzer- oder Tangoklängen der Schellackplatten tanzten die Erwachsenen. Auch das Radio dudelte leise vor sich hin, mit halbem Ohr musste stets einer lauschen, ob am Himmel über Hamburg Unheil in Form von Bombern drohte. Wir hofften, es würde kein «Feuerwerk» geben, denn was uns heute heiter stimmt, brachte uns damals Tod und Verderben.

Die Familie, einen Monat bevor mein Bruder Hermann (hinten rechts) starb. Vorne links meine Halbgeschwister Jürgen (6 Jahre) und Helma (9 Jahre), hinten links ich mit 14; in der Mitte meine Mutter Luise (34 Jahre). Das Foto entstand im Juni 1943.

Im April trat ich in Postuniform eine Lehrstelle am Postamt Hamburg 1 an. In Jahrgängen um eine Büste des «Führers» aufgestellt, mussten wir jeden Morgen antreten. Dann wurde ein Nazilied gesungen, und der zuständige Postsekretär, der dort auch Jahre nach dem Krieg noch tätig sein sollte, hielt eine markige, kurze Ansprache. Ein knappes «Sieg Heil», und ab ging die Post …

Und dann kam der Sommer 1943. Im Mai hatten meine Eltern Hamburg verlassen. Mein Stiefvater – meine Eltern hatten sich bereits 1932 scheiden lassen – wurde als Spezialist für den Flugzeugbau in einem Werk in Kuřim in Tschechien gebraucht, dem sogenannten Reichsprotektorat. Nur meine Mutter und meine zwei kleinen Geschwister durften ihn begleiten. Als Lehrlinge, also Berufstätige, hatten mein 16-jähriger Bruder und ich (zu diesem Zeitpunkt 14 Jahre jung) in Hamburg zu bleiben. Zunächst kamen wir in der Familie meines leiblichen Vaters unter. Doch der war ja im Krieg, und seine neue Frau mochten wir nicht. Wir empfanden, sie sei egoistisch. Ich erinnere mich noch, dass uns Kindern damals kraft der Lebensmittelkarten Schokolade zustand. Doch meine Stiefmutter aß uns in schöner Regelmäßigkeit diese Schokolade weg. Außerdem stammte sie aus gutbürgerlichen Verhältnissen und fühlte sich in unserem proletarischen Umfeld nicht besonders wohl, was in ihrer schlechten Stimmung ihren Niederschlag fand. Sie schlug uns oft. Als ich einmal Schläge bekam, ging Hermann dazwischen, versetzte der Stiefmutter gar eine Ohrfeige und packte seine Sachen. «Gehst du mit zu Mutter?», fragte er mich. So beschlossen wir, den Rest der Zeit bis zur Rückkehr meiner Mutter und des Stiefvaters in den eigenen vier Wänden zu wohnen.

Und so bezogen wir die Wohnung unserer Eltern im Hamburger Osten, im Nagelsweg Nummer 49. Ein paar Häuser davor, im Nagelsweg 39, unterhielt meine Tante Olga Paasch ein kleines Gemüsegeschäft im Souterrain des Hauses. Tante Olga sorgte dafür, dass täglich etwas Warmes auf den Tisch kam. Hermann, der sehr dominant war und die Rolle des großen Bruders gelegentlich mit der des Vaters verwechselte, übernahm die Regie. Das Haus meiner Großeltern befand sich in der Hammerbrookstraße Nummer 8, einer Parallelstraße. Dort hatten sie auch ihre kleine Schneiderei. Ich erinnere mich noch, dass sich gegenüber dem Wohnhaus meiner Großeltern eine Ausgabestelle für sogenannte Volksgasmasken befand, die für fünf Reichsmark das Stück verkauft wurden. Sie sollten die Stadtbevölkerung im Falle eines Gasangriffes schützen und waren sehr simpel konstruiert.

Es war bis dato ein heißer Sommer, ein unbeschwerter Sommer gewesen, das Grauen des Krieges war zwar präsent, wurde aber eher mittelbar als Bedrohung wahrgenommen. «Ein feindlicher Bomberverband befindet sich im Anflug auf Nordwestdeutschland. Es folgt in Kürze eine weitere Vorwarnung!», verkündete am Abend des 24. Juli eine ruhige Stimme in unserem Radio Typ «Volksempfänger». Solche Meldungen gab es oft. Mitunter hatte man Glück, und es hieß kurze Zeit später: «Der gemeldete Kampfverband fliegt in Richtung Hannover – Berlin weiter.» Dann hatten die Menschen dort Angst, aber wir hatten Ruhe.

Doch an jenem 24. Juli 1943 sollte es uns treffen. Wir sollten Zeugen eines neuen, grausamen Kapitels in der Geschichte des Luftkrieges gegen Zivilisten werden. «Gomorrha» nannte die britische Royal Air Force die Operation. Heute wissen wir, dass es sich um die bis dahin schwersten Luftangriffe der Kriegsgeschichte handelte. Ein Grauen in mehreren Fortsetzungen, beginnend in der Nacht vom 24. auf den 25. Juli 1943. Und ausgerechnet unseren Wohnort, den Hamburger Osten, sollte es besonders schwer erwischen.

Nach der Vorwarnung erfolgte der Vollalarm. Zu diesem Zeitpunkt und noch bis Ende 1944 wurden bevorstehende Angriffe zuverlässig im Radio angekündigt. Erst danach, vor allem durch den Verlust der nordfranzösischen Kanalzone, in der die deutsche Frühaufklärung tätig war, brach das Frühwarnsystem zusammen.

Hermann und ich eilten in den Luftschutzkeller unseres Hauses, als wir den Signalton des Vollalarms vernahmen. An fast jedes Haus war damals mit Kreide «LSR» geschrieben, darunter wies ein Pfeil in die jeweilige Richtung. «LSR» bedeutete Luftschutzraum, es gab ihn in fast jedem Keller. Wir nahmen also unser Handgepäck, eine Tasche, in die wir unser wichtigstes «Spielzeug» gepackt hatten, und liefen zügig die Treppe hinunter. Unser Luftschutzraum war eigentlich eine Wäscherei, in der die Inhaber auch gleichzeitig wohnten. Wir saßen also mit etwa

20 Personen – fünf Männer, der Rest Frauen und Kinder – im unterirdischen Wohnzimmer, welches zur Wäscherei gehörte.

Das Licht wurde gelöscht, weil wir glaubten, es locke die Bomber an. Das war natürlich Blödsinn, denn durch die sogenannten Tannenbäume – das waren brennende Leuchtmarkierungen – glich die ganze Stadt längst einem gleißenden Meer aus Licht. Als die ersten Bomben fielen, erstarben auch die letzten Gespräche, die meisten Menschen im Keller hielt es nicht mehr auf den Stühlen, Sesseln, dem Sofa. Die Bomber der ersten Angriffswellen dröhnten über uns und ließen ihre todbringende Last fallen. Wir hörten Einschlag auf Einschlag. Bei schweren Einschlägen in unmittelbarer Umgebung rieselte der Putz von der Decke. Manche Frauen wimmerten, Kinder weinten. Wir hatten schon das Gefühl für Zeit verloren, als plötzlich Ruhe einkehrte. Wir hegten die begründete Hoffnung, dass die Angriffe nun vorüber seien. Denn so war es immer gewesen – bis zu diesem Zeitpunkt zumindest. Eine derartige Massierung von Angriffswellen, wie wir sie in den nächsten Tagen erleben sollten und die geeignet schienen, eine ganze Großstadt komplett auszulöschen, hatte es im ganzen Reich noch nicht gegeben. Also atmeten wir in der Hoffnung, das Schlimmste überstanden zu haben, zunächst einmal auf. Doch lediglich eine Pause gönnte man uns Hamburgern, eine Pause, um noch einmal so etwas wie zwei ganz normale Sommertage genießen zu dürfen – für viele Hamburger die letzten ihres Lebens.

Unser Haus war verschont geblieben, ein allerletztes Mal. Am 26. Juli ging ich einen Freund im Stadtteil Fuhlsbüttel besuchen. Unterwegs fielen mir die vielen zerstörten Gebäude auf, die bereits der ersten Bomberwelle zum Opfer gefallen waren. Im Erdkampsweg hob ich ein Flugblatt der Royal Air Force auf. Es hatte in etwa Postkartengröße. Darin wurde vor weiteren Angriffen gewarnt. Man riet der Bevölkerung, Hamburg zu verlassen. Ich warf das Blatt schnell wieder weg, denn auf die Verbreitung von «Feindpropaganda» stand bekanntlich die Todesstrafe. Über die Tatsache, dass die RAF Hamburgs Zivilbevölkerung durch Flugblätter warnte, habe ich später nie wieder etwas gelesen. Doch ich habe es an jenem 26. Juli 1943 mit meinen eigenen Augen gesehen.

Auch der 27. Juli war ein schöner Sommertag. Müde kamen wir abends von der Arbeit zurück. Wir dachten, besser: wir hofften, dass es heute ruhig bleiben würde. Ich erzählte Hermann von dem englischen Flugblatt. Wir kamen überein, dass es sich wohl um «Feindpropaganda» handelte, ohne Wahrheitsgehalt. Wir vermuteten, die Engländer hätten beim letzten Angriff schwere Verluste erlitten, sonst wären sie ja bereits in der vergangenen Nacht zurückgekehrt. Also legten wir uns schlafen, ließen aber wie üblich das Radio leise dudeln. Die Musik wurde unterbrochen, und die sonore Stimme des Sprechers verkündete wieder die schreckliche Botschaft: «Reichssender Hamburg! Über Drahtfunk wird ein großer feindlicher Kampfverband im Anflug auf Nordwestdeutschland gemeldet. Es folgt in Kürze eine Vorwarnung.» Zwanzig Minuten später ertönten in Intervallen die langgezogenen Sirenentöne. Voralarm. Wir klaubten unsere Habseligkeiten zusammen und suchten den Keller auf. In unserem Stadtteil gab es keine Schutztürme oder Hochbunker wie in anderen Vierteln der Stadt. Fast zeitgleich mit dem Auf und Ab des Sirenengeheuls setzte das dumpfe, hohl tönende Gewummer der Flak, also der Fliegerabwehrkanonen, ein, das aber kurze Zeit später im Bombenregen erstickte.

Das Sirenengeheul dieser Nacht sollte für Tausende Hamburger zu einem Requiem werden. Angstvoll, die Volksgasmasken umgehängt, standen wir im Keller, schauten an die Decke, die von Einschlägen in unmittelbarer Umgebung bebte. Die Bomberflotten kamen in mehreren Wellen. Das Heulen und Krachen hörte nicht auf, mal klang es weiter weg, mal ganz nah. Dazwischen gab es immer wieder kleine Pausen. Wir hatten große Angst und hofften auf ein baldiges Ende. Meist waren es sechseckige Stabbrandbomben, die auf der Straße lagen und fauchend ihren brennenden Inhalt ausspieen. Wir sahen sie durch unser schmales Kellerfenster dutzendfach. Dazwischen vernahmen wir aber auch immer wieder das entsetzliche Heulen der schweren Bomben, Blockbuster, wir nannten sie damals Luftminen, die mit ohrenbetäubendem Krachen einschlugen. Ihr Zweck war es, die Häuser abzudecken, sie schutzlos für den dann folgenden Phosphorbombenregen zu machen. Tatsächlich pusteten sie aber ganze Fassaden weg. Wir saßen da, die Hände über dem Kopf, und sehnten uns stumm nach dem Sirenenton, der Entwarnung bedeutete. Bislang hatte er uns stets aus diesem Albtraum erlöst. Doch es gab keine Entwarnung.

Und dann schlug es plötzlich bei uns ein! Es klang nicht einmal besonders laut. Etwa so, als würde im zweiten Stockwerk ein schwerer Schrank mit einem dumpfen «Rumms» umfallen. Einer der Männer unterbrach unser Schweigen: «Ich glaube, bei uns hat's eingeschlagen. Habt ihr das gehört?» Wir alle hatten wohl gespürt, dass es dieses Mal unser Haus erwischt hatte, weil sich der Ausgangspunkt des Knalls direkt über uns orten ließ. Und es war auch keiner dieser berüchtigten Blockbuster, der unser Haus traf, sondern eine Phosphorbombe. Dass diese viel verheerender für unsere Häuser waren, ahnten wir damals nicht. Angst hatten wir stets vor dem großen Knall. Fünf Männer und wir zwei Jugendlichen aus dem Kellerbunker stülpten uns umgehend die Gasmasken über und liefen über die Treppen zum Dachboden. Wir wollten löschen, so wie es uns unsere Lehrer beigebracht hatten. Doch das war alles graue Theorie gewesen, die Realität war hoffnungslos. Es war Sommer, es hatte lange nicht geregnet, der Dachboden war aus massiven Holzbalken gezimmert, und zusätzlich lagen in den einzelnen Verschlägen Kohlen, gedacht als Wintervorrat. Das Feuer hatte also leichtes Spiel. Die Phosphorbombe hatten bereits ein höllisches

Mein Bruder Hermann mit 16. Der Riss in dem Passfoto stammt von einem Granatsplitter, der mich an der Front in Mähren traf. Ich hatte das Foto in meinem Soldbuch verwahrt.

Flammenmeer entfacht, alles brannte lichterloh. Es standen Feuerklatschen, einige Wassereimer und Kisten mit Sand bereit. Doch das war so, als wollte man mit einer Gießkanne einen Waldbrand löschen – ein vollständig sinnloses Unterfangen also, mit diesen armseligen Mitteln gegen ein flammendes Inferno ankämpfen zu wollen. Vor uns brannte es, hinter uns auch. Dennoch versuchten wir zu retten, was nicht mehr zu retten war. Da traf mich plötzlich ein Schlag gegen die Kehle. Eine durch das Feuer morsch gewordene Holzwand war krachend zusammengebrochen. Ich spürte, wie das durch das Feuer flüssig gewordene Gummi meiner Schutzmaske auf der Haut klebte. In Panik riss ich mir die Gasmaske vom Gesicht und wurde durch die toxischen Gase augenblicklich ohnmächtig.

Hermann packte mich und trug mich nach unten. Er legte mich in den noch intakten Hausflur im Parterre, von wo aus eine große Steintreppe zur Straße führte. Die meisten Leute, die mit uns im Keller ausgeharrt hatten, brachten sich in Sicherheit, denn das ganze Obergeschoss unseres Hauses brannte bereits lichterloh. Inzwischen hatte ich wieder das Bewusstsein erlangt. Wir befanden uns zwischen einer großen Flügeltür, hinter der das hölzerne Treppenhaus begann, und der Haustür, die zur Straße führte. Immer mehr brennende Trümmer und Treppengeländer stürzten im Treppenhaus herab. Und dann kam Hermann auf die verhängnisvolle Idee, Tante Olga holen zu wollen, deren Gemüseladen sich nur ein paar Häuser weiter befand.

«Bleib ruhig liegen, Goschoi, ich hole Hilfe ...», sagte er mir noch. Goschoi, das war mein Spitzname aus frühster Kindheit. Er sagte, ich solle keine Angst haben und in jedem Fall liegen bleiben, denn er komme gleich wieder. Hermann rannte also los – und kam nie wieder. Denn da draußen war inzwischen der gewaltige Feuersturm ausgebrochen, über den im Zusammenhang mit Hamburgs Auslöschung so viel berichtet worden ist. Durch die Straßenschluchten der brennenden Hansestadt fauchte ein glühend heißer Orkan, dem Hermann zum Opfer fiel. Vielleicht haben ihn auch herabstürzende Trümmerteile erschlagen, man wird es nie herausfinden, denn von ihm fehlt seitdem jede Spur. Er hätte schon deshalb niemals gehen dürfen, weil Tante Olga gar nicht zu Hause war, sondern früh genug in ihrem Gartengrundstück mit Häuschen in Billbrook Schutz gesuchte hatte. Dort war ihr nichts geschehen. Doch das erfuhr ich erst später. Vorerst lag ich noch immer im Hausflur, wartete auf die Rückkehr meines Bruders Hermann, inzwischen hatten alle Bewohner das Haus verlassen. Ich war verzweifelt. Viele Leute rannten an unserem Haus vorbei. Ich sah durch die offene Tür, wie sich Leute krümmten, zu Boden sanken und verbrannten. Viele nur noch auf die halbe Größe eines Erwachsenen geschrumpfte Leichen lagen umher, schwarz und verkohlt.

Zwei Frauen stolperten zu mir herein. Ihre Kleidung war zerfetzt, sie waren übersät mit Brandwunden. «Wir kommen aus der Sachsenstraße, dort ist nichts mehr zu retten», berichteten sie wimmernd. Die kleinen Querstraßen in Hammerbrook waren zu Todesfallen geworden. Wer nicht verschüttet wurde, verbrannte auf der Straße, wo die Menschen umherliefen, verzweifelt nach Schutzmöglichkeiten suchend, die es nicht gab. Viele sprangen in ihrer Verzweiflung zwischen Norder- und Süderquaistraße in einen Kanal. Aber auch da lauerte der Tod, denn es gab nur an wenigen Stellen Eisenleitern, die an den hohen Steinmauern Halt boten. Etliche ertranken. Andere verbrannten im Kanal, da an vielen Stellen aus lecken Schiffen und Kähnen Öl in den Kanal lief, welches der Feuersturm umgehend entzündete.

Ich lief in eine der Parterrewohnungen und ließ einen Eimer Wasser volllaufen. Gerade als er voll war, kam nur noch Rumpeln aus dem Wasserhahn, die Wasserversorgung setzte aus. Ich half den beiden Frauen, die Wunden mit Hemdfetzen zu verbinden, und kühlte die Brandwunden. Irgendwann liefen die beiden dann weiter. Ich blieb, ich wollte nicht ohne Hermann gehen, denn er hatte mir ja versprochen, zurückzukommen. Und ich wusste, dass er alles daransetzen würde, sein Versprechen zu halten. Doch allmählich wuchs bei mir die Überzeugung, dass ich dieses Haus verlassen müsse, falls ich überleben wollte, die Anzeichen mehrten sich, dass es bald vollständig einstürzen würde. Nach einer weiteren Ewigkeit entschloss ich mich dazu. Ohne Hermann. Ich rannte auf die Straße. Links und rechts stürzten die Häuserfassaden ein. Ich ging gebückt und langsam. Unterwegs begegnete ich einem älteren Mütterchen, dann schleppten wir uns zusammen durch die brennenden Straßen, durch die der Feuersturm fegte, der einem die Luft zum Atmen nahm. Wir pressten von Zeit zu Zeit unsere Gesichter auf das Kopfsteinpflaster, denn nur in den Ritzen zwischen den Steinen gab es noch kühle Luft, die wir einatmen konnten. Auf diese Weise mit dem lebenswichtigen Sauerstoff versorgt, rannten wir wieder ein paar Meter gegen den Orkan aus glühend heißer Luft an. Es war wie im Vorhof der Hölle. Wir erreichten eine S-Bahnbrücke, dort saßen viele Leute, teils verwundet oder nur halb bekleidet, auf ihren wenigen Habseligkeiten. Ich besaß nur noch meine HJ-Uniform und die Gasmaske. Dann gingen wir in die Schule Norderstraße, wo ebenfalls viele Überlebende ausharrten, darunter sehr viele verletzte Menschen. In diese Schule war einst meine Mutter gegangen. Ich musste an sie denken und war froh, dass sie in Brünn und damit in Sicherheit war. Ringsumher brannten die Häuser bis zum Morgen. Ich lief in dem Gebäude umher und hoffte, Hermann zu finden. Es verfolgt mich bis heute: Ich sehe mich wie ferngesteuert durch Menschenmengen kämpfen und hoffe jeden Augenblick, das bekannte Gesicht meines Bruders zu entdecken – erfolglos. Bis zum nächsten Morgen blieb ich in der Schule.

Sehr früh wachte ich auf. Ich torkelte wie benommen über die Trümmergebirge zwischen verkohlten Leichen umher. Es war wie eine Szene aus Dantes Inferno. Und es war hoffnungslos. Hamburg war zu einem Großteil zerstört. Beseelt von dem einzigen Gedanken, Hermann wiederzufinden, nahm ich das Grauen um mich herum nur mechanisch wahr. Ich sah überall schwelende Trümmer. Es folgten noch zwei Nächte schwerer Bombenangriffe. Ich erinnere mich noch, dass die Häuser Nagelsweg 69 und dahinterliegend Gustavstraße 4 als einzige Gebäude in unserer Gegend von den alliierten Bombenangriffen verschont geblieben waren. Vor allem die östlichen Stadtteile Hamburgs waren von «Gomorrha» betroffen. In Hamm-Süd wurden, genau wie in Eilbek, 80 bis 90 Prozent der Gebäude vernichtet. Hammerbrook und Rothenburgsort wurden sogar vollständig ausgelöscht. Wegen der drohenden Seuchengefahr wurden die beiden Stadtteile später zugemauert. Die verkohlten Leichen wurden in Waschwannen fortgeschafft. Ich irrte umher wie ein Getriebener. Ein Soldat hielt mich an und forderte mich auf, beim Bergen der Leichen zu helfen. Aber ich rannte davon.

Der Nagelsweg in Hamburg-Hammerbrook nach dem Feuersturm im Juli 1943. Rechts hinten ist zu sehen, was von unserem Haus übrig blieb. Quelle: Hamburger Hochbahn

Ich war einfach nicht in der Lage dazu. Ich ging zur Hamburger Universität, wo eine «Auffangstelle» für Bombenopfer eingerichtet worden war. An der Uni wurde ich «registriert». Weil ich eine angesengte HJ-Uniform trug, war man der Meinung, ich hätte mich aktiv an der Opferbergung beteiligt. Das führte dazu, dass man mich zum Kameradschaftsführer der HJ beförderte. Den Brief bekam ich später ausgehändigt.

Als Ausgebombter bekam ich eine Lebensmittelkarte für sieben Tage, sogar Zigaretten, echten Bohnenkaffee und Schokolade. Außerdem eine Fahrkarte nach Brünn und einen «Durchlassschein» ins «Protektorat». Am nächsten Tag fuhr ich also nach Tischnowitz nahe Brünn, wo meine Mutter, mein Stiefvater und die jüngeren Geschwister lebten. Ein Jahr blieben wir dort. Ich beendete mein zweites Lehrjahr und lernte nebenbei ganz leidlich Tschechisch, was mir später noch sehr zustatten kommen sollte. Nach dem einen Jahr in Brünn kamen wir wieder zurück nach Hamburg, wir wohnten nun im Keller eines zerstörten Hauses.

ABSCHIED VON HAMBURG

Meine Kindheit endete an einem kalten Wintertag des Jahres 1945. Ich war 16 Jahre jung und stapfte an jenem 4. Januar über vereiste, leicht verschneite Straßen die vier Kilometer lange Strecke vom Stadtteil Horn, wo wir wohnten, bis zum Hamburger Hauptbahnhof – allein, zu Fuß, wieder einmal in HJ-Uniform und mit meinem Koffer in der Hand. Ich lief durch die fast vollständig zerstörten Straßenschluchten im Osten der Hansestadt, nicht ahnend, was mich erwartete. Nur ein Gefühl sagte mir, dass sich mein Leben jetzt von Grund auf änderte.

Ein erst wenige Wochen alter Befehl lautete, alle wehrfähigen Männer im Alter von 16 bis 60 Jahren sollten zum sogenannten Volkssturm einberufen werden. Und einen solchen Meldebefehl zum Volkssturm war auch ich damals gefolgt. Es war Hitlers letztes Aufgebot. Den Volkssturm karikierte der Volksmund mit den Worten «Silber im Haar, Gold im Mund, Blei in den Knien» – eine wenig schlagkräftige Truppe, zusammengewürfelt aus Alten, Kriegsversehrten und halben Kindern, wie ich eines war. Die alten Männer trugen Zivilkleidung und eine weiße Armbinde, auf der «Deutsche Wehrmacht» stand. Ausgerüstet waren sie mit alten Karabinern und wenigen Patronen. Viele von ihnen verdrückten sich vor den Kampfhandlungen, tauchten bei Verwandten auf dem Lande unter oder sogar in ihren Schrebergärten. Zu längeren Kampfhandlungen bei der Einnahme der meisten deutschen Städte kam es ja glücklicherweise im letzten Kriegsjahr nicht, sieht man einmal von der Schlacht um Berlin ab.

Einige Kampfwillige dieser Altherren nervten die Jungen aber, indem sie ständig ihre Erfahrungen aus dem Ersten Weltkrieg zum Besten gaben. «Hör schon auf, Opa», hieß es dann oft. Die Jungen in ihren HJ-Uniformen waren zumeist besser bewaffnet. Viele fuhren auf Fahrrädern zum «Fronteinsatz» und hatten sich Panzerfäuste zur Panzernahbekämpfung umgeschnallt. Doch insgesamt blieb es ein ziemlich armseliger Haufen, allein schon des Bildes wegen, das er abgab. Und es war unverantwortlich, diese militärisch gänzlich unbedarften Menschen in den Krieg zu schicken. Natürlich sah ich das damals anders: Ich fühlte mich erwachsen, als angehender vollwertiger Soldat. Und ich fühlte Stolz, in dieser entscheidenden Stunde endlich vom Vaterland gebraucht zu werden.

Vom Wehrbezirkskommando im Stadtteil Rotherbaum, dort hatte ich mich zuvor gemeldet, hatte ich ein Schreiben bekommen, mit welchem mir befohlen worden war, mich in ein RAL zu begeben – das stand für Reichsausbildungslager. Als Marschziel war die Lausitz eingetragen, die Gegend sagte mir aber ebenso wenig etwas wie das Kürzel RAL. Ich dachte, das sei vielleicht eine Gruppierung des Volkssturms. Noch in der Nacht brach ich auf, um meinen Zug am frühen Morgen zu erreichen.

Kalt war mir an diesem Tag, als ich zum Hamburger Hauptbahnhof lief, das Thermometer zeigte vier Grad unter null. Lange Strecken zu Fuß zu laufen war damals nichts Besonderes, wir alle hatten darin Übung. Leise sang ich vor mich hin: «Und wenn wir marschieren, dann leuchtet ein Licht, das Dunkel und Wolken strahlend durchbricht!» Stets, wenn wir dieses Lied in der Hitlerjugend gesungen haben, stellten wir uns vor, dass damit der Führer gemeint war. Für uns Jugendliche war er so etwas wie eine Leitfigur, eben unser Licht. Es wurde allmählich hell, als ich den Hauptbahnhof erreichte. Besorgt blickte ich zum Himmel, ob dort die typischen Kondensstreifen der anfliegenden Bomberpulks zu sehen waren. Zum Glück war der wolkenlose Himmel leer, aber man konnte da nie sicher sein. In den letzten Monaten des Krieges näherten sich die viermotorigen «Fliegenden Festungen» der Amerikaner (Boeing B-17 «Flying Fortress») den deutschen Städten oft, ohne dass es für die Bevölkerung eine Vorwarnung durch Sirenenalarm gab.

Der Hauptbahnhof war zu einem großen Teil zerstört. Betroffen waren vor allem die Verglasungen in der Dachkonstruktion. Überall waren gewaltige Tarnnetze gespannt worden, die den Bahnhof vor den Fliegerangriffen schützen sollten, zum Teil aber verbrannt und nicht erneuert worden waren. Am Südportal des Hauptbahnhofs fiel mir ein Propaganda-Schriftzug auf, ähnlich einer heutigen Werbetafel. In großen Lettern stand da: «Ein Hundsfott, der jetzt den Führer verlässt.» Für lange Zeit war dies das Letzte, was ich von Hamburg sah.

Mich meiner Einberufung zu entziehen, kam mir nicht in den Sinn. Nicht, weil ich fanatisch an den «Endsieg» glaubte. Trotz der einseitigen Berichterstattung in den Medien war wohl den meisten von uns inzwischen ziemlich klar, dass, wenn überhaupt, ein Sieg in sehr sehr weiter, womöglich unerreichbarer Ferne lag. Vielmehr erhoffte ich mir von meinem Fronteinsatz in erster Linie eine Veränderung meines bis dato wenig aufregenden Lebens. Ich wollte etwas erleben und nicht länger mit meinen kleinen Geschwistern im Ruinenkeller leben. So absurd das aus heutiger Sicht klingen mag: Ich erwartete vom Krieg, vom Soldatenalltag, so etwas wie Abenteuer, Spannung, Unterhaltung. Und ich wollte raus aus diesem grauen, von Bombenalarm, Mangelwirtschaft und Frust geprägten Alltag der deutschen Großstadt. Und wie selbstverständlich glaubte ich der NS-Propaganda von der Notwendigkeit, die Heimat vor dem Ansturm «bolschewistischer Horden» zu schützen, vom Recht auf Verteidigung gegen eine Welt von Feinden. Als pflichtbewusster Hitlerjunge wollte ich meinen Beitrag zur Landesverteidigung leisten. Ich ging davon aus, nach einer kurzen militärischen Ausbildungszeit vorerst wieder nach Hause zurückkehren zu dürfen, ehe es dann zum echten Fronteinsatz kommen würde. Zumindest war uns das so versprochen worden. Ich war damals einfach grenzenlos naiv.

Meine Mutter und mein Stiefvater hielten nichts von der Idee, waren aber wohl erleichtert, einen Esser weniger durchfüttern zu müssen, denn der Mangel war allgegenwärtig und der Platz im Keller begrenzt. Mein Stiefvater hatte meine Mutter, die einige Tränen vergoss, beruhigt und gesagt: «Der Krieg ist ja bald vorbei, der Junge kommt sowieso nicht mehr an die Front.»

Ich bestieg meinen Zug. Eine sogenannte Kriegseinheitslok – Güterzug-Dampflok Typ BR 52 369 – zog die Waggons, die mit dem Schriftzug «Räder müssen rollen für den Sieg» versehen waren. Weil zu Beginn des Jahres 1945 die Tieffliegerangriffe auf Bahnzüge stark zugenommen hatten, war am Ende jedes Zuges ein flacher Waggon ohne Aufbauten angehängt, auf dem eine Vierlingsflak montiert war. Auch unser Zug zog so eine Fliegerabwehrkanone hinter sich her. Denn hinter den Elbbrücken, auf dem platten Lande Niedersachsens, war die Gefahr, Opfer von Tieffliegern zu werden, am größten. Doch wir sollten unbehelligt davonkommen.

Als der Zug über die Elbbrücken fuhr, sangen die Soldaten, die gerade ihren Urlaub beendet hatten, um sich aufzuheitern, verstummten aber bald wieder. «Das ist die Strecke nach Hannover», sagte mir ein alter Soldat, der seine Pfeife ausklopfte. Es ging nach Süden. Mein Einberufungsbefehl zeigte mir als vorläufigen Bestimmungsort das Städtchen Bernsdorf in der Oberlausitz an – erste Station meiner Odyssee. Eine Idee, wie ich da hinkommen sollte, hatte ich nicht. Stunden später irrte ich in verschiedenen Personenzügen zwischen Leipzig und Cottbus hin und her. Es gab zwar noch so etwas wie einen planmäßigen Schienenverkehr, das half einem aber auch nicht weiter, wenn man keinen Plan hatte, wie man sein Ziel erreichen konnte.

Nach einer längeren Suche, einigen Umwegen und vielen

Fragen fand ich schließlich doch den Bernsdorfer Stadtteil Straßgräbchen. Von der dortigen Kommandobehörde erhielt ich einen weiteren Marschbefehl. Prag lautete mein nächstes Ziel. Das Ganze bekam etwas von einer Schnitzeljagd, denn von Prag aus wurde ich schließlich nach Bad Luhatschowitz in die Nähe von Brünn geschickt, in das dortige «Reichsausbildungslager 6». Ich sollte an einem sogenannten «Lehrgang für Wehrertüchtigung der Hitler-Jugend gemäß Erlass des Reichsjugendführers I J 2160 vom 22. Mai 1942» teilnehmen – wie ich später der Teilnahmebestätigung entnahm. Am 6. Januar kam ich am späten Nachmittag in Brünn an. Die Gegend war mir nicht fremd, denn etwa 30 Kilometer nördlich lag Tischnowitz, der Ort, in den wir 1943 evakuiert worden waren.

Nachdem ich auf dem Bahnhof eingetroffen war, suchte ich nach Anschlusszügen, die für mich in Frage kämen. Natürlich erfolglos. Abends, gegen 20 Uhr, eröffnete mir ein Bahnangestellter, dass lediglich noch die Möglichkeit bestand, den letzten Zug nach Zlin zu nehmen. Das lag gerade mal auf halbem Weg zum Bestimmungsort. Was sollte ich machen? Geld für eine Übernachtung hatte ich nicht. Ich fuhr also nach Zlin. Dort angekommen, marschierte ich mit meinem Koffer in der Hand durch den nächtlichen, tiefverschneiten Wald, um an mein Ziel zu gelangen, obwohl mir die Leute im Bahnhof davon abgeraten hatten. Ich dachte an das, was uns Hitlerjungen stets eingetrichtert worden war: Nur keine Angst haben, Augen zu und durch! Ich hätte mir besser überlegen sollen, was es heißt, bei vier Grad unter null nachts 15 Kilometer durch den Schnee zu stapfen. Es war eine ziemlich blöde Idee, und irgendwann schwante mir, dass ich mich verlaufen würde. Ich weinte still vor mich hin, die Tränen gefroren mir auf den Wangen. Ich war verzweifelt und müde, hatte Heimweh – und marschierte tapfer weiter. Ich war etwa fünf Kilometer durch den verschneiten Wald gelaufen, es war nach Mitternacht, als ich schwach ein Licht durch die Bäume schimmern sah. Wenig später zeichnete sich die Silhouette eines kleinen Walddorfes mit einem erleuchteten Gasthaus ab. Das steuerte ich an. Drinnen wurde fröhlich auf Tschechisch gesungen. Man hatte offenbar Grund, etwas zu feiern.

Halb erfroren betrat ich den Gastraum. Alle verstummten jäh ob des seltsamen Gastes zu vorgerückter nächtlicher Stunde. Schließlich trug ich meine HJ-Uniform. Und das war außerhalb der Grenzen des Deutschen Reiches schon ziemlich ungewöhnlich. Die Leute im Wirtshaus starrten mich schweigend an. Mir kamen die Tränen, ich hatte Angst. Ich muss wirklich ein trauriges Bild eines künftigen deutschen Frontsoldaten abgegeben haben. Verlegen setzte ich mich auf eine Bank. Einerseits fühlte ich mich gottverlassen, verloren und einsam. Andererseits befürchtete ich, diese Leute könnten mich verprügeln, denn wer wusste schon, was sie über Deutsche dachten. Das Zusammenleben zwischen Deutschen und Tschechen war spätestens seit der Zerschlagung der Tschechoslowakei 1938 ein Verhältnis von Siegern und Besiegten. Offiziell war im «Reichsprotektorat» zwar alles zweisprachig ausgeschildert – deutsch und tschechisch. Unübersehbar war jedoch, dass die sogenannten Volksdeutschen Privilegien genossen, die vom Regime auch gewollt und sogar noch propagandistisch hervorgehoben wurden. Im Alltag lebten Tschechen und Deutsche zumeist aneinander vorbei, in Parallelgesellschaften. Und es gab natürlich auf beiden Seiten Vorurteile, Neid und Missgunst. Andererseits hatte ich in meiner Brünner Zeit stets ein gutes, sogar freundschaftliches Verhältnis zu meinen tschechischen Kollegen und Nachbarn gepflegt. Vielleicht hatten sie mich respektiert, weil ich ganz leidlich Tschechisch sprach, mir damals zumindest Mühe gab, es zu perfektionieren. Auch später, während meines kurzen Fronteinsatzes und danach, hatte ich nie das Gefühl, mich in Tschechien unter mir feindlich gesinnten Menschen zu bewegen. Doch das waren meine eigenen Erfahrungen. Ganz allgemein gab es zwischen Tschechen und Deutschen Spannungen, die später, bei der Vertreibung der Sudetendeutschen, auch offen in Hass und Grausamkeiten umschlugen.

Im Gasthaus nahm mich eine resolute, ältere Frau beiseite, rieb mir Gesicht und Hände mit einem warmen Tuch ab und stellte mir eine Tasse Pfefferminztee hin. Die Männer waren lustig, hänselten mich, flößten mir Sliwowitz ein, den bei allen slawischen Völkern beliebten Zwetschgen-Branntwein. Die Männer riefen: «Prost, du angehender Frontsoldat.» Das wurde auf Deutsch und mit spöttischem Unterton gerufen. Dann sollte ich essen. Es gab Schweinebraten und Knödel, aber ich bekam nichts runter. Schüttelfrost packte mich. Die Wirtin rief: «Lasst ihn doch in Ruhe, er hat Fieber.» Leise sagte ich: «Ja děkuji vam – Ich danke Ihnen.» Verblüfft schaute mich die Frau an und rief: «Ale co je to, rozumiš česky? – Aber was ist das denn, verstehst du Tschechisch?» Jetzt ging der Wirbel richtig los, alle redeten plötzlich durcheinander, betrachteten meinen linken Arm, auf dem die dreieckige Gau-Bezeichnung der Hitlerjugend zu lesen war – Nord Hamburg. Ein hiesiger Volksdeutscher konnte ich also nicht sein, die waren ganz nebenbei nicht sonderlich beliebt. Anerkennend schlug man mir auf die Schulter. «Mensch, Junge, prima. Ein Reichsdeutscher spricht unsere Sprache», und anderes mehr. Bis die Frau ein Machtwort sprach und den Zirkus beendete: «Schluss jetzt, er gehört ins Bett.»

In einem kalten Gästezimmer unterm Dach des Gasthauses wurde ich in ein von Wärmflaschen angenehm vorgewärmtes Bett gelegt und mit dicken Daunendecken zugedeckt. Ich sagte noch: «Prosim pani, gde je …? – Bitte Frau, wo ist …?» «Pst», sagte sie, «schlaf gut.» Sie deckte mich richtig zu und zeigte auf einen großen Nachttopf aus Steingut, der neben dem Bett stand. Vom Fieber geschüttelt, fiel ich umgehend in einen tiefen, komaähnlichen Schlaf. Zwei Tage blieb ich, bis ich wieder halbwegs genesen war. Am Morgen des dritten Tages, kurz bevor ich abreisen wollte, versuchte die Frau mich zu überreden, doch einfach dazubleiben. Man würde mich wie einen Sohn aufnehmen, versprach sie mir, der Krieg sei ohnehin fast zu Ende und obendrein für Deutschland verloren. Wenn sich später die Lage wieder beruhigt hätte, könnte man ja weitersehen. Ich überlegte einen Moment. Die Aussicht, demnächst gegen übermächtige Feinde in den Krieg zu ziehen, erschien mir in diesem Moment nicht sonderlich verlockend. Und immerhin sprach ich ja ein wenig Tschechisch, bis zum Ende des Krieges hätte ich das sicher perfektioniert, was meine Tarnung vervollständigt hätte.

Am Ende siegte das Pflichtgefühl. Ich bedankte mich bei den liebenswerten Wirtsleuten und verließ die gastliche Stätte, um befehlsgemäß in mein Unglück zu ziehen. Damals hätte ich wohl nie die Courage aufgebracht, mich einem Einberufungsbefehl zu widersetzen. Sich als noch nicht wehrpflichtiger Zivilist dem Militär zu entziehen, war zwar aus strafrechtlicher Sicht keine Fahnenflucht. In unserem damaligen Rechtsempfinden kam es einer solchen aber gleich. Ich hatte schlicht Angst davor, erwischt zu werden, obwohl mir der Gedanke, «Krieg zu spielen», immer unheimlicher wurde.

Also fuhr mich der Gastwirt am Morgen mit dem Pferdegespann nach Lazně Luhačovice oder Bad Luhatschowitz, wie der mährische Kurort auf Deutsch bezeichnet wird. In einer Villengegend am Stadtrand befand sich unser militärischer Standort, ein Reservelazarett. Dort meldete ich mich. «Lucks, Sie hier?» Der «Spieß», ein Feldwebel, war ziemlich erstaunt, mich zu sehen. Er teilte mir mit, dass man kurz davor war, meine Papiere zurück nach Hamburg zu schicken, denn niemand wusste, wo ich geblieben war. Und es gab damals viele, die sich ihrer Einberufung durch Flucht entzogen. Wäre ich nie dort aufgetaucht, hätte das vermutlich nicht einmal für Aufsehen gesorgt.

Da ich noch Fieber hatte, kam ich zunächst in ein Lazaretthaus. Luhatschowitz war ein alter Kurort, mit Villen und Parkanlagen, umgeben von Wald. Im einstigen Grandhotel war die Lagerleitung untergebracht, in den Kursälen befanden sich die Unterkünfte der verschiedenen Einheiten. Die 140 Kameraden meiner Kompanie kamen in Villen der näheren Umgebung unter, die beschlagnahmt worden waren. «Villa Amerika» hieß das Anwesen, in das ich nach einer Woche des Auskurierens zusammen mit anderen Jugendlichen einquartiert wurde. Sechs Leute schliefen auf Doppelstockpritschen jeweils in einem Raum.

Ich war in einem sogenannten Reichsausbildungslager gelandet, einer NS-Kaderschmiede, deren erste Einrichtung der Reichsjugendführer Artur Axmann im März 1941 ins Leben gerufen hatte. Hier sollten Hitlerjungen für den gehobenen militärischen Dienst ausgebildet werden. Normalerweise kamen Jungen meines Alters in ein Wehrertüchtigungslager. Von «Volksturm» war also in meinem Fall keine Rede mehr. Und nach persönlichen Vorlieben wurde nicht gefragt. Allein die Tatsache, dass ich bereits 1942 14-jährig im ostholsteinischen Eutin die Eignungsprüfung für die Unteroffiziersvorschule absolviert hatte, prädestinierte mich offenbar für eine «höherwertige» militärische Ausbildung. Nach meiner Eignungsprüfung 1942 – einem kurzen theoretischen Test und einem Gesundheits-Check – war ich damals sogar auf eigene Faust nach Steinau an der Oder gefahren, wo sich eine Schule für Unteroffiziersanwärter befand. Ich hatte das damals eher als Flucht vor Elternhaus und Großfamilie verstanden. Meine Mutter ließ mich aber umgehend zurückholen. Sie bestand darauf, dass ich zunächst eine Lehre machen, vor allem beenden sollte. Das hatte mich damals zwar ziemlich wütend gemacht, letztlich hatte ich mich aber gefügt.

Normalerweise wurde die Lagerführung der Reichsausbildungslager aus der Hitlerjugend rekrutiert. Doch junge, unver-

Das Grandhotel in Lazně Luhačovice in der Mährischen Walachei, das für unsere Ausbildung requiriert worden war.

sehrte Männer waren Anfang 1945 rar, sodass sich die Führung nach fünfeinhalb Jahren Krieg überwiegend aus verwundeten Kriegsteilnehmern zusammensetzte, die für den Fronteinsatz nicht mehr tauglich waren. Auch unser Lagerführer und die Ausbilder waren Soldaten aus «Genesenenkompanien», zumeist niedere Ränge wie Gefreite oder Unteroffiziere. Vordergründig ging es darum, uns zu Unteroffizieren auszubilden. Der Befehlshaber einer Einheit im Reichsausbildungslager, der ich angehören sollte, war ein kriegsversehrter Hauptmann, der in einer schicken Villa residierte. Er ließ sich nie sehen und hatte mit unserer eigentlichen Ausbildung nicht viel zu tun.

Als sogenannte Hilfsausbilder fungierten höhere HJ-Führer, die aber später zurück in ihre Heimatstadt Gießen geschickt wurden, also nicht mit uns an die Front gehen sollten. Man sagte uns, dass die Front noch gut 100 Kilometer entfernt sei. Tatsächlich vernahmen wir aber ein bedrohliches Grummeln, welches in den folgenden Tagen intensiver wurde und auf eine viel geringere Distanz zur Kampflinie schließen ließ. Für uns klang es wie ein nahendes Gewitter.

Die Ausbildung im Lager empfand ich als quälend und stumpfsinnig. Immer wieder mussten wir durch den hohen Schnee laufen, robben, springen. Auch Zielschießen auf Scheiben gehörte zum Ausbildungsprogramm. Dazu hatten wir die Heeresdienstvorschrift zu studieren, die im absonderlichsten Behördendeutsch das Handwerk der Soldaten beschrieb: «Die rechte Hand umfasst saugend und schraubend den Kolbenhals des Gewehres.» Ich wusste überhaupt nicht, wie ich mit meiner Hand saugen und schrauben sollte. Bald wurde ich aber schmerzhaft belehrt. Bei den ersten Schießübungen bekam ich den Rückschlag zu spüren, fast hätte er mir die Zähne herausgeschlagen. Weil ich den Rückstoß meines Karabiners fortan fürchtete, konnte ich mich kaum aufs Zielen konzentrieren und schoss immer wieder daneben. Ja, ich traf nicht einmal die Scheibe. Unser Schießausbilder, Unteroffizier Klawitter, ein etwa 30-jähriger Soldat, der auch aus einer Genesenenkompanie abkommandiert war, wurde wütend. Denn Klawitter war ein sehr guter Schütze, was dazu führte, dass er mangelhaften Schießleistungen besonders wenig Verständnis entgegenbrachte.

«Lucks, Sie laufen jetzt fünfmal um den Platz und suchen den Hasen, den sie eben erschossen haben», schrie er mich eines Tages an. Einem Kameraden erging es ebenso, und wir mussten, das Gewehr in «Vorhalte», Kniebeugen machen. Immer abwechselnd sollten wir dabei sagen: «Ich habe vorbeigeschossen», er dann: «Hast Pech gehabt», und umgekehrt. Irgendwann hatte ich aber den Dreh raus, wie man mit so einem Karabiner schoss. Es war alles eine Sache der Übung. Und von da an schoss ich gut. Ich traf sogar immer das Schwarze in der Scheibe, sodass ich später eine Spezialausbildung im Scharfschießen mit aufgesetztem Zielfernrohr bekam.

Die Kameraden waren gleichen Alters und stammten aus allen Gebieten des Reichs. Ich interessierte mich sehr für die verschiedenen Dialekte, Bräuche, regionalen Marotten, weil es damals noch ziemlich außergewöhnlich war, als Hamburger beispielsweise einen Bayern zu treffen. Es gab ja kein Fernsehen, das Dialekte und Mundarten thematisiert hätte. Einer meiner Stubenkameraden, mit dem ich mich anfreundete, ich glaube, er hieß Fritz, stammte aus Breslau. Er betonte bei jeder Gelegenheit, dass er ein «Lerge» wäre. In Breslau war alles «Lerge», ein süßes Baby, ein durchtriebenes Frauenzimmer, ein Kumpel – einfach alles. Dieser Stubenkamerad schwärmte auch immer von «Schlesser Streussla Kucha». Ich fragte, was er denn damit meine. «Kucha, sapperlot», konkretisierte er, bis ich es verstand: schlesischen Streuselkuchen.

Von einem Berliner ist mir ein anderer Satz in Erinnerung geblieben: «Janz Berlin is eene Wolke, und jeroocht hats ooch!» Zwei Kameraden aus Ostwestfalen gaben mir später bei der Verabschiedung mit auf den Weg: «Und sehen wir uns nicht in dieser Welt, dann sehen wir uns in Bielefeld.» Ein Kamerad aus Mannheim sagte über sich: «Ich bin ä Mannemer Bummler.» Manchmal sagte er auch: «Es will mer nich in de Koppe rein, wie kann ä Mensch nicht aus Mannem sein.» Den Vogel schossen allerdings die Sachsen ab. Sie stellten das größte Kontingent. Wir hatten stets viel Spaß mit ihnen. Einer sagte einmal: «Herr Hauptmann, es gommen Druppen.» «Was für Truppen?», fragte leicht genervt der Hauptmann zurück. «Na, Rägendruppen» (Regentropfen), sächselte der Kamerad zurück. Ein anderer sagte: «Rägen wern mer kriechen.» Das hörte sich an wie Regenwürmer kriechen, sollte aber «Regen werden wir kriegen» bedeuten. In der ersten Zeit notierte ich vieles von dem Gehörten und Gesehenen in ein kleines Notizheft. Es war für mich ein großes Abenteuer, begierig sog ich all die neuen Erkenntnisse ein. Mitunter musste ich dermaßen lachen, dass mir der Bleistift abbrach, besonders wenn Ostpreußen redeten. Vermissten sie etwas, dann sagten sie: «Nuscht jibt es, kein nichts, auch nichts.» Oder: «Kein nichts, kein gar nichts.» Indessen ging das Heft im Verlauf der folgenden Wochen verloren, sodass ich mir früh angewöhnte, mir vieles von dem Gesehenen und Erlebten zu merken.

Es kam vor, dass wir hin und wieder dienstfrei hatten, etwa zwei bis drei Stunden. In dieser Zeit streiften wir durch den Kurpark oder den Ort. Alle waren scharf auf Zigaretten, die man manchmal günstig bekommen konnte. Eines Tages sprachen mich zwei Tschechen an, in einem wienerisch gefärbten Deutsch. Sie boten mir einige Schachteln Zigaretten an, die ich zu einem guten Preis hätte bekommen können. Das war schon verlockend, denn es handelte sich um Vorkriegsware mit der Aufschrift «Österreichische Tabaksregie»! Doch ich hatte leider kein Geld und sagte das den beiden. Sie überlegten, ob man das auch anders regeln könnte, tuschelten auf Tschechisch. Ich verstand «hlupák» (Blödmann), dem man etwas zum Pusten («nečo za foukat») rauskitzeln könnte. «Za střelitne vid?» (zum Schießen), fragte ich. Sichtlich entsetzt, dass ich ihre Sprache verstand, suchten sie schleunigst das Weite. Vermutlich waren es Schieber, die den tschechischen Untergrund mit Waffen versorgten.

Eigentlich hatten wir schon in der Ausbildung wenig Grund zu lachen. Es gab unter uns Jugendlichen Unzufriedenheit mit den Verhältnissen im Lager. Von uns wurde unbedingter Gehorsam verlangt, aber selbst, wenn die Ausbilder Fehler machten, durften diese nicht beanstandet werden. Die hygienischen Verhältnisse waren schlecht. Man konnte nicht duschen. Unsere Sachen waren oft nass, weil wir durch den Schnee robben mussten. Und es gab keine Möglichkeiten, sie zu trocknen. Die Verpflegung war schlecht, knapp und einseitig. Mittags gab es einen Teller Suppe und eine Scheibe Brot. Wir hatten immer Heißhunger und skandierten Tischsprüche wie: «Es isst der Mensch, es frisst das Pferd, doch heute ist es umgekehrt.» Es gab keine Ruhezeiten. Den Nachtübungen schloss sich zumeist das tägliche Exerzieren an. Natürlich waren solche Entbehrungen in Kriegszeiten normal, doch wir empfanden das als Schikane, kamen wir doch allesamt aus dem Elternhaus und waren einfach nicht reif für den militärischen Drill einer Armee im «totalen Krieg» am Rande des Untergangs.

Kameraden, die sich über die Zustände im Lager beschwerten, wurden nicht selten Opfer des «Heiligen Geistes». So wurde ein Bestrafungskommando genannt, welches den «Quertreiber» nachts heimsuchte, ihn verprügelte, ihm die Haare schnitt und das Gesicht mit Schuhcreme schwärzte. Mir ist das glücklicherweise nie widerfahren. Dennoch hatte auch ich mich bei meinen Ausbildern über die unerträglichen Zustände im Lager zweimal beschwert. «Ihr habt mir überhaupt nichts zu sagen, denn ich bin noch nicht vereidigt und kann nach Hause fahren, wenn ich es will», schrie ich ihnen entgegen. «Zum Rapport beim Hauptmann», hieß es dann stereotyp. Der faltete mich ordentlich zusammen, ich wurde zur Nachtwache und zum Latrinenreinigen abkommandiert. Vor allem diese endlos langen Nachtwachen machten uns physisch fertig, denn morgens begann dann wieder der ganz normale Drilldienst. Ich war wütend und rächte mich beim Kommandierenden, indem ich in den Pflanzenkübel pinkelte, der im Vorraum seines Dienstzimmers stand. Andere Kameraden waren wohl auf die gleiche Idee gekommen, denn etwas später verkümmerte dieser vormals prächtig große Gummibaum. Sorgen bereiteten uns die immer wieder auftauchenden Meldungen über massive alliierte Bombenangriffe auf deutsche Großstädte. Mitte Februar 1945 ging das bis dato unbehelligte Dresden im Feuersturm unter. Ein Kamerad aus Berlin mit einer sprichwörtlichen Berliner Schnauze sagte: «Ick kann euch beruhigen, der Führer kriegt det allet in Jriff. Er hat een Kooperationsabkommen mit die Amerikaner jetroffen. Wie denn das? Na, Mensch, wir stellen den Luftraum zur Verfüjung und die Amerikaner die Flugzeuje, so einfach ist det!»

«WIR SIND DIE GARDE» – IN DER WAFFEN-SS

Bereits in den Wochen der Ausbildung stellte sich bei mir eine tiefe Abneigung gegen diesen stumpfsinnigen Dienst ein. Ich hatte mir das alles anders vorgestellt. Militär, das hatte in mir früher stets romantische Assoziationen geweckt: Schneidige, gutgekleidete Soldaten, die ihre Waffen beherrschten, im Gelände umhersprangen. Die fröhlich singend im Gleichschritt durchs Kasernentor marschierten, dabei ein Lied trällerten («Es ist so schön, Soldat zu sein, Rosemarie»). Die von mir gesammelten und geliebten Zigarettenbilder hatten mein Soldatenbild geprägt: eine farbenfrohe, heile Welt ohne Kratzer. Im Geiste sah ich den Marschliederdirigenten Herms Niel – eine Hand am Koppel, in der anderen der Taktstock. Auf diesen Krieg hatte ich mich gefreut. Doch das, was mich hier erwartete, war nüchtern, abstoßend und hatte auch nicht den leisesten Anflug von «Kriegerromantik».

«Der militärische Drill hängt mir zum Halse raus», schrieb ich am 25. Februar an meine Mutter. Und: «Ja, du hast recht, ich bin zehnmal lieber bei der Post.» Es war der denkbar falsche Moment für solche Meinungsumschwünge. Doch wir alle hofften damals, dass es nach der Ausbildung vorerst wieder nach Hause ging. «Heute hat ein Unteroffizier bestätigt, dass wir nach Hause kommen», hieß es in einem späteren Brief. Denn der Grundausbildung sollte sich eigentlich eine Ausbildung für den gehobenen militärischen Dienst anschließen – nach einem Heimaturlaub. Wir waren Jahrgang 1928 und damit eigentlich noch zu jung für die Wehrmacht. Doch es waren die letzten Tage des «Dritten Reiches», und nichts war so, wie es sein sollte.

Am 5. März war der Lehrgang endgültig zu Ende, und wir warteten gespannt auf die Bestätigung der versprochenen Heimkehr. Die Enttäuschung, die nun folgte, war unbeschreiblich. Ein HJ-Bannführer erschien, Moritzen hieß er, und nahm die Meldung des Ausbildungslagerabschlusses mit 1400 HJlern entgegen. «Der Führer hat euch schon heute zu den Waffen gerufen!», verkündete er dann mit bemühtem Pathos in der Stimme. Zu unser aller Erstaunen teilte er uns mit, dass wir geschlossen der Waffen-SS zugeführt würden. Vorher sprach er noch davon, dass Deutschland in höchster Gefahr sei. Hatte jemand noch Fragen? Es gab keine Fragen, nur lange Gesichter, also war das Thema damit für ihn erledigt. Für uns noch nicht ganz. Fünf Jugendliche wurden wieder nach Hause geschickt, sie wurden für zu klein befunden, ihre Körpergröße entsprach nicht der «Norm». Einer von ihnen hieß Franz Stendera, stammte ebenfalls aus Hamburg. Wir kannten uns sehr gut.

Und dann gab es noch Arnold. Der hatte tatsächlich das Rückgrat, zu erklären, seine Mutter würde nicht erlauben, dass er sich freiwillig zur SS meldet. Arnold trug seinen Einwand sehr energisch vor. Ich dachte, das gibt Ärger, jetzt kommt ihn ganz sicher der «Heilige Geist» besuchen. Dabei war er einer unserer besten Schützen, außerdem ein Sport-Ass und obendrein sehr hell im Kopf. Er wusste sehr viel, drückte sich gewählt aus, sodass ich annahm, dass er die Oberschule absolviert hatte. Ich hatte schon damals den Verdacht, er hatte diese Ausrede erfunden, denn gegen diesen Einwand war kein Kraut gewachsen. Bannführer Moritzen jedenfalls verschlug es die Sprache. Trotz NS-Ideologie galt noch immer das Bürgerliche Gesetzbuch, ein Veto der Eltern war somit maßgeblich.

Arnold wurde, wozu wir von den Ausbildern auch noch ermutigt wurden, unter den Kameraden als «Weichling» verspottet – und anschließend nach Hause geschickt. Damit war aber für ihn die Sache erledigt.

Rückblickend betrachtet verdient dieser junge Mensch einen Orden für Mut und Weitblick. Man muss sich vor Augen halten, dass wir in einer Zeit lebten, in der das Individuum, der einzelne Mensch, hinter dem Großen, der Volksgemeinschaft, zurückzustehen hatte. So waren wir erzogen worden. Unser Selbstbewusstsein als Individuum, als Einzelner, war nicht sehr ausgeprägt. Eigene Überzeugungen zu entwickeln, eigene Standpunkte zu artikulieren, heute für junge Menschen eine Selbstverständlichkeit und fast schon überzogen ausgeprägt – wir hatten es nie gelernt. Das Vaterland, die Nation, die Volksgemeinschaft – das mag heute wie Worthülsen klingen, aber für uns waren es die Bezugsgrößen unseres jungen Lebens. Umso erstaunlicher ist es aus heutiger Sicht, dass dieser junge Mensch aufstand und sagte: «Nein, ich werde kein Mitglied der Waffen-SS!» Tausende, Millionen solcher Charaktere wären damals ein Segen für Deutschland gewesen. Zumal dieser mutigen Verweigerung keinerlei Sanktionen folgten; was waren schon fünf Minuten Diffamierung unter Jungen verglichen mit dem, was uns angehenden Frontsoldaten drohte.

Jetzt wurden wir aufgeteilt. 200 Mann erhielten einen Marschbefehl nach Wien, 50 Mann zur Panzernahkampfbrigade nach Berlin, der Rest wurde zum Truppenübungsplatz Beneschau bei Prag geschickt. Beneschau sollte auch die nächste Station meiner Reise werden. Ich hatte Glück, denn die Überlebenschancen in den bald darauf entbrennenden Kämpfen um die Reichshauptstadt, Finale des wahnsinnigen Hitler-Krieges, waren schlecht, zumindest schlechter als im noch relativ friedlichen Tschechien, wohin mich das Schicksal verschlug. In den heftigen Schlachten an der Oder und später um Berlin wurde der Krieg endgültig entschieden, Tschechien und Österreich waren lediglich Nebenkriegsschauplätze. Doch das ahnte ich damals natürlich nicht. In der Truppe gab es lange Gesichter und wohl auch so manche heimliche Träne. Die SS hatte uns einfach kassiert, obwohl fast alle bereits einen Wehrpass für das Heer, die Marine oder die Luftwaffe in der Tasche hatten. Denn zu Beginn und während der Ausbildung war von einer späteren SS-Zugehörigkeit nie die Rede gewesen. Alle Jugendlichen gingen davon aus, dass es nach Abschluss des Lagers und einem vierwöchigen Urlaub entweder zum Unteroffizierslehrgang ging oder zum Fronteinsatz als Wehrmachtssoldat.

Neben der Enttäuschung, nicht nach Hause fahren zu dürfen, kann ich jedoch nicht leugnen, auch ein wenig Stolz empfunden zu haben. Stolz, als pflichtbewusster Hitlerjunge demnächst zur militärischen Elite Deutschlands zu gehören. So war der Zeitgeist damals, die jahrelange Propaganda war nicht spurlos an mir vorübergegangen. Ungeachtet unserer Familiengeschichte war ich vom Nazigedankengut infiziert. Mein NS-Patriotismus basierte ganz nebenbei auch auf einer pubertären Protesthaltung gegen mein sozialistisch geprägtes Elternhaus. So hatte ich bereits in der Hitlerjugend eine «Karriere» als Kameradschaftsführer angestrengt, was mich stolz gemacht hatte, nur um Autonomie gegenüber meiner Mutter, meinem Stiefvater sowie meinem leiblichen Vater zu demonstrieren. Sie alle hatten ja zum «kommunistischen Establishment» im einst roten Hamburger Osten gehört.

In Kino, Büchern und Schule war uns Kindern immer eingetrichtert worden, dass in der SS Deutschlands beste Söhne dienten. Überall war vor der schrecklichen «bolschewistischen Gefahr» gewarnt worden. Und auch wir wollten mithelfen, Deutschland dagegen zu verteidigen. Wenn heute junge Menschen namhafte Profi-Fußballer oder Teenie-Bands anhimmeln, so hießen unsere Idole Werner Mölders, Günther Prien oder Otto Skorzeny, diese waren legendäre Jagdflieger, U-Bootkommandanten oder leiteten spektakuläre SS-Kommandounternehmen. Es gab damals ein bekanntes Durchhalteplakat, das einen Hitlerjungen mit Panzerfaust auf einer tiefverschneiten Straße zeigte. Auf dem

Plakat stand: «Utz kämpft für den Führer.» Dieser «Utz» warb für den freiwilligen Dienst in der «12. SS-Panzerdivision Hitlerjugend». Einer Panzergrenadierdivision gleichen Namens würden auch wir in Kürze angehören, zusammengestellt aus einem bunt zusammengewürfelten Haufen von Kindern.

Nachdem wir an jenem Spätwintertag mehr oder weniger freiwillig der Waffen-SS beigetreten waren, stimmte irgendwer das Lied «Ja, wir sind die Garde, die unser Führer liebt» an. Alle sangen brav mit. Etwas Feierliches oder Ergreifendes hatte dieser Moment für mich allerdings nicht, eher einen Anflug von Schwülstigkeit. Und ganz allmählich wuchs in mir die Unsicherheit und die bohrende Frage: «Auf was hast du dich da bloß eingelassen?» Ich bekam Gewissensbisse, als ich an meine Familie dachte. Was würde vor allem mein Opa sagen, ein Veteran der sozialistischen Arbeiterbewegung, wenn er erfuhr, in welchem Verein ich da gelandet war?

Es war der 6. März. Die Strahlen der Sonne, die sich oft zeigte, gewannen bereits an Kraft und erwärmten die winterliche Erde, als wir die Eisenbahnwaggons bestiegen und nach Böhmen fuhren – immer 60 Mann in einem Waggon. Etwa 36 Stunden dauerte die Reise. Südöstlich von Prag befand sich der Truppenübungsplatz Beneschau. In dem von Einwohnern geräumten Dorf Networschitz wurde unsere Truppe einquartiert. In einer ehemaligen Lederfabrik war eine Großküche eingerichtet worden, auch der Regimentsstab war auf dem Gelände untergebracht. Wir wurden in leerstehende Häuser der Umgebung einquartiert, das alles nannte sich «SS-Panzer-Grenadierschule Kienschlag», eine Einrichtung, die im Oktober 1944 gegründet worden war und nach Absolvierung unseres Durchgangs schon wieder aufgelöst wurde. Kienschlag war die deutsche Übersetzung von Prosetschnitz, jenes Ortes unweit von Prag, in welchem die Ausbildungseinheit gegründet worden war. Wir waren als «Auffüllreserve» für die 12. SS-Panzerdivision Hitlerjugend gedacht, deren Reihen sich stark gelichtet hatten. Meine Kameraden kamen aus Berlin, München, Sachsen, Ostpreußen und Hamburg – ein buntgemischter Haufen. Die Stimmung war angespannt, aber erwartungsvoll. Wir bildeten uns tatsächlich ein, das Blatt an der Front wenden zu können.

Wir erhielten SS-Uniformen. In einem Nachbardorf wurde unsere Blutgruppe festgestellt, dann wurde mir ein «A» mit fünf Stichen auf den linken Oberarm tätowiert. Fünf Stiche – ein kleiner Schmerz, der in wenigen Sekunden vorüber war –, die aber den Lauf meines Lebens maßgeblich beeinflussen sollten. Rückblickend wünschte ich mir, es wäre nie geschehen, irgendeine höhere Macht hätte mich vor diesen fünf Stichen bewahrt. Von nun an war ich bis in alle Ewigkeit als SS-Mann gebrandmarkt. Hätte ich nur einen Grund gefunden, mich in diesem Moment zu verdrücken, so viel Leid wäre mir erspart geblieben. Das war natürlich nicht möglich, denn wir wurden streng nach Liste abgefertigt. Doch offenbar wurden 1945 nicht mehr alle Neuzugänge der Waffen-SS diesem Tätowierungsritual unterzogen, wie ich den späten Bekenntnissen des Literaturnobelpreisträgers Günter Grass entnehmen konnte. Bei der Vorstellung seines Buches «Beim Häuten der Zwiebel» berichtete er 2006, kurz vor Ende des Krieges von der Waffen-SS eingezogen worden zu sein – allerdings ohne Blutgruppentätowierung und ohne je einen Schuss abgegeben zu haben.

Und in seinem 2007 erschienenen Lyrik-Band «Dummer August» schreibt Günter Grass:

HELDEN VON HEUTE

Als alles in Scherben fiel,
hat man uns Jungs, dem letzten Aufgebot,
nicht mehr die Kennzahl der Blutgruppe
in des Armes Innenhaut tätowiert.

Das soll nun nachgeholt werden;
die Helden von heute
bestehen darauf.

Aber ich halte nicht hin;
bin schon gezeichnet für jeden,
der lesen will.

Sie aber kennen die Scham nicht,
nur des Scharfrichters Ehrgeiz juckt sie,
verletzend zu sein.

Auch mein langjähriger Freund Wolfhardt Hutschenreuther aus der Niederlausitz, Jahrgang 1929 und damals gerade 15 Jahre jung, wurde in seiner Heimat von einer Einheit der Waffen-SS, die zur 12. Armee unter Generalleutnant Walther Wenck («Armee Wenck») gehörte, «aufgelesen». Er konnte jedoch noch während der Kampfhandlungen und somit kurz vor der Kapitulation in Zivilsachen die Heimreise antreten. Auch ihm war das verräterische Tattoo erspart geblieben. Dass junge Menschen einfach von der Waffen-SS kassiert wurden und man sich nicht einmal mehr die Mühe machte, ihnen das Blutgruppenmerkmal in den Oberarm zu tätowieren, schien in den letzten Kriegstagen verbreitet gewesen zu sein. Ich hatte also weniger Glück, entkam der Tätowierung nicht – und bin somit Zeit meines Lebens stigmatisiert.

«Kampfgruppe Böhmen in der SS-Panzergrenadierdivision Hitlerjugend», lautete unsere offizielle Bezeichnung. Die zweite Hitlerjugenddivision also. Die erste Division gleichen Namens war die bereits länger bestehende 12. SS-Panzerdivision, die zu diesem Zeitpunkt in Ungarn, später südlich von Wien im Einsatz war. Wir waren ein Haufen der Jahrgänge 1927 bis 1929, bestehend aus Jungen, die aus Wehrertüchtigungslagern, aus

Abteilungen des Reichsarbeitsdienstes und aus den Lehrgängen der Reichsausbildungslager zusammengewürfelt worden war. Unsere Division war ungefähr 10 000 Mann stark, wurde aber nie geschlossen eingesetzt, sondern bildete stets kompanieweise eine Art «Feuerwehr» für Frontabschnitte, an denen es am heftigsten brannte und wo Truppen fehlten. Eingeteilt wurde die Division in Kampfgruppen – Böhmen, Mähren und Trabandt, letztere benannt nach dem Brigadeführer und Leiter der Panzergrenadierschule Kienschlag. Einzelne Teile der Division wurden sogar kurzfristig Wehrmachtsverbänden unterstellt. Noch intakte Teile der Kampfgruppe Böhmen wurden später, Anfang Mai 1945, im Kampf gegen die Prager Aufständischen eingesetzt. Normalerweise trug man in der Waffen-SS Ärmelstreifen, auf denen die Division verzeichnet war, zum Beispiel «Totenkopf», «Wiking», «Leibstandarte Adolf Hitler». Nachdem aber die 6. Panzerarmee am Balaton in Ungarn militärisch komplett «versagt» hatte, verbot Hitler das Tragen solcher Streifen, weil er von seiner Garde enttäuscht war. Wir bekamen also keine Ärmelstreifen mehr. Dafür aber den «Hoheitsadler», der bei der Wehrmachtsuniform auf der Brust angebracht war, bei der SS aber auf dem linken Oberarm. Die Russen sagten daher: «Vogel auf Brust gut, Vogel auf Arm schlecht.»

Eine Elite-Einheit war die Waffen-SS, die von einer 40 000-Mann-Truppe zu Kriegsbeginn auf 950 000 Soldaten im Mai 1945 angeschwollen war, zu dem Zeitpunkt schon lange nicht mehr. Es gab galizische, kroatische, baltische, niederländische, russische und weitere Divisionen, in der nationale, faschistische, nicht selten auch kriminelle Elemente des jeweiligen Herkunftslandes dienten. Und es gab natürlich auch jene, die sich aus der Kriegsgefangenschaft heraus rekrutieren ließen, weil sie glaubten, geschützt durch die Uniformen des militärischen Exponenten der NS-Bewegung diesen Krieg auf der Seite der vermeintlichen Sieger überleben zu können. Ein Irrglaube, denn als SS-Angehörigen drohte ihnen später in ihren Heimatländern oft das, was man landläufig «kurzen Prozess» nennt.

Unser neu eingekleidetes Bataillon musste antreten, es wurde ein Tagesbefehl verlesen. Ganz nebenbei und zu unserem großen Erstaunen wurden auch schon die ersten, in Abwesenheit gefällten Urteile der Kriegsgerichte verkündet. Es wehte also bereits ein deutlich rauerer Wind. In einem der Urteile hieß es: «SS-Mann Müller hat aus der Feldküche eine Rolle Käse gestohlen. Er wird zu Festungshaft verurteilt. Von der Verhängung der Todesstrafe wurde abgesehen, weil der Betroffene noch keine 18 Jahre alt ist …» Das klang bereits nach der brutalen Realität dieses Krieges.

Wir wurden zusätzlich eingekleidet, auf unterschiedliche Weise: Einige bekamen Tarnhosen, hohe Schuhe mit Gamaschen aus italienischer Produktion, sogar italienische Uniformjacken, anderen wurden die typischen Wehrmachtspullover ausgehändigt, Waffenrock mit SS-Emblem und Schildmütze. Es gab nicht einmal für alle Kameraden einen Stahlhelm, offenbar gab es zu wenige. Ich erhielt einen, was sich allerdings als großes Handicap herausstellen sollte. Denn das Ding war mir viel zu groß. Hieß es beim Antreten «Richtet euch!», dann trippelten wir nach rechts, stellten uns zusammen und mussten dabei auf unsere Füße sehen, wozu wir den Kopf zu senken hatten. Der widerspenstige Helm versagte mir bei dieser Gelegenheit stets die Gefolgschaft und rutschte nach hinten. Schlimmer war, wenn er beim Senken des Kopfes nach vorn rutschte, sodass ich überhaupt nichts mehr sehen konnte. Ich fluchte, nannte ihn «Helmut, du Arsch!». Vielleicht nahm er mir das übel, denn er begann, mir das Soldatenleben noch schwerer zu machen. Die Kommandos hießen zwar «Die Augen links!» oder «Augen rechts!». Mit diesem Helm wurde daraus aber nichts, denn zur Ausführung des Befehls war ein ruckartiges Bewegen des Kopfes erforderlich. Was bei «Helmut» zur Folge hatte, dass er entweder stur nach vorn gerichtet verharrte, obwohl mein Kopf nach rechts oder links schnellte. Oder er machte die Drehung mit, dann aber mit Übereifer, sodass die Helmfront am Ende nach hinten zeigte. Irgendwann fand ich, dass wir uns trennen mussten, und warf «Helmut» in die Büsche, wo er sich wahrscheinlich im Lauf der Jahrzehnte unentdeckt in Rost aufgelöst hat.

Wir hatten keine Panzer, wir waren nicht einmal motorisiert. Einige Schützenpanzerwagen fuhren in unmittelbarer Nähe unserer Einheit auf, gehörten aber nicht zu uns. Unsere Einheit war ein Regiment stark, was etwas mehr als 2000 jugendlichen Soldaten entsprach. Mein Gruppenführer war der Sturmmann Kuhn, im militärischen Rang eines Gefreiten. Er war bereits einmal verwundet worden, jetzt aber wieder einsatzbereit. Er war ein lustiger Mensch und hatte einen Standardspruch parat: «Gelobt sei, was uns hart macht.» Er war Ende 20, 1,75 Meter groß, hatte braunes Haar und kam aus Niedersachsen. Wir mochten ihn, weil er dieser ernsten Zeit manchmal eine alberne Note gab.

Ich kann mich auch noch gut an zwei Stubenkameraden erinnern. Manfred Moschke aus Großröhrsdorf bei Dresden sowie ein gewisser Cohnen, dessen Vornamen ich allerdings vergessen habe. Wir drei teilten stets, was wir an Essen organisieren konnten. An Cohnen erinnere ich mich gut, weil er seinen Familiennamen mit großen Lettern in den Holzkolben seines Gewehres ritzte. Unser Spieß, wie der Kompaniefeldwebel genannt wurde, machte mächtig Ärger und bekam Wutanfälle. Cohnen musste drei Tage lang große Schikanen über sich ergehen lassen: Strafexerzieren durch Dreck und Matsch zum Beispiel, danach hatte er in kürzester Zeit seine Uniform wieder zu reinigen. Er schaffte es, weil wir ihm dabei halfen. Zu meinem weiteren Freundeskreis gehörten Heinz Fischer aus Freital sowie Heinz Schütze und Horst Friedemann aus Leipzig, die gern im breitesten Sächsisch den Laden aufheiterten.

Neben den Geländeübungen war das Reinigen der Waffen sehr unbeliebt, denn der kontrollierende Unterscharführer war nur sehr schwer zufriedenzustellen. Auf mich hatte er es besonders abgesehen: «Hier hockt noch Dreck, da auch noch», mäkelte er herum. Dreimal musste ich die Waffe vorzeigen. Zuletzt resignierte ich, machte gar nichts mehr. Als er dann kam und ich ihm das Gewehr zeigte, sagte er: «Na also, warum nicht gleich so?» Der einzige Vorteil, den diese Reinigungszeremonien hatten, war, dass wir für einige Zeit Ruhe hatten und nicht als «Giftzwerge» und «Schlumpschützen» beschimpft wurden.

Seltsam fand ich damals, dass offenbar auch unsere Nachbareinheit aus SS-Leuten bestand, zumindest ließen die Uniformen darauf schließen. Sie sprachen aber weder Deutsch, noch verstanden sie es. Erst später erfuhr ich, dass es sich um Russen gehandelt haben muss. Es waren Soldaten aus Einheiten der aus zwei bis drei Divisionen bestehenden sogenannten Russischen Befreiungsarmee (ROA) unter Führung des früheren Generalleutnants der Roten Armee Andrei Andrejewitsch Wlassow. Sie waren überwiegend aus sowjetischen Kriegsgefangenenlagern rekrutiert worden, einige Exilrussen aus dem westlichen Ausland stießen ebenfalls dazu. Sie hatten Uniformen an, die unseren ähnlich waren. Doch wenn wir sie ansprachen, antworteten sie nicht oder spuckten angewidert vor uns aus. Für uns waren sie ein großes Rätsel, denn diese Russen hätten unsere Verbündeten sein müssen. Doch sie ahnten wohl bereits die bevorstehende Niederlage ihrer neuen Herren, und dass ihnen im Falle der Gefangennahme durch die Alliierten die Auslieferung an Stalin und damit der wahrscheinliche Tod drohte.

Ihre feindliche Haltung uns gegenüber war bereits ein Anzeichen des erneuten Frontwechsels, den viele von ihnen planten. Während des Prager Aufstandes, der am 5. Mai 1945 ausbrach, schlugen sich viele der Wlassow-Leute auf die Seite der tschechischen Aufständischen und kämpften gegen die Wehrmacht.

Auch die auf der Nordseeinsel Texel stationierten georgischen Überläufer versuchten sich durch einen erneuten Frontwechsel bei Stalin zu rehabilitieren. Diese Kämpfe zwischen Wehrmachtsverbänden und diesen ehemals verbündeten Truppen wurden mit einer bestialischen Brutalität geführt. Denn es ging hier buchstäblich um Leben und Tod – und um die Chance einer Rehabilitierung bei Stalin. Vergeblich, der Diktator vergab kaum einem der ehemaligen Kollaborateure. Und auch die Amerikaner und Briten lieferten die einstigen Sowjetbürger an Stalin aus, der die meisten von ihnen hinrichten ließ. Zusammen mit neun seiner Generäle wurde Wlassow, in dessen ROA über 100 000 Soldaten kämpften und die sogar über Panzer und Luftstreitkräfte verfügte, am 1. August 1946 in Moskau hingerichtet. Dabei galt er, bevor er im Juli 1942 in deutsche Gefangenschaft geraten war, als einer der wenigen hoffnungsvollen sowjetischen Befehlshaber in einer für die Russen an sich hoffnungslosen Zeit. Nach Wlassows diversen Erfolgen war ihm 1942 sogar noch von Stalins Kriegspropagandisten Ilja Ehrenburg ein literarisches Denkmal gesetzt worden, eine Huldigung, die nur wenige sowjetische Generäle erfuhren. Wir hatten von all dem keine Ahnung, für uns war dieser Wlassow damals ein unbeschriebenes Blatt.

Anfang April marschierte unser ganzes Regiment auf. Der Kommandant hielt eine Ansprache und ließ durchblicken, dass wir demnächst an der Front eingesetzt werden sollten. Unser Regiment nannte sich: «Konopacki, Kampfgruppe Böhmen SS-Division Hitlerjugend», benannt nach dem SS-Oberführer Rudolf Konopacki. Man nahm uns die Wehrpässe ab. Wir bekamen ein Soldbuch der Waffen-SS, handschriftlich ergänzt durch unseren Namen und unsere Einheit. Das Regiment war in drei Bataillone unterteilt, eines umfasste etwas mehr als 800 Soldaten. Bataillon I wurde befehligt von Hauptsturmführer Eckert, Bataillon II von Hauptsturmführer Bormuth, Bataillon III von Hauptsturmführer Effenberger. Dieser war unterschenkelamputiert, trug deshalb eine Beinprothese und ging am Stock. Er war der Mann, der mich und meine Freunde in den Krieg führen sollte.

Unsere Ausbildung ging vorerst weiter. An die Panzerbekämpfung kann ich mich noch genau erinnern. Dazu gehörte es, sich von Panzern überrollen zu lassen. Wir mussten uns in Löcher kauern, exakt so breit wie eine Panzerkette. Ein Soldat fand gehockt gerade darin Platz. Es gab je zwei Löcher nebeneinander, deren Abstand entsprach dem Laufabstand der beiden Ketten des Panzers. Ein erbeuteter T-34 rollte dann über uns hinweg. Es war ein beklemmendes Gefühl, wenn es dunkel wurde, wir das stählerne Ungetüm über uns spürten und uns der Sand in den Nacken rieselte. Wir mussten Angstgefühle unterdrücken, wenn die Kette begann, das Loch leicht einzudrücken. Befand sich der Panzer über uns, hatte man das Gefühl, eine mächtige Eisenhand würde sich über uns legen, griff nach uns und verharrte da, wo wir eigentlich den rettenden Ausgang aus diesem dunklen Loch wähnten. Wenn es dann wieder hell wurde und das letzte Kettenglied ratternd dem wieder eindringenden Licht wich, sprangen wir aus dem Loch, um dem wegfahrenden Panzer einen fingierten Todesstoß in den wehrlosen Rücken zu versetzen. Natürlich war das nur eine Übung, und wir schossen mit Übungspanzerfäusten, die hatten einen mit Zement gefüllten Kopf.

Mitunter sollten wir auch mit einer imitierten Haftmine auf einen schnellfahrenden Panzer springen und diese am Turm befestigen. Das war keineswegs so leicht, wie sich das anhört, denn schnell konnte man abrutschen, wobei einen die schweren Ketten unweigerlich zermalmt hätten. Wir ahnten damals nicht, wie tödlich dieses Spiel mit dem Panzer in der Realität werden sollte, wenn nämlich so ein Stahlkoloss tatsächlich auf einem Loch hin und her fuhr oder gar drehte und den darin hockenden Kameraden zermalmte. Im Krieg kam das sehr oft vor, ich sah es aber glücklicherweise nie mit eigenen Augen.

AN DER FRONT

Am 6. April 1945 begann unser Abmarsch, man brachte uns an die immer näher rückende Front. Auf Lastkraftwagen mit Holzgasantrieb wurden wir in Richtung Brünn gefahren, dann nach Süden über die ehemalige österreichische Grenze. Unsere zivile Kleidung, in meinem Fall die HJ-Uniform, hatten wir als sogenanntes Volksopfer gespendet, selbstverständlich freiwillig und ohne Entschädigung. Den Rest des Gepäcks gaben wir ab. Einen Tornister hatte ich zwar nicht, dafür aber einen Leinenwäschebeutel mit Griff. Darin befanden sich eine Wolldecke, etwas Wäsche, ein Paar Strümpfe, Turnschuhe und viele Briefe von meiner Mutter. Sie hatte mir, seitdem ich Hamburg verlassen hatte, wöchentlich geschrieben und sehr detailliert ihren beschwerlichen Alltag in der zerbombten Stadt geschildert.

Der Spieß, ein Oberscharführer, befahl, alles auf ein Pferdefuhrwerk zu werfen, nach dem Kampfeinsatz bekämen wir es zurück. Nichts von meinen Sachen sah ich je wieder.

Man verteilte scharfe Munition, ich erhielt außerdem zwei Handgranaten. Die steckte ich in meinen Brotbeutel. Doch die Stiele ragten heraus, und die Handgranaten schlugen mir später beim Marschieren immer gegen den Allerwertesten, was auf Dauer schmerzhaft war. Weil sie obendrein schwer waren, lief ich ständig Gefahr, dass meine Hose rutschte. Und da ich auch später nicht wusste, wohin ich die nervigen Dinger stecken sollte, entsorgte ich sie in einem Busch. Wie schon zuvor den Helm. Wir fuhren einige Tage hin und her, bekamen außerdem einige Hanomag-Schützenpanzerwagen vom Typ

Sd. Kfz 251 zugewiesen. Uns war das alles nicht geheuer. Um uns aufzuheitern, befahl uns unser Zugführer zu singen. «Ja, wir sind die Garde», wurde wieder einmal angestimmt. Doch nur wenige sangen mit, wir waren ein Haufen Halbwüchsiger, und wir zeigten wenig Kriegsbegeisterung. Uns stand vielmehr die Angst in die Gesichter geschrieben. Nach dem Singen von Kampfliedern war uns wahrlich nicht zumute. Das änderte sich erst, als unser Kompanielied angestimmt wurde, welches wir stets mit großer Begeisterung sangen, denn es war weniger pathetisch, dafür umso lustiger. Es hatte schlicht keinerlei Bezug zu Führer, Heimat und Krieg. «Ja, die Sonne von Mexiko, war dieser Wild-West rothautger Navajo. Heut noch brennt mein Herz lichterloh, denk ich an Navajo», trällerten wir. Es war ein Lied aus dem Liedgut der Edelweißpiraten, einer Jugendgruppe im Dritten Reich, die in Opposition zum Regime stand. Doch das wussten wir damals nicht – und unsere Kompanieführer offensichtlich auch nicht.

Wir sollten bis Mistelbach nördlich von Wien vorstoßen, wurden aber aufgrund vorrückender Feindverbände am 8. April bereits in Poysdorf ausgeladen. Unsere tschechischen Fahrer fuhren, nachdem sie uns ausgeladen hatten, wieder zurück und holten weitere Kameraden. Doch das ging sehr schleppend, denn einige der tschechischen Fahrer kamen nicht wieder. Aufgrund meiner tschechischen Sprachkenntnisse wurde ich von unseren Vorgesetzten gefragt, ob ich nicht mit ihnen reden könnte, um sie zum Wiederkommen zu bewegen. Doch sie lachten mich aus und fanden mein Gestammel lustig. Oft verbesserten sie mich, die meisten von ihnen sprachen sehr gut deutsch.

Am 12. April formierten wir uns bei Altlichtenwarth. Die Tagesparole wurde ausgegeben, die überall im Reich galt: «Berlin bleibt deutsch, Wien wird wieder deutsch – Europa niemals bolschewistisch!» Und wir sollten unseren Beitrag zur Erfüllung dieses längst haltlos gewordenen Anspruches leisten. Als Reserve wurden wir an einen Hang verlegt, wo wir uns eingruben und warteten. Gelegentliche Granatangriffe zwangen uns, Deckung zu suchen. Nahe des Dorfes Großkruth hatten wir unsere erste Feindberührung. Die Sowjets stießen nach der Einnahme von Wien am 13. April weiter nach Westen vor. Unsere Aufgabe bestand darin, in die Flanke des vorrückenden Feindes zu stoßen. Im Lagebericht der Wehrmacht war damals von «schweren Kämpfen im Bereich der Heeresgruppe Süd, westlich Wien – St. Pölten und südlich von Brünn am 13. und 14. April» zu lesen. Doch von der Großlage wussten wir natürlich nichts.

Der Kommandeur der bei Großkruth operierenden Kampfgruppe, Hauptmann Otto Hafner, erinnerte sich später im Buch «April 1945 – Die Kämpfe im nordöstlichen Niederösterreich» (Autor: Franz Jordan) an unser Eintreffen: «Noch saß ich in Großkruth in einem Haus, vor dem mehrere breite Straßen zusammentrafen, und studierte die Karte, als sich schon der Kommandeur des neuen Bataillons meldete, ein Hauptsturmführer Effenberger. Seine Truppe? Auch schon im Anmarsch! Aber er ging am Stock. Seine Männer? – noch schlimmer fast, es waren Buben, blasse Kindergesichter, die Feldblusen viel zu groß. Ihre dünnen Finger verschwanden unter den langen Ärmeln, die schmalen Gesichter unter den viel zu großen Helmen. Sie kamen aus der Gegend von Nikolsburg, gehörten zur SS-Gruppe ‹Böhmen und Mähren› und waren dieser, aus Wehrertüchtigungslagern und Reichsausbildungslagern zusammengekratzt, als Ersatz eingegliedert worden. Ich war sehr betroffen. Sollte ich mit diesen Kindern die Russen angreifen? Ich sprach mit dem Bataillonskommandeur. Dann disponierte ich um. Bereitstellung nun umgekehrt, als ich ursprünglich gedacht hatte: Die Buben nun hinter die Sicherungen auf der Höhe, meine eigenen Leute an den Hang, dort wollte ich auf schmaler Front und tief gestaffelt mit kräftigem Stoß von der Seite her den Ort aufrollen. Erst in der zweiten Phase dann sollte der Angriff über die Höhe auf den Ortsrand geführt werden, nachdem der Ort bereits in der Zange war.» So weit die Erinnerungen Hafners.

Inmitten von Weinbergen sollten wir einen Gegenangriff ausführen. Natürlich hatten wir Angst, beklemmend stumm lagen wir in unseren Stellungen. Was wir hier sahen, war so ganz anders als das, was wir uns einst vorgestellt hatten. Mit unseren antiquierten Schießeisen sollten wir moderne sowjetische Panzer vom Typ T-34 aufhalten. Und da wir offensichtlich ziemlich unmotiviert dreinblickend der Dinge harrten, liefen SS-Offiziere an unserer Formation entlang und ermutigten uns mit Sätzen wie: «Die Russen da drüben sind ein feiger Haufen. Ihre Mäntel haben sie mit Stricken zusammengebunden, sie wollen nur Beute machen und laufen beim ersten Schuss panikartig davon.» Das verfehlte nicht seine Wirkung, wir glaubten zumindest für den Moment, denen da drüben ebenbürtig, vielleicht sogar überlegen zu sein.

Die Realität holte uns schnell wieder auf den Boden der Tatsachen zurück. Meine Kompanie war zwar zunächst als Reserve gedacht, lag aber unter Granatfeuer. Für mich begann diese «heiße Phase» des Krieges, als eine Granate knapp neben meinem Schützenloch explodierte. Ich reagierte panisch, irrational, wollte aus dem Loch springen, nur noch wegrennen. Doch mein Gruppenführer hielt mich zurück, redete mit ruhiger Stimme auf mich ein, dass dies so etwas wie die Normalität sei und mir das ab jetzt immer wieder passieren werde. Ich beruhigte mich. Tatsächlich nahmen wir etwas später den Ort Altlichtenwarth ein, kampflos rückten wir vor. Die Spuren der vormaligen Kämpfe waren furchtbar, überall lagen Tote, sowohl deutsche als auch russische Soldaten und sehr viele Zivilisten; Frauen und Kinder. Der Anblick ließ uns das Blut gefrieren. Ich versuchte wegzuschauen.

Nach einem weiteren, diesmal misslungenen Angriff wichen wir nach Nordwesten in Richtung Dürnholz aus, südlich von

Brünn gelegen. Dort gruben wir uns mit dem Ziel ein, wenigstens die Stellung zu halten. Bewaffnet war ich immer noch mit einem Karabiner 98, dem 1908 entwickelten einstigen Standardgewehr der Armee des Kaiserreichs. Vor dem Patroneneinschub meines Gewehrs konnte ich die eingravierte Zahl 1918 lesen – das Jahr der Niederlage Deutschlands im Ersten Weltkrieg. Kein gutes Omen. Bei aller technischen Rückständigkeit war das Gewehr jedoch sehr präzise und zielgenau. Als sich die Front etwas beruhigt hatte, wurde ich zusammen mit einer Handvoll Kameraden für zwei Tage abkommandiert, um zu lernen, wie man mit einem auf den Karabiner aufmontierten Zielfernrohr schießt. Für den gesamten Lehrgang hatte ein Dutzend Soldaten aber nur ein Zielfernrohr zur Verfügung, später im Gefecht sollten wir nicht mal das erhalten. Als theoretisches «Lehrmaterial» wurde uns ein erbeuteter russischer Film gezeigt, der Scharfschützen und deren tödliches Tun im realen Krieg auf anschauliche Weise demonstrierte. Wir sahen auf der Leinwand ein Fadenkreuz, wie beim Blick durch ein Zielfernrohr. Und dann tauchte darin ein deutscher Soldat auf einem Motorrad auf, der brauste eine Landstraße entlang. In dem Moment, in dem er zwischen den Zielstrichen auftauchte, drückte der Schütze ab. Der Motorradfahrer stürzte, wobei sich das Vorderrad des Vehikels noch längere Zeit weiterdrehte, das brannte sich in mein Gedächtnis ein.

Uns wurde geraten, im realen Fronteinsatz spätestens nach drei Abschüssen den Standort zu wechseln. Besser noch, falls möglich, nach jedem Treffer. Denn die Antwort der anderen Seite erfolgte fast immer prompt und mit tödlicher Konsequenz. Tatsächlich wurde ich, was sich schon in der Ausbildung abgezeichnet hatte, ein ausgezeichneter Schütze. Zurück in der Einheit, wurde ich zu Scharfschützenattacken an die vorderste Front beordert. Und mein alter Karabiner erwies sich als ideales Scharfschützengewehr, denn er war außergewöhnlich präzise.

Es fällt mir heute noch schwer, darüber zu sprechen, aber

ich habe als «Sniper», wie man das heute nennt, mindestens zwei russische Soldaten erschossen. Ich werde diese Bilder nie los. Mein Gruppenführer lag mit dem Fernglas neben mir und spähte mögliche Ziele aus. Hatte er eine kleine Gestalt als Gegner entdeckt, sagte er leise zu mir: «Da ist einer, Günter, hol den mal weg!» Uns trennten oft 150 bis 300 Meter von der anderen Seite. Ich sah, wie ein russischer Soldat mit Kapuze zu seinem Kameraden lief, der sich offensichtlich in einem Loch eingegraben hatte und nun über etwas informiert oder versorgt werden sollte. Ich zielte mit großer Ruhe, drückte ab und sah, wie der Kapuzenträger stürzte. Damals war das wie eine mechanische Handlung, wie ein Spiel, ein Scheibenschießen. Dass ich da einem Menschen, einem Familienvater vielleicht oder einem anderen Jungen wie ich, das Lebenslicht ausblies – es kam mir in dem Moment nicht in den Sinn. Alles wirkte sehr irreal. Und ich hätte diese Szene wahrscheinlich auch schnell verdrängt. Doch das Schicksal wollte mich, den Todesschützen, so leicht dann doch nicht davonkommen lassen. Denn wir blieben für etwas mehr als eine Woche in dieser Stellung am Hang, dem sich eine weite Ebene anschloss. Und dieser tote Russe lag die ganze Zeit mit nach oben angewinkeltem Arm uns direkt gegenüber. Wie eine Mahnung an mich, den Menschen, der sein Leben ausgelöscht hatte. Als wollte er mir sagen: Sieh es dir an, Günter, das hat der Krieg aus dir gemacht. Dieser Tote lag an jedem Morgen da, und an jedem Abend – ich hatte keine Chance, der Erinnerung an mein schäbiges Tun zu entkommen. Ich fühlte mich elend. Die Russen in der Ebene waren nicht sehr stark besetzt, unser Frontabschnitt war ja nur ein Nebenkriegsschauplatz. Die Evakuierung ihrer Toten war nur um den Preis noch höherer Opfer möglich. Also blieb «mein» Toter vorerst liegen. Mein Gruppenführer versprach mir nach diesem und weiteren Treffern die sogenannte Schützenschnur. Glücklicherweise blieb es beim bloßen Versprechen, vermutlich hätte ich damals sogar so etwas wie Stolz auf diese Auszeichnung empfunden. Wenn ich heute an die Männer denke, die ich als Soldat getötet habe, empfinde ich Scham. Und sehr viel Wut auf jene, die für diesen Krieg verantwortlich waren. Ich war gerade ein paar Wochen Soldat, doch mein Einsatz in Hitlers Krieg hatte sich in der Logik der Nazis bereits «bezahlt» gemacht.

Die Sowjets erhöhten den Druck auf unsere Linien, griffen jetzt überall heftiger an. Ein Untersturmführer kam zu uns und wählte zwölf Leute aus, darunter auch mich. Wir bestiegen einen wartenden Lastwagen. Nach kurzer Fahrt erreichten wir ein Erlenwäldchen. Hier, so sagte er uns, seien die Russen kurzzeitig durch unsere Linien gebrochen, hätten sich aber wieder zurückgezogen. Unsere Aufgabe war es, als «bewaffnete Aufklärer» festzustellen, wo der Feind sich nun befand – so zumindest formulierte es der Untersturmführer, im militärischen Dienstrang einem Leutnant entsprechend. Ich war bedient: Ausgerechnet ich muss diesen Mist machen, dachte ich. Bei einbrechender Dunkelheit schlichen wir leise durch den Wald. Weil ich nicht genau wusste, ob mein Gewehr geladen war, zog ich den Bügel zurück, um zu sehen, ob sich eine Patrone im Verschluss befand. Das war ein Fehler. Denn in der nächtlichen Stille glich dieses Geräusch dem Schlag eines Hammers auf einen Amboss. Wutentbrannt schlug mir der Untersturmführer ins Gesicht, zischte mich böse an: «Dieser Krach weckt ja eine ganze Division, du Trottel!»

Am Rand eines Feldes stießen wir auf einen Wassergraben, in dem ein schwerverwundeter deutscher Soldat lag. Sein Kamerad saß neben ihm, gab ihm zu trinken. Unser Führer befahl dem Gesunden der beiden, mit uns zu kommen. Auf dem Weg zurück könnten wir den anderen ja mitnehmen – «falls er dann noch lebt», fügte er hinzu. Das klang nicht gerade mitfühlend. «Leck mich am Arsch und hau ab», schrie der Gesunde. Damit war der Fall für ihn erledigt. Für unseren Führer offenbar auch.

Wir gingen weiter und erreichten einen Hohlweg. Linker Hand schloss sich ein Sandhang an, oben mit Kiefern bewachsen. Wir liefen weiter und sahen im Sand ein Dutzend tote sowjetische Soldaten liegen, ihre Gewehre neben sich. Es war ein gespenstisches Bild. Ich hatte ein ungutes Gefühl, hielt unseren Untersturmführer fest und sagte ihm: «Vielleicht sind die ja gar nicht tot. Und wenn wir vorbei sind, schießen die uns von hinten zusammen. Auch da oben auf dem Hang könnten noch welche sein.» Das wirkte. Unser Anführer kniff die Augen zusammen, besah sich die Gegend nochmals und befahl leise: «Zurück!»

Wieder kamen wir bei den beiden Kameraden vorbei. Wir versuchten, den Verwundeten aufzuheben und mitzunehmen. Doch der schrie furchtbar. Und dann sahen wir, dass sein ganzer Rücken aufgerissen und blutüberströmt war. «Lasst ihn liegen. Und los, weiter. Du kommst auch mit …», befahl unser Anführer und meinte damit abermals den gesunden Kameraden des Verwundeten. Doch der nahm jetzt uns gegenüber eine drohende Haltung ein. Er hatte eine dieser modernen Maschinenpistolen, die er in unsere Richtung schwenkte, und sagte: «Verschwindet, oder ich schieße euch alle zusammen …» Vier Kameraden und ich ließen die Feldflaschen mit Muckefuckkaffee da, mehr konnten wir im Moment nicht tun. Dann zogen wir uns mit schlechtem Gewissen zurück.

Zurück in unserer Stellung verließ uns der Spähtruppführer. Zuvor hatte er uns versichert, er würde Meldung machen. Man würde die beiden schon holen, versprach er. Wir bezweifelten das. Ich kauerte mich schnell in mein Schützenloch, denn niemand sollte mitbekommen, dass ich mit den Tränen kämpfte. Später ersetzte ich meine Feldflasche aus dem Besitz eines gefallenen Kameraden. Kurze Zeit darauf brachen bei unserer Nachbareinheit sowjetische Panzer durch, wir wurden unter Verlusten nach Südwesten bis Tulln abgedrängt. Hier, an der Donau, fiel unser Gruppenführer Kuhn.

Unter immer größeren Verlusten gab es für uns nur eine Richtung: zurück, zunächst nach Westen. Nach kleineren Gefechten wurden wir dann nach Norden abgedrängt. Dann bewegten wir uns wieder in die entgegengesetzte Richtung, passierten die ehemalige österreichisch-tschechische Grenze erneut. Es bestand kein Zweifel mehr: Unser Zug hatte die Orientierung verloren, wir irrten im Grenzgebiet zwischen Mähren und Ostmark planlos umher. Sobald wir auf zweisprachige Ortsschilder stießen, wussten wir immerhin, dass wir in Mähren waren, also in Tschechien. Unser Ziel war Laa an der Thaya, also Niederösterreich. Und wir verloren unterwegs immer mehr Kameraden.

In einem der Dörfer dieser Region mit ihren grauen Steinhäusern hielten Wehrmachtsoffiziere unseren Zug auf, der noch 22 Mann stark war. Ein Hauptmann in Begleitung eines Leutnants kam aus einem Gemeindehaus. «Wo kommen denn diese Pimpfe her, wer ist denn euer Hordenführer?», schnaubte der Hauptmann. Er benutzte absichtlich die Bezeichnung für die HJ-Dienstgrade, meinte wohl unseren Zugführer. Der war aber nicht mehr bei uns, und wir erklärten dem Offizier, dass wir zur Kampfgruppe Böhmen gehörten und Anschluss an unser Regiment suchten. «Kampfgruppe, Regiment – mein Gott, diese Kinder, wie soll denn das bloß noch enden?», brummte der Hauptmann.

Auch der Leutnant schüttelte den Kopf, die beiden berieten sich und kamen zu dem Ergebnis, dass wir für die Sicherung des Ortes ganz nützlich seien. Der größere Teil von uns wurde an den Südausgang des Ortes befohlen, denn dort wurde ein Angriff befürchtet. Die anderen wurden auf vier weitere Stellen verteilt. Zwei Kameraden und ich sollten am Ostausgang Stellung beziehen. Wir verschanzten uns beim letzten Haus der Ortschaft in einem Straßengraben. Wir konnten die Straße nur etwa 100 Meter weit einsehen, weil sie dann einen weiten Bogen nach rechts machte und sich unserem Blickfeld entzog. Auf der anderen Straßenseite befand sich eine große alte Holzscheune, von der aus man die Straße weiter übersehen konnte. Einer von uns drei Burschen, Erich hieß er, tat sehr intelligent, war es vermutlich auch, zugleich aber ziemlich arrogant und herrisch. Erich erklärte, einer von uns dreien müsse ja die Entscheidungen treffen: «Also hört, Leute, ich bin ein Oberschüler und verfüge über einen besseren Verstand als ihr. Ich habe auch den richtigen Überblick und bin daher für die Leitung prädestiniert. Also: Alles hört auf mein Kommando ...»

Alfred, der Dritte im Bunde, und ich schauten uns an: «Prädesti... was?», dachten wir. Seine aufgesetzte Sprache fanden wir ziemlich komisch. Seinen Führungsanspruch nicht, das war uns ziemlich egal. So etwas wie Ehrgeiz war uns in dieser Situation völlig fremd. Wenn auch nicht viel, so hatte ich doch bereits gelernt, dass jede Form von blindem Eifer im Krieg tödlich sein kann. Wir hatten Hunger, ziemlich großen Hunger sogar. Also ging Erich zu dem Haus, stellte nach kurzer Zeit fest, dass die Bewohner es verlassen hatten. Er stieg durch ein Fenster ein, um nach Lebensmitteln zu suchen. Alles, was er fand, waren Regale voll mit Gläsern eingeweckten Obstes. Er brachte auch Löffel mit, wir knackten die fest verschlossenen Deckel und löffelten heißhungrig glasweise Pflaumen-, Birnen- und Kirschkompott. Bis uns unser selbsternannter Vorgesetzter befahl, mit dem Essen aufzuhören, da wir sonst eine Enteritis bekämen. «Was bekommen wir?» – fragte ich entgeistert zurück. «Durchmarsch», umschrieb er das Problem jetzt. «Durchfall» – er wurde noch konkreter. «Ach so, du meinst die Scheißerei», stellten wir klar und lachten schallend.

Dann befahl er uns beiden, in der gegenüberliegenden Scheune Stellung zu beziehen, um die Straße besser überschauen zu können. Ab und an sollte einer von uns bei ihm vorbeischauen, um Meldung zu machen, damit er die Lage auswerten könne. Er gefiel sich offenbar in seiner Feldherrenpose und spielte ein wenig den Westentaschen-Napoleon. Uns wiederum gefiel der Gedanke, ihn los zu sein, und wir hechteten gehorsam über die Straße. Als wir in der Scheune lagen, meinte mein Kamerad: «Was will denn ‹Enteritis› bloß auswerten? Der will doch nur das ganze Kompott alleine fressen.» Von da an nannten wir ihn nur noch «Enteritis», wir ahmten die von Fremdworten durchsetzte Sprache dieses komischen Kauzes nach und machten uns über ihn lustig. Wir waren eben noch ziemlich alberne Jungs und gierten nach jedem Anlass zu lachen. Während wir so dasaßen und auf die Straße starrten, nickte ich ein wenig ein. Mein Kumpel weckte mich und meinte: «Panzergrenadier Lucks auf Posten eingeschlafen, die Meldung geht sofort zur Auswertung an Enteritis!» Und wieder lachten wir uns schief. Etwas später setzte ein starker Wind ein, und die große Scheunentür schlug krachend zu. Wir waren zu Tode erschrocken. Quietschend ging sie wieder auf, um erneut zuzuknallen. Vermutlich lag es an diesem Geräusch, jedenfalls begann die Gegenseite plötzlich, heftig zu schießen. Es blitzte und krachte, und wir warfen uns Deckung suchend hin. Es ist eine Sache, wenn man in einer Stellung liegt, und der Feind liegt vor einem. Aber hier war der Feind unsichtbar, wir wussten überhaupt nicht, was wir machen sollten. Nichts war zu sehen. Auf wen oder was sollten wir schießen? Was sollte man verteidigen?

Nach einer Weile sprangen wir über die Straße, liefen zurück zu unserem «Führer». Der Schreck saß tief, als wir «Enteritis» im Straßengraben liegen sahen – blutüberströmt und vollkommen mit Marmelade und Kompott beschmiert. Überall lagen die Glasscherben kaputter Einweckgläser herum. Vermutlich hatte er gerade eines davon geleert, als ihn die Granate traf. Er atmete kaum noch und starb dann sehr schnell. Erst zogen wir ihn, weil noch geschossen wurde, in den Graben zurück. Dann trugen wir ihn ein Stück. Doch es erwies sich als zu gefährlich, ihn zu tragen, sodass wir ihn am Ende liegen lassen mussten.

Wir liefen in die Ortsmitte. Im Gemeindehaus hatte ein Funktrupp der Wehrmacht unter Führung eines Feldwebels Stellung bezogen. Der Funker rief immer wieder aufs Neue: «Kohlenklau, Kohlenklau, bitte melden ...» Und auch sein Codezeichen nannte er. Ich wollte Meldung machen, aber der Feldwebel schrie: «Raus hier, Mensch!» Draußen stand ein Leiterwagen, davor war ein Pferd gespannt. Auf Bergen von Federbetten lagen zwei unserer Kameraden, beide schwerverletzt, beide in unserem Alter. Die Brust des einen war blutüberströmt, ständig wimmerte er leise: «Mama.» Dem anderen trat weiße Masse und Blut aus dem Hinterkopf. Er schlug sein linkes Bein reflexartig auf das Wagengatter. Wir mussten es immer wieder zurücklegen. Ich war zutiefst erschüttert und kämpfte mit den Tränen. Immer dieser dämliche Heuldrang, dachte ich. Ich lenkte mich ab, fummelte sinnlos am Schloss meiner Waffe herum und tat so, als würde ich in mein Taschentuch schnäuzen, das aber bereits völlig verschmutzt und zerrissen war. Mein Gruppenführer fiel mir ein und sein Lobgesang auf die «Härte». Aber der war ja nun auch schon tot. Zwei Soldaten stiegen auf den Kutschbock, dann zog das Pferd an. Einige Leichtverletzte hielten sich am Gestänge fest und schlurften apathisch neben dem Gespann her. Weil die Russen jetzt nicht unmittelbar angriffen, bekam ich Gewissensbisse. Ich wollte «Enteritis» holen und den Feldwebel fragen, ob es dafür eine Möglichkeit gebe. Deshalb lief ich erneut in das Haus, um Meldung zu machen, warum und wann wir unseren Posten verlassen hätten. «Feldwebel», unterbrach ich ihn. Da fauchte er mich an: «Herr Feldwebel, heißt das. Wir sind hier nicht bei der SS. Und nun raus.» Ich gab es auf. Die Anrede waren wir im Übrigen so nicht gewohnt. Bei der SS wurden die Vorgesetzten nicht mit «Herr» angesprochen, das galt als bürgerlicher Quatsch.

Den Funkern gelang es schließlich, gegen Abend drei Lastwagen zu organisieren, die uns abholten. Wir, ungefähr 30 bis 40 Mann, kletterten hinauf, darunter auch die Soldaten des Funktrupps. Es war sehr eng. Nach etwa fünf Kilometern passierten wir Soldaten mit schussbereiten Waffen, mussten absteigen und wurden zu den jeweiligen Einheiten beordert. Unser Regiment Konopacki befand sich ganz in der Nähe. Wir, die 16 übrig Gebliebenen, wurden am 19. April einer Kompanie mit Leuten zugeteilt, die wir nicht kannten. Ein fremder Zugführer im Range eines Unterscharführers befehligte uns. Inzwischen war der Vormarsch der Sowjets bei Laa an der Thaya ins Stocken geraten. Offensichtlich galt ihr Hauptaugenmerk in diesen Tagen der Reichshauptstadt Berlin. Uns taten einige Tage der Ruhe gut. Endlich konnte ich mich meines alten Karabiners entledigen, ich bekam dafür das moderne «Sturmgewehr 44», eine erst 1943 eingeführte automatische Waffe. Wir konnten ein paar Kilometer weit nach Nordosten bis nach Dürnholz vordringen. Dort gruben wir uns wieder ein, Manfred Moschke in dem einen, Cohnen und ich in einem anderen Loch.

Der Rest wurde in andere Gruppen eingeteilt. Nur ein gewisser Gerd Cziba aus Gleiwitz blieb noch bei uns. Er war in unserem Alter, hatte eine auffallende Hakennase und sah immer aus, als würde er grinsen. Gerd sprach auch Polnisch und schwärmte ständig von seinen «Loscheks», seinen Pferden. Jedes zweite Wort von ihm war «oh Peronje», was sinnverwandt etwa «ach du lieber Gott» bedeutete.

Nach einer Weile meldete sich der Krieg zurück: Krachen, Schießen, es blitzte und donnerte. Ängstlich kauerten wir uns in unsere Erdlöcher. Als es etwas ruhiger wurde, rief ich hinüber ins Nachbarloch, in dem vor einiger Zeit noch Manfred Moschke gehockt hatte. Ich bekam keine Antwort. Cohnen meinte, ich solle mal rüberkriechen, um nachzusehen, was los sei. Tolle Idee, dachte ich, warum geht er denn nicht selbst? Ich tat es dennoch, obwohl es bei dem sporadischen Beschuss ziemlich gefährlich war. Als ich im Nachbarloch ankam, sah ich, dass Moschke nicht mehr da war. Also kroch ich zurück zu Cohnen. Ich sah ihn tot in seinem, besser unserem Loch liegen. Getroffen von einem Granatsplitter. Wäre ich dageblieben, hätte es auch mich erwischt. So ist der Krieg, ein Roulettespiel. Der eine bewegt sich in einem entscheidenden Moment zehn Zentimeter nach rechts, entgeht so einem Beschuss und wird vielleicht 100 Jahre alt. Der andere bewegt sich nicht – und wird als junger Mensch ausgelöscht. Da gibt es keine Logik, nur Zufall. Als ich Cohen da so liegen sah, geriet ich in Panik, verließ unsere Vertiefung und lief im Zickzack zurück. Rechts und links von mir schlugen Granaten ein. Nach einem Lauf von vielleicht 400 Metern traf ich völlig erschöpft auf einige Männer meiner Kompanie. Ich erfuhr, dass man schlicht vergessen hatte, uns zu benachrichtigen, als der Rückzugsbefehl gekommen war. Unsere Reihen hatten sich stark gelichtet, viele waren verwundet oder gefallen. Unser neues Bataillon war in kürzester Zeit von 500 auf 60 Soldaten geschrumpft.

Ein Teil davon hatte sich vermutlich aus dem Staub gemacht, hatte in Zivilsachen die Heimreise angetreten. Das war nicht besonders schwer. Zivilzeug konnte man sich in den verlassenen Häusern der Umgebung leicht besorgen. In kurzen Hosen sahen wir aus wie Jugendliche, eher wie Kinder. So konnten viele dem Elend entkommen. Gefahr drohte allerdings von den sogenannten Kettenhunden, den Feldgendarmen, die mit vagabundierenden Soldaten, die keinen Marschbefehl vorweisen konnten, stets kurzen Prozess machten und diese am nächsten Baum strangulierten. Trotz dieses bekannten Risikos mehrten sich die Fälle von Fahnenflucht. Doch ich hatte Angst vor der Flucht und fragte mich obendrein, wohin ich gehen sollte? Wir waren in Österreich, Hamburg war weit. Und inzwischen war das Reich ziemlich klein geworden. Unterwegs konnte viel passieren. Außerdem hatte mir ein altes «Frontschwein» eine goldene Regel anvertraut: «Immer beim großen Haufen bleiben, da gibt es die größten Überlebenschancen.»

Inzwischen war es Ende April 1945, in unserem Bereich war es wieder für ein paar Tage relativ ruhig. Wir lagen am Fuße eines Hanges, nur hin und wieder schlugen einige verirrte Granaten ein. Seit einigen Wochen hatten wir herrlichen Sonnenschein, richtiges Urlaubswetter. Die Vögel zwitscherten, die Blumen blühten. Es war schon verrückt, wir hatten Krieg, und die Natur benahm sich so, als ginge sie das alles nichts an. Nachts wurde es kühl, und wir krochen unter unsere «Gasplanen». Das war eigentlich verboten, denn diese Folientücher sollten wir uns nur im Falle eines Gasangriffs überziehen. Vor allem war es sehr schwer, diese Planen wieder richtig und platzsparend zusammenzulegen, waren sie einmal ausgebreitet worden.

Um an Informationen über die andere Seite der Front zu gelangen, war ein beliebtes Mittel, einen Kommandotrupp hinüberzuschicken, um einzelne Soldaten aus ihren Löchern zu entführen. Die Russen machten das auch, entführten vor allem nachts einzelne deutsche Soldaten, um an «Zungen» zu kommen, wie sie das nannten. Eines Tages fragte auch unser Zugführer, wer bereit wäre, sich für ein solches Kommandounternehmen freiwillig zu melden. Wie bei uns üblich, meldeten sich alle. Er sagte so etwas wie «Gemach, ich brauche ja nur sieben Leute …» Unser Zugführer stellte uns einen SS-Unterscharführer vor, im Rang also einem Unteroffizier der Wehrmacht entsprechend, der diesen Spähtrupp anführen sollte und sehr beeindruckend aussah. Er war hoch dekoriert, Ritterkreuzträger mit Nahkampfspange, dazu Eisernes Kreuz 1. und 2. Klasse, der sogenannte Gefrierfleischorden, verliehen den Teilnehmern der Winterschlacht im Osten 1941/42. Auf dem linken Arm prangte das Panzervernichtungsabzeichen, welches dokumentierte, dass er zwei Panzer abgeschossen hatte. Das war für einen einzigen Soldaten eine wirklich beeindruckende Kollektion! Wahrscheinlich war es dieses Helden-Outfit, welches meinen Kameraden so viel Vertrauen einflößte, sodass sie sich geradezu danach drängten, am Kommandounternehmen teilnehmen zu dürfen. Nur ich hatte keine Lust zu diesem Einsatz, hielt mich vornehm zurück und meldete mich eher verhalten und leise. Erst als er die benötigten sieben Freiwilligen gefunden hatte, wurde ich lauter, protestierte sogar noch etwas bemüht, dass ich nicht dabei sein dürfe. Auf keinen Fall wollte ich den Verdacht aufkommen lassen, hier gäbe es einen, der mit gedrosseltem Elan dabei sei. Die sieben Freiwilligen und der Unterscharführer schlichen sich, als es Abend wurde, davon. Ich habe von diesen Kameraden nie wieder etwas gehört oder gesehen. Vermutlich sind sie alle gefallen, im günstigeren Fall wurden sie von den Sowjets gefangen genommen.

Stets hatten wir Hunger. Wir waren Teenager, außerdem körperlichen Strapazen ausgesetzt, sodass wir einen großen Kalorienbedarf hatten. Doch meist gab es nur Brot und Hartwurst zu essen, eine Art Salami. Nur ganz selten konnten wir warmes Essen fassen. Unsere Essenholer kamen oft nur mit «WSK» zurück. Das war sehr enttäuschend, denn «WSK» stand für Wehrmachtssuppenkonserven. Die löffelten wir dann kalt, und wenn es ein guter Tag war, gab es noch etwas Brot dazu. In den filzumspannten Feldflaschen hatten wir hin und wieder «Muckefuck», den Ersatzkaffee. So mancher von uns knabberte seine «eiserne Ration» an, die bestand aus einer Konserve mit Büchsenfleisch, einer kleinen Salami, einem knäckeähnlichen Trockenbrot und Keksen. Dabei durfte die «eiserne Ration» nur im absoluten Notfall angerissen werde. Mitunter wurde sie sogar auf ihre Vollständigkeit hin kontrolliert. Fehlte etwas, musste das begründet werden.

In den letzten Apriltagen zogen wir uns, ein Resthaufen der erst jüngst aufgestellten «Kampfgruppe Böhmen», weiter nach Westen zurück. Zeitweise begleiteten uns einige Gruppen ungarischer Soldaten mit Pferdefuhrwerken. Wir sollten am Flüsschen Thaya eine Auffangstellung beziehen. «Je weiter nach Westen, desto näher an der Heimat», versuchte uns ein Unterführer, der nicht zu unserer Einheit gehörte, Mut zu machen. Unsere eigenen Unterführer waren zu diesem Zeitpunkt in der Mehrzahl schon gefallen. Dieser Unterführer übernahm jetzt die Leitung unseres Haufens und riet uns – befohlen wurde in dieser Situation nichts mehr –, etwas zu singen, das uns aufmuntern würde. Er ging sogleich mit gutem Beispiel voran und stimmte ein uns bekanntes, rührseliges Volkslied an.

«Nach der Heimat geht mein heimlich Sehnen,
nach der Heimat möcht ich gerne zieh'n.
Möcht im Stillen heiße Tränen weinen,
wenn ich an die Abschiedsstunde denk.»

Wir sangen zunächst eher zurückhaltend, dann aber kräftig mit. Das Lied bewirkte tatsächlich, dass wir etwas Motivation tankten, wir wurden trotzig. Einige stimmten sogar wieder das Lied von der Garde an, die der Führer liebt. Mir war gar nicht wohl dabei, ich sang aber dennoch mit. Neben mir ging, ziemlich still, ein Kamerad namens Werner, den Nachnamen habe ich vergessen. Ich weiß nur, dass er aus einem Dorf in Sachsen kam. Sein Kopf war mit Papierbinden umwickelt, durch welche permanent etwas Blut sickerte. Er tat mir leid, denn ich vermutete, er litt große Schmerzen. In einem Anfall von Galgenhumor sagte er zu mir: «Wir sollten lieber singen: Die Letzten von der Garde, die es vom Führer noch gibt.» Ich gab ihm den Rest meines Muckefucks. Dankbar trank er ihn, danach hatten wir nichts mehr zu trinken im Gepäck. Wir erreichten einen leicht abfallenden Berghang und gruben unsere Schützenlöcher. Ein Sanitätssoldat holte Werner ab, ich sah ihn nicht wieder. Wie so oft, ich kannte das schon. Gute Kameraden, mit denen man eine Zeitlang durch dick und dünn gegangen war, verschwanden plötzlich auf Nimmerwiedersehen. Verschollen, gefallen, wer weiß. In den meisten Fällen waren sie tot. Nach einigen Stunden hörten wir wieder das gefürchtete Geräusch der Granatwerfer, deren todbringende Geschosse hier und da einschlugen. Die Russen widmeten sich wieder unserem Frontabschnitt, und die Angst vor dem Tod kehrte zurück.

In der Gegend nördlich von Znaim (Znoymo) gruben wir uns wieder einmal in Schützenlöcher ein, dieses Mal in aller Eile. Wir waren nicht mehr sehr viele, der nächste Kamerad lag etwa zehn Meter entfernt. Wir warteten auf den nächsten Angriff. Ich hatte drei Handgranaten bekommen, die legte ich vor meinem Loch ab, ansonsten war Munition knapp. Tagsüber durften wir nicht aus unserem Loch herauslugen, sonst hätten uns die Scharfschützen erwischt. Nachts gruben wir unsere Löcher tiefer, bauten auch eine Art Verbindungsgraben. Überall war die Front in Auflösung, auch viele meiner Kameraden hatten sich aus dem Staub gemacht. Wir sprachen sogar offen darüber: «Warum gehen wir nicht einfach nach Hause», hörte ich so manchen Kameraden sagen. War einer der wenigen Fanatiker dabei, die es noch gab, wurde uns gedroht: «Wenn ich so etwas noch einmal höre, erstatte ich Meldung …» Während ich im Loch hockte und mir vorstellte, dass uns die Russen demnächst mit Granaten eindecken würden und womöglich mit Panzern überrollen, spielte ich mit dem Gedanken, mir eine Verletzung zuzufügen, um so entlassen zu werden. Ich umschloss mit der einen Hand die Gewehrmündung und spielte mit der anderen Hand am Abzug. Ein kurzer Druck auf den Abzug, ein Schmerz – und ich hätte es hinter mir gehabt. Doch dann erschrak ich über meine Gedanken, denn ich erinnerte mich, dass die meisten Fälle von Selbstverstümmelung von den Feldscheren als solche erkannt worden waren, die Betroffenen landeten ausnahmslos vor dem Kriegsgericht.

Vielleicht erahnte er unsere trüben Gedanken, jedenfalls tauchte in dieser Zeit ein Oberscharführer an unseren Schützenlöchern auf und sagte: «Hinter uns liegen Eingreifreserven mit vielen Panzern.» Doch unsere Essenholer berichteten etwas anderes: «Nichts ist in diesem Dorf da hinten, nur eine Feldküche in einer alten Schule.» Es gab da keine Kampfeinheiten, es gab keine Hoffnung, es gab für viele von uns keine Zukunft. Und wir ahnten das.

GEFANGEN

Der 2. Mai 1945 wird mir in ewiger Erinnerung bleiben. Am Morgen hatte unser Zugführer versprochen, wir würden am kommenden Tag abgelöst. Wir befanden uns auf halber Höhe des zuvor beschriebenen Abhanges, an dessen Sohle sich eine weite Ebene anschloss. Die Ebene war bereits Feindesland. Wir lagen in Löchern verteilt über einen längeren Abschnitt, es war eigentlich ein eher ruhiger Tag. Mir wurde aufgetragen, den Bereich unserer Stellung nach liegen gelassener Munition abzusuchen, denn in allen Frontabschnitten herrschte bereits großer Nachschubmangel – ein untrügliches Zeichen für eine Armee in Auflösung. Selbst auf unseren Munitionskisten stand als Mahnung geschrieben: «Mit Munition sparen!»

Ich hatte gerade den Befehlsbunker verlassen, als ich dieses Flattern in der Luft vernahm, welches uns stets Angst machte, weil wir es zu gut kannten. Wir wurden mit Granaten beschossen. Anders als die noch bedrohlicheren Stalinorgeln zum Beispiel kündigten sich die Geschosse der Granatwerfer durch einen langgezogenen Pfeifton an. Unten in der Ebene konnten wir die Russen sehen. Ich hatte eine Ahnung, dass etwas in der Luft lag, und suchte nach Deckung. Doch es war bereits zu spät, links neben mir schlug die Granate ein. Es war wie der Schlag eines starken Knüppels, der mich traf und zu Boden schmetterte. Die Granate schlug zwar links von mir ein, erwischte aber meine rechte Körperhälfte, weil ich gerade mit dem rechten Arm vorweg deckungsuchend zu Boden gehen wollte. An der rechten Brust wurde meine Uniformjacke aufgerissen, mein rechter Arm begann stark zu bluten. Das Blut lief mir aus der aufgerissenen Uniform. Weil es an diesem Morgen recht kalt war, hatte ich zuvor Wollhandschuhe übergestreift. Auch aus dem rechten Wollhandschuh tropfte Blut. Mit dem Mund riss ich den Handschuh kaputt, biss ihn mir von der Hand. Von dem Ort meiner Verwundung aus gesehen waren es etwa 50 Meter bis zum Hügelkamm, hinter dem es Deckung gab, die diesen Namen auch verdiente. Ein Kamerad nahm meine Waffe und riss mich hoch. Beide stolperten wir in Richtung Kamm. Die Russen sahen das wohl und schossen umgehend auf uns. In diesem Moment waren wir völlig schutzlos, es war wie Hasenschießen. Maschinengewehrkugeln schlugen links und rechts von uns ein. Eine davon traf mich links hinten am Gesäß.

Ich wurde auf einen beschädigten, aber noch fahrbaren Panzer gelegt, auf dem mich jemand festhielt. Etwa zwei bis drei Kilometer dauerte die Fahrt bis zum Truppenverbandsplatz, ich war die ganze Zeit bei vollem Bewusstsein. Es tat unglaublich weh. Als wir den Verbandsplatz, eine ehemalige Dorfschule, erreichten, nahmen mich ein junger Arzt und ein Sanitäter in Empfang. Etwa zehn bis zwölf Verwundete waren zu versorgen. Plötzlich ertönte ein gewaltiges Krachen, das sich fünfmal wiederholte. «Immer diese blöden Artillerieüberfälle», schimpfte der Doktor, «wie soll ich bei dieser Wackelei bloß arbeiten.» Zum Sani gewandt befahl er: «Bereiten Sie alles vor, wir müssen verlegen, hier ist es nicht mehr sicher!» Der offenbar völlig überforderte Sani raunzte mich an, ich solle mich gefälligst an die Wand setzen und nicht so blöd rumstehen. Da mein Hintern blutig war und schmerzte, konnte ich das aber nicht, und so widmete sich der Doktor sofort mir. Der fragte: «SV?» Selbstverstümmelung hieß das. Man erkannte so etwas an den Schmauchspuren auf der Wunde, zu denen es kam, wenn die Waffe aus kurzer Distanz auf den eigenen Körper gerichtet wurde. Offenbar war «SV» ein verbreitetes Phänomen in diesen Tagen, die Soldaten hatten genug von diesem sinnlosen Krieg. Wurde das erkannt und war der Arzt ein harter, linientreuer Typ, dann drohte das Standgericht. Der Sani betrachtete sich meine Wunde und schüttelte den Kopf: «Niemand schießt sich selbst in den Hintern!» Beide feixten. Neben den Schmerzen hatte ich also noch den Spott zu ertragen. Mein Arm tat ebenfalls höllisch weh. Nur nicht weinen, dachte ich verzweifelt, dann hätten sie mich als Waschlappen verlacht.

In einem Sanitätsauto, kurz Sanka genannt, wurde ich, zuvor notdürftig verbunden, weggebracht. Auch im Sanka stand ich und konnte nur die linke Hand benutzen, um meine blutige, zerfetzte Hose zu halten, sonst wäre ich halb nackt gewesen. Komisch, dass ich trotz der Schmerzen noch so etwas wie Scham empfand, in dieser Situation wahrscheinlich die überflüssigste aller menschlichen Empfindungen.

Das Sanka brachte mich anschließend zum Hauptverbandsplatz, er befand sich etwa fünf bis sechs Kilometer hinter der Frontlinie, an der es an jenem Tag erfreulicherweise wenig Bewegung gab. Wir waren wohl noch im «Protektorat», aber nahe der österreichischen Grenze. Auf dem Hauptverbandsplatz hieß es erst einmal warten – etwa 24 Stunden! Schwerverwundete hatten natürlich bei den Operationen Vorrang. Erst am Tag darauf, am Abend des 3. Mai, war ich dann endlich an der Reihe. Der Arzt spürte wohl, dass ich Angst hatte, und fragte mich, ob ich zunächst Nachrichten im Radio hören wolle. Die waren aber alles andere als beruhigend, und so stellte er das Gerät ab. Außer meinen Verletzungen am Arm und am Gesäß hatte ich einen Granatsplitter in der rechten Brustseite. Der Arzt befürchtete, er sei in meine Lunge eingedrungen, das musste zunächst sondiert werden.

Doch ich hatte Glück im Unglück: Die Lunge war heil geblieben, wie sich später herausstellte. Mein Ellenbogengelenk blutete stark, mehrere Splitter waren eingedrungen, und in der linken Gesäßhälfte klaffte eine Fleischwunde.

Ich musste mich auf den Operationstisch legen, der in der Küche eines Bauernhauses aufgestellt war. Es war bereits spät am Abend, und ein sehr müde wirkender Arzt stülpte mir eine siebähnliche Maske über Mund und Nase. Dann tropfte er Äther darauf und befahl mir, tief einzuatmen. Es war ekelhaft. Wohl um mich zu beruhigen, sagte der Arzt: «Um deine Angehörigen brauchst du dir keine Sorgen zu machen, denn wie ich gerade hörte, scheint Hamburg heute von den Engländern kampflos besetzt worden zu sein.» Das waren wirklich gute Nachrichten. Für meine Stadt Hamburg war dieser Krieg glücklicherweise zu Ende. Für mich aber noch lange nicht.

Als ich wieder aufwachte, lag ich neben vielen Verwundeten in einer Scheune auf Stroh. Der Arm war geschient, um Hüfte und Brust war ich verbunden. Mit kreppähnlichen Binden, Mull gab es längst schon nicht mehr. Ich hatte Schmerzen, schmerzstillende Medikamente bekamen aber nur Schwerstverletzte. Zähne zusammenbeißen war also angesagt. Meine Hose war kaputt, als Ersatz hatte ich die Hose eines verstorbenen Kameraden bekommen, die allerdings um einiges zu lang war. Später schnitt ein Sani an jedem Hosenbein ein Stück ab. Er hatte Mitleid mit mir, weil ich vor Schmerzen wimmerte, es aber keine schmerzstillenden Medikamente gab. Er schenkte mir ein gekochtes Ei und sagte: «Hier, Kleiner, etwas anderes habe ich nicht. Es wird bald alles wieder gut.» Meine Jacke hatte man mir als Kopfkissen untergelegt. Das blutdurchtränkte Hemd lag neben mir, darauf mein von den Splittern durchsiebtes Soldbuch. Irgendwer hatte ein schwarzes Verwundetenabzeichen daraufgelegt. Die Eintragung im Soldbuch lautete: Granatsplitter rechte Brustseite, multiple Splitter im rechten Ellenbogengelenk und Streifschuss (Fleischwunde) in der linken Gesäßhälfte.

In der Scheune lagen etwa 40 Verwundete. Ein Wimmern und Stöhnen erfüllte den Raum, aus allen Richtungen kommend. Rechts neben mir lagen zwei Offiziere mit Kopf- und

Beinverletzungen. Und dann war da noch ein Unteroffizier mit einem «Stukaverband»: ein Arm war eingewickelt und wurde gehalten von einer Stützvorrichtung an der Hüfte. Er lief ständig umher und fluchte vor sich hin: «Diese Bande, dieser Scheißkrieg.» Als er in meine Richtung sah, stellte ich mich schlafend. Ich hörte ihn aber schimpfen: «Wenn ich das immer sehe, diese Kinder, die sollten doch lieber ihre Hausaufgaben machen und liegen jetzt hier herum. O diese verfluchte Bande!» Während ich mit geschlossenen Augen dalag, überlegte ich, wen er wohl mit «verfluchter Bande» meinte. Außerdem fühlte ich mich in meinem Stolz verletzt, weil er offenbar mich im Auge hatte, als über «diese Kinder» sprach. Dabei sah ich mich doch als vollwertigen Soldaten, der jetzt sogar über Fronterfahrung verfügte, wenn auch nicht sehr intensive. Bei all diesen Gedanken hatte ich Mühe, die Tränen zurückzuhalten, die mir aufgrund der Schmerzen kamen.

Die beiden verwundeten Offiziere rechts neben mir unterhielten sich über die allgemeine Lage an der Front. Ich erfuhr jetzt, dass sich Russen und Amerikaner an der Elbe bei Torgau getroffen hatten, dass in Berlin und Breslau gekämpft wurde. Sie wussten auch, dass die 16. und die 18. Armee in Kurland eingeschlossen waren, sich noch einige Festungen am Atlantik hielten, nur in Norwegen und Dänemark noch relative Ruhe war. Es sah ganz danach aus, als würde dieser schreckliche Krieg in einigen Tagen enden. Relativ stabil war die Front zu diesem Zeitpunkt noch in der Tschechoslowakei.

Unser Feldlazarett befand sich im südlichen «Protektorat». Drei Tage nach meiner Verwundung, am 5. Mai, sollte es auch in dieser Region mit der Ruhe vorbei sein. Zunächst nur in Prag, später auch anderswo, brach der Aufstand aus. Tschechische Aufständische bekämpften Seite an Seite mit russischen Überläufern der Wlassow-Armee die Deutschen. Es wurde ein regelrechter Volksaufstand, und es kam zu höllischen Kämpfen.

Die ersten Vorboten gab es wohl schon, daher sollten wir umgehend ins Reich evakuiert werden. Man teilte uns in «sitzende» und «liegende» Verwundete und brachte uns in einem Lazarettzug unter, begleitet von Ärzten und Sanitätern. Verpflegung gab es kaum, denn die Reise sollte ja nur ins benachbarte Österreich gehen. Die tschechischen Zugführer und Heizer waren getürmt, sodass Sanitäter und Leichtverwundete, die eine Schippe halten konnten, um Kohlen zu schaufeln, die Aufgaben in der Lok übernahmen. Und sie schafften es tatsächlich, den Zug, der etwa 30 Waggons hatte, in denen etwa 300 Verwundete lagen, in Bewegung zu setzen. Doch wir kamen nicht weit. Denn in Iglau (Jihlava), nur ein paar Kilometer weiter südlich und unweit der österreichischen Grenze gelegen, trieben sich Aufständische herum, deutsche Panzer machten Jagd auf sie. Also musste unser Zug umkehren.

Wir irrten eine Zeitlang umher. Niemand wusste so recht, wohin die Reise geht. Als wir dann tatsächlich fast Linz erreicht hatten, mussten wir wieder zurück, weil die Stadt gerade von den Amerikanern eingenommen wurde. Erst am 7. Mai endete unsere Irrfahrt im Umfeld der weiter westlich gelegenen südböhmischen Stadt Pisek auf einem Abstellgleis. Aus der Stadt flutete Marschmusik herüber, Jubel war zu hören. Da ich etwas Tschechisch verstand, konnte ich den Sprachfetzen entnehmen, die zu uns drangen, dass jeden Moment der Einmarsch der Roten Armee erwartet wurde. Uns wurde ganz übel bei dem Gedanken, wir hatten große Angst. Hoffnung machte uns dagegen das Gerücht, dass sich auch die Amerikaner im Umfeld der Stadt befinden sollten. Wir fühlten uns in diesen Tagen wie vom Winde verweht: Welche der beiden Siegermächte würde demnächst über unser Schicksal bestimmen?

Denn bei aller Niedergeschlagenheit ahnten wir, dass die Überlebenschance in amerikanischer Gefangenschaft in jedem Fall größer war als in sowjetischer. Russische Gefangenschaft, davor hatten alle Angst. Ich besonders, denn ich trug am Arm das untrügliche Zeichen von Hitlers berüchtigter «Elite-Armee». Und wir alle wussten, wie die Wehrmacht mit sowjetischen Politoffizieren verfahren war – sie waren umgehend erschossen worden. Nicht, dass wir uns in amerikanische Gefangenschaft sehnten, aber das verhieß zumindest eine bessere Behandlung, ganz sicher aber eine bessere Verpflegung, die frühere Heimkehr, insgesamt eine höhere Chance, diese Tortur zu überleben. Ich klammerte mich an den Strohhalm, ob meiner Verwundung und meiner Jugend der Kriegsgefangenschaft entgehen zu können. War es nicht auch 1918 den geschlagenen Armeen des Kaisers erlaubt worden, trotz Kapitulation in Freiheit heimzukehren? Bekanntlich stirbt die Hoffnung zuletzt.

Der Sanitäter, der für unseren Waggon zuständig war, hieß Franz. Er war Mitte 30 und hatte einen etwas überhängenden Bauch, an dem eine silberne Uhrkette baumelte. Franz war ein ruhiger, gemütlicher Mensch, der uns stets Mut machte und ab und zu etwas zu essen besorgte, wozu einiges Improvisationstalent nötig war. Denn unsere Lebensmittelvorräte waren längst zu Ende, es gab nur noch Knäckebrot. Am 8. Mai hörten wir riesigen Jubel aus Pisek, das Wort Kapitulation machte die Runde. Und plötzlich tauchte dieser amerikanische Soldat bei den Waggons auf, er hatte einen schiefsitzenden Helm und eine MP im Anschlag. Er ging am Zug entlang. Ich sah mich erstmals «dem Feind» direkt gegenüber. Es war ein beklemmendes Gefühl, denn wir wussten nicht, was die Sieger mit uns vorhatten. Ältere Kameraden sagten, es sei besser, einem Amerikaner gegenüberzustehen als einem Russen. Der Amerikaner lief 30 Meter auf uns zu, schaute neugierig, lachte und rief uns zu «How are you?» (wie geht es?). Dann ging er wieder. Später kamen weitere Amerikaner vorbei und machten Fotos. Ich dachte, so ist das also, wenn man einen Krieg verloren hat: Man schaut sich aus der Nähe an, fragt, wie es dem anderen geht, und verschwindet dann wieder. Die ersten Momente «meiner Niederlage» sind ja gar nicht so schlimm, dachte ich. Dieses unverkrampfte, lässige Auftreten der Amerikaner nahm uns allen etwas von der Angst, die wir hatten. Wir atmeten durch. Hatten wir nicht allen Grund dazu? Dieser wahnsinnige Krieg war zu Ende, wir hatten überlebt und freuten uns, dass das Leben weiterging – irgendwie.

Später sah ich einen schwarzen Amerikaner, dessen ganzer Arm war behangen mit Armbanduhren. Nicht schwer zu erraten, wo er die herhatte. Doch die Amerikaner tauschten die Dinge, an denen sie interessiert waren, zumeist gegen Zigaretten oder Lebensmittel ein. Dass sie uns etwas wegnahmen, kam zwar auch vor, war aber eher die Ausnahme. Natürlich führten sie sich auch als Sieger auf und genossen offensichtlich das Gefühl, Macht über uns zu besitzen. So bedachten sie uns gelegentlich mit Fußtritten, schimpften uns «Krauts», blieben aber überwiegend fair.

Kurze Zeit später kamen die ersten Russen. Sie fragten auch nach Uhren. Doch im Unterschied zu den Amerikanern nahmen sich die Russen einfach, was ihnen gefiel. So ziemlich allen Verwundeten, die welche besaßen, wurden die Uhren abgenommen. Ich hatte keine Uhr. Als wieder ein Russe kam, ging unser Sani ruhig auf ihn zu und sagte schon mal vorsorglich: «Nix mehr Uhri.» Der Russe lachte und zeigte auf den Bauch des Sanitäters, an dem ziemlich auffällig die silberne Uhrkette baumelte, die er umgehend abriss. «So was Dummes aber auch», polterte Franz, und wir mussten alle lachen.

Die Russen traten herrischer auf als die Amerikaner. Und ich wurde schnell daran erinnert, wie es ist, Todesangst zu haben. Vor dem Zug tauchte ein Russe auf, der wild in die Luft schoss. Sogar seine Kameraden hatten Angst und suchten das Weite. Ich sah durch das Fenster sein Gesicht und wusste sofort, dass er wahnsinnig war. Er stürmte in unseren Waggon – und schien es ausgerechnet auf mich abgesehen zu haben. Er hielt mir seine entsicherte Maschinenpistole, mit der er eben noch wie wild herumgeballert hatte, an die Stirn und schrie etwas Unverständliches: «Dawai, Uri!», oder so ähnlich. Ich war wie gelähmt vor Angst. Die Szene hatte etwas Surreales, wie ein kurzer, heftiger Albtraum. Zum Glück ließ er wieder von mir ab und verschwand alsbald. Lange noch stand ich unter Schock. Das Gefühl, dem Tod derart direkt ins Auge geschaut zu haben, ist eine Erinnerung, die einen das Leben lang nicht mehr loslässt.

In unserem Zug wurde es allmählich eng. Von Zeit zu Zeit wurden Verwundete einfach vor den Waggons abgelegt. Und diese verbreiteten Gerüchte über schlimme Behandlungen von SS-Angehörigen. Einer von ihnen sagte: «Hoffentlich habt ihr keine SS-Leute hier.» Auf meine bange Nachfrage sagte er: «Die werden auf die grausamste Weise massakriert.» Ich bekam Panikzustände, dachte an Flucht. Doch der Sani tröstete mich: «Du bist noch jung, dir wird schon nichts passieren, warte es doch erst mal ab.» Und dann fiel mir die alte Soldatenweisheit wieder ein: Immer bei der Truppe bleiben. Nur keine Einzelaktionen.

Jedenfalls vergrub ich mein Soldbuch, was natürlich gar nichts brachte, denn schließlich hatte ich ja das untrügliche Blutgruppenzeichen am Arm. Um Übergriffe zu vermeiden, ließ unser Stabsarzt den Schriftzug «US Hospital Train» anbringen. Obwohl uns diese Lüge peinlich war, hatten wir so einigermaßen Ruhe vor neugierigen Besuchern, allerdings auch Hunger, denn Essen bekamen wir jetzt garantiert nicht mehr.

Etwa eine Woche lang blieben wir unbeachtet auf dem Abstellgleis nahe Pisek liegen. Ein versehrter und gedemütigter Rest von Hitlers Armee, im toten Winkel der Weltgeschichte. Führungs- und orientierungslos, vergessen und unbeachtet von den Siegern. Allmählich gingen im Zug die letzten Vorräte zur Neige. Wer konnte, versorgte sich bei den Amerikanern, die immer noch in Tauschlaune und ganz heiß auf unsere Dienstabzeichen, Orden und ähnlichen Schnickschnack waren. Sie boten uns Camel, Lucky Strike und Chesterfield-Zigaretten dafür.

Am 15. Mai erklärt man uns, dass der Zug genau auf der Demarkationslinie stand: Westlich von uns hatten die Amerikaner das Sagen, östlich von uns die Russen. Wir lagen also im Niemandsland. Über unser künftiges Schicksal musste offenbar noch Einigung erzielt werden. Und das konnte dauern, denn die Sieger hatten andere Probleme, als sich mit der Zukunft eines deutschen Sanitätszuges zu beschäftigen. Zunächst hieß es, der Zug werde in den nächsten Tagen ins westliche Besatzungsgebiet fahren. Unsere Stimmungslage verbesserte sich augenblicklich. Doch ich hatte mich zu früh gefreut. Denn es folgte die Order, dass nur noch liegende Schwerstverwundete im Zug bleiben durften und auch versorgt wurden. Obwohl ich von unseren Sanitätern als sogenannter Liegender eingestuft worden war, musste ich auf amerikanische Anordnung hin den Zug verlassen, so wie viele meiner Kameraden auch. Die Auswahl erfolgte willkürlich – und ich hatte einfach wieder mal Pech! Unsere Ärzte erhoben Einspruch, teilweise erfolgreich, leider nicht in meinem Fall.

Einer der verwundeten Soldaten, die später in unseren Zug gebracht worden waren, war Horst Friedemann. Ich kannte den Leipziger, der im selben Alter wie ich war, aus der gemeinsamen Zeit im Regiment Konopacki. Während unserer Ausbildung hatte er sehr viel mehr Geschick als ich in der Panzerbekämpfung bewiesen, im Aufspringen auf Panzer und im Anbringen von Haftminen, wovor ich stets Angst gehabt hatte. Jedenfalls war er einem Panzervernichtungstrupp zugeteilt und später ebenfalls bei Gefechten verwundet worden. Am 5. Mai war er auf eine Mine getreten. Nach wiederholten Operationen musste sein Bein bis zum Oberschenkel amputiert werden. Friedemann, der heute wieder in Leipzig wohnt, war ebenfalls mit dem Blutgruppenmerkmal tätowiert worden. Aufgrund seiner schweren Verletzung durfte er jedoch im Sanitätszug bleiben.

Zusammen mit etwa 35 Leichtverwundeten musste ich in nahegelegene Baracken humpeln, die im Krieg vom Reichsarbeitsdienst errichtet worden waren. Erschrocken stellten wir fest, dass das Lager von Russen bewacht wurde. War das schon eine Vorentscheidung, drohte endgültig sowjetische Kriegsgefangenschaft? Wenn schon Pech gehabt, dann richtig, dachte ich. Aber noch konnte sich alles zum Guten wenden. Unter uns gab es auch Kameraden, die es noch schwerer getroffen hatte als mich. Neben mir humpelte, auf einen Stock gestützt, ein Feldwebel mit einem Bauchschuss, der aber nach Meinung der Amerikaner längst «gut verheilt» war. Obwohl es nur 500 Meter Luftlinie bis zum Lager waren, kamen wir völlig erschöpft dort an. Im Lager befanden sich bereits 200 Kriegsgefangene, außerdem 300 Frauen und Kinder. Die Zivilisten waren Volksdeutsche aus dem «Protektorat», die vor tschechischen Übergriffen geflohen waren und ebenfalls auf ihre Überführung nach Deutschland warteten. Zum Glück kamen die tschechischen Milizionäre nicht bis ins Lager, sonst wäre es uns allen schlecht ergangen. In jenen Tagen fackelten sie nicht lange. Deutsche, zumal in Uniformen, galten in den ersten Wochen nach dem Krieg in der Tschechoslowakei als vogelfrei.

Der Willkür der Sieger waren wir dennoch ausgeliefert. In den folgenden Tagen kamen oft russische Soldaten vorbei, manche vergewaltigten Frauen, gaben den Kindern aber Brot oder schenkten ihnen ein gekochtes Ei. Die Frauen suchten später bei uns Schutz. Um sie vor Übergriffen zu schützen, aber auch, um sich ganz alltägliche Aufgaben wie Nahrungsbeschaffung oder das Essenmachen zu teilen, bildeten wir «Zweckehen». Auch ich ging eine solche «Zweckehe» mit einer Frau ein, die Gisela hieß und zwei kleine Mädchen hatte, drei und vier Jahre jung, Ursel und Ingrid mit Namen. Die Mutter war etwa 25, hatte braunes

Haar, war schlank und redselig. Sie sprach und scherzte viel, um ihre verängstigten Kinder aufzuheitern. Unsere «Zweisamkeit» war rein freundschaftlicher Natur; sobald sie über ihren Mann sprach, der von den Tschechen verhaftet worden war und vermutlich nicht mehr lebte, fing sie an zu weinen. Ich fand sie recht hübsch, machte mir im Stillen Hoffnungen, war aber unsicher. Wahrscheinlich hatte diese Familie aus dem Sudetenland Schreckliches erlebt, sie sprach darüber aber nicht.

Wenn sich die Chance bot, gingen viele Kameraden, aber auch Frauen, bei den tschechischen Bauern im Umland arbeiten. Auch ich versuchte es, soweit es meine Verletzung zuließ. Der tschechische Bauer, zu dem ich ging, hieß Pešwař und war ein sehr netter Kerl. Er sah meine Verletzung und sagte: «Leg dich ins Feld dort und suche Kartoffelkäfer.» Das war eine reine Alibibeschäftigung, denn es gab dort überhaupt keine Kartoffelkäfer. Dennoch gab er mir dafür, dass ich ein paar Stunden am Tag im Feld lag und eigentlich nichts tat, Brot und Kartoffeln. Mein stotterndes Tschechisch mit dem mährischen Akzent amüsierte ihn. Ein anderes Mal gehörte ich auf Anordnung der Russen zu einem Friedhofskommando. Außerhalb des Lagers hatten wir Gräber auszuheben, sie waren ziemlich groß. Das Ganze sollte eine Art Behelfsfriedhof werden. Wir fragten die sowjetischen Wachen, für wen diese Gräber gedacht seien und bekamen von einem Posten, offenbar einem Scherzbold, lachend die Antwort: «Für euch natürlich …» Was als Witz gemeint war, nahmen wir durchaus ernst; es bereitete uns einige schlaflose Nächte. Ich weiß bis heute nicht, wer da begraben werden sollte, denn es gab glücklicherweise keine Toten. Zumindest nicht zu diesem Zeitpunkt.

Einmal beobachtete ich einen deutschen Obergefreiten, der einem Russen, als er sich an einer Frau vergreifen wollte, einen ziemlich wirkungsvollen und gutplatzierten Kinnhaken versetzte. Der Russe, er war betrunken, hatte damit offensichtlich nicht gerechnet und suchte schnell das Weite. Wir befürchteten aufgrund des Vorfalls schlimme Folgen. Tatsächlich kamen am nächsten Tag mehrere bewaffnete Russen, schossen in die Luft und wollten uns damit offenbar einschüchtern. Doch glücklicherweise blieb es dabei, die bösen Folgen blieben aus. Tage später trafen sich russische und amerikanische Offiziere, wieder einmal ging es um unsere Zukunft. Es begann ein Geschacher – vermutlich wollte uns niemand. Doch dieses Mal wurden sie handelseinig, und wir gehörten von da an den Russen. Aufgrund der großen Wanderung von Millionen deutscher Soldaten in Richtung Westen in den letzten Kriegstagen waren die Amerikaner froh über jeden Kriegsgefangenen, den sie an die Sowjets abschieben konnten. Die Russen stellten als Erstes Wachen vor unsere Baracke und rollten eine Trommel Stacheldraht um das Lager, sodass niemand mehr bei uns eindringen konnte. Von diesem Tag an hörten auch die Übergriffe auf.

Immer noch gab es nichts zu essen. Wer sich dazu in der Lage fühlte, bot sich einem Arbeitskommando an und kam so zu etwas Nahrung oder zu Zigaretten. Einmal wollte mir ein Amerikaner Zigaretten geben. Ein anderer aber schritt ein und verbot es ihm: «Child, no smoking», sagte er und gab mir stattdessen einen Riegel Schokolade. Das war bitter. Nicht, weil ich ein Raucher auf Entzug war, dieses Laster gewöhnte ich mir erst später an. Aber als Tauschware hatten Zigaretten unter den Kameraden einen größeren Wert als Schokolade. Nur eine «Währung» stand noch höher im Kurs: Es gab Kameraden unter uns, die den Großteil des Krieges als Besatzungssoldaten in Frankreich stationiert gewesen und dann irgendwann an die Ost- beziehungsweise Südostfront abkommandiert worden waren. Sie waren noch im Besitz sehr freizügiger, erotischer Fotos, die man dort hatte kaufen können. Die Russen waren auf diese Fotos besonders scharf, fragten immer wieder: «Kamerad, Foto fick fick?» Dafür bezahlten sie mit Brot, Speck und Machorkatabak.

Ich konnte zwar nicht ernsthaft körperlich arbeiten, aber meine tschechischen Sprachkenntnisse verhalfen mir zu einer Beschäftigung bei einem tschechischen Offizier, Stabskapitän Halubni, der in einer nahegelegenen ehemaligen deutschen Kaserne das Bekleidungslager leitete. Auch von ihm erhielt ich Brot für «meine Familie», für die ich im Rahmen meiner «Zweckehe» zu sorgen hatte.

Meine Aufgabe bestand darin, Uniformen und Ausrüstungen, zum Teil mit Blut besudelt, zu ordnen und zu katalogisieren. Ich organisierte mir bei der Gelegenheit einen guten Uniformrock nebst Hose. Auch eine Taschenuhr und ein Taschenmesser fand ich in dem großen Haufen, auf dem sich deutsche Uniformen – zumeist von Gefallenen stammend – türmten. Die Tschechen, die neuen Herren der Kaserne, hatten alles, was nach deutschen Uniformen aussah, zu einem gewaltigen Kehrichthaufen aufgetürmt. Ein Bild von symbolischer Aussagekraft. Ich wühlte weiter in dem Haufen herum und fand viel deutsches Bargeld in den Taschen. Einige Hundertmarkscheine steckte ich ein, das Geld kam mir später sehr gelegen.

Zwei Nächte ließ mich Halubni in der Kleiderkammer schlafen, denn auf den Straßen tobten sich immer noch die jungen Tschechen aus, stillten ihren Rachedurst an allem, was deutsch war oder schien. Sie marschierten und sangen ihre Kampflieder. Sie fuhren auf einem erbeuteten deutschen Panzerspähwagen durch die Straßen, auf dem sie in Flammenschrift «Partizan» geschrieben hatten. Meist trugen sie deutsche Uniformen, an welche sie Embleme der Partisanen befestigt hatten. Ich war erstaunt, dass es plötzlich so viele «Partisanen» gab, von denen ich zuvor, vor allem während meiner Zeit in Brünn, nie etwas gesehen oder gehört hatte. Es war lebensgefährlich, nach getaner Arbeit zu Fuß zurück ins Lager zu gehen. Erst Tage später, als es ruhiger wurde, konnte ich es wieder riskieren. In der Kaserne selbst waren die ersten tschechischen Rekruten stationiert, auch sie trugen deutsche Uniformen, seltsamerweise die khakifarbenen des Afrika-Korps, versehen mit tschechischen Nationalemblemen.

Jeden Tag, den wir in diesem trostlosen Lager zubrachten, sahen wir herüber zu unserem Lazarettzug. Seit der Kapitulation war er für uns zum Synonym von Heimat, Sicherheit, Geborgenheit geworden, denn es war ein deutscher Zug. Und wir waren sicher, dass er eines Tages wieder in die Heimat rollen würde. Wir fragten uns, ob unsere Kameraden dort zu essen bekämen und wo die Überlebenschancen wohl größer seien: bei uns oder im Zug? Und dann sahen wir eines Morgens, es war der 25. Juni, den Zug in Richtung Süden davonfahren. Wir waren bedrückt und niedergeschlagen. Jetzt fühlten wir uns endgültig und vollständig in der Hand der Russen. Die Sanitäter im Zug hatten, um ihre Schützlinge ernähren zu können, Brennnesseln geerntet und daraus Suppe gekocht, wie mir Horst Friedemann später erzählte. Denn die letzten Wochen war der Zug gar nicht mehr von den Alliierten versorgt worden. An der tschechisch-bayerischen Grenze mussten alle Gefangenen den Zug verlassen. Tschechische paramilitärische Einheiten kontrollierten scharf. SS-Leute wurden, egal wie alt sie waren, sofort erschossen. Friedemann hatte Glück. Eine Krankenschwester hatte ihm einen jener erwähnten Stukaverbände um Schulter, Arm und Hüfte gelegt, obwohl er dort überhaupt nicht verwundet war. Weil die Tschechen sahen, dass er beinamputiert war, nahmen sie ihm wohl auch die Verwundung am verräterischen linken Arm ab. Endstation des Zuges war schließlich Straubing in Bayern. Einige Monate später entließen die Amerikaner Horst aus der Gefangenschaft, und er konnte zu seiner Familie zurückkehren, die den Krieg unbeschadet überstanden hatte. Damals sah ich den Zug mit Tränen in den Augen von dannen fahren. Heute weiß ich, dass ich mit großer Wahrscheinlichkeit zu jenen gehört hätte, die man aufgrund ihrer SS-Zugehörigkeit an der Grenze erschossen hätte.

Auch die Frauen und Kinder aus unserem Lager verließen uns, sie wurden nach Deutschland oder Österreich gebracht. Für sie war das Leben in Angst und Ungewissheit ebenfalls bald zu Ende. Zurück blieben nur wir, die Soldaten.

2. MEINE ODYSSEE

«WOIJNA PLENNYS» – KRIEGSGEFANGENE

Am späten Vormittag eines Tages Ende Juni 1945 wurde allen Kriegsgefangenen des Lagers befohlen, vor den Baracken anzutreten. Anschließend marschierten wir ab. Die zehn russischen Begleitsoldaten teilten uns mit, dass es nach Tabor gehe, ungefähr 50 Kilometer östlich von Pisek. Ein «Starschi Sergeant» (Feldwebel) mit gekreuzten roten Streifen auf seinen mächtigen Schulterklappen begleitete uns. Streckenweise ging es über Feldwege. Die Konvois, wie die Wachsoldaten auch genannt wurden, befürchteten Überfälle der Partisanen. Die Partisanen waren unberechenbar und schossen sofort auf alles. Selbst die Russen hatten vor ihnen Respekt. Ihr Krieg hatte eigentlich erst begonnen, als «unser Krieg» zu Ende gegangen war. Vermutlich waren es mehrheitlich Leute, auf die das Zivilleben wenig Anziehungskraft ausübte. Um ihnen nicht zu begegnen, mieden wir größere Ortschaften. Bevor wir aus einem Dorfbrunnen trinken konnten, mussten unsere Begleitsoldaten feststellen, ob das Dorf «feindfrei» war.

Wegen meiner Verwundung konnte ich aber das Marschtempo nicht mithalten und blieb mit zwei, später drei ebenfalls verwundeten Kameraden oft weit hinter der Kolonne zurück. Ein russischer Soldat war stets bei uns. Auch er hatte natürlich Angst und trieb uns stets ungeduldig zur Eile an. Wenn wir rasteten, scheuchte er uns schnell wieder hoch, indem er uns mit der MP bedrohte und uns mit ihr weiterschob. Voller Angst und völlig entkräftet stolperten wir dann weiter. Immer, wenn die Konvois rasteten, holten wir auf, und so gelang es uns, mühsam Anschluss zu halten. Nur auf Pausen, die wir bitter nötig gehabt hätten, mussten wir «Versehrten» verzichten. Wir übernachteten auf freiem Feld. Am nächsten Morgen ging es weiter, wieder die größeren Ansiedlungen meidend. Erschöpft erreichten wir am Vormittag des nächsten Tages Tabor.

«Tabor» ist tschechisch, bedeutet Lager und ist eine ehemalige Festungsstadt aus der K. u. k.-Zeit mit einer riesigen Kasernenanlage. In diesen Gebäudekomplex brachte man uns. Am Tor stand ein russischer Posten mit Gewehr. Äußerst erstaunt waren wir, als wir neben dem Russen im Schilderhaus einen deutschen Soldaten stehen sahen, unbewaffnet zwar, aber in voller Wehrmachtsmontur. Auch in der Wachstube saßen ein deutscher Unteroffizier und ein Schreiber, beide ebenfalls in makellosen Uniformen. Wir wurden begrüßt, und zwar nach allen militärischen Regeln. Ein deutscher Offizier erschien vor unserer Kolonne, erteilte uns Instruktionen und erklärte den fassungslosen Ankömmlingen, dass wir zwar Kriegsgefangene seien, aber die militärische Disziplin einzuhalten hätten.

Er mäkelte an unseren Uniformen herum, die wir in Ordnung zu bringen hätten. Mindestens eine Schulterklappe müsste jeder haben, hieß es. Einige Uniformstücke könnten noch aus der Kleiderkammer ergänzt werden. Bevor er abtrat, teilte er uns noch mit, dass wir auf Kompanien verteilt würden und dass Grußpflicht gegenüber militärischen Vorgesetzten bestünde. Er ließ uns ratlos zurück, betreten sahen wir uns an. Existierte die Wehrmacht also noch, nebst ihren militärischen Führungsstrukturen? Oder befanden wir uns in einem gigantischen Irrenhaus, waren Teil eines Experiments? Schließlich war der Krieg vorbei! Wir fühlten uns wie Statisten in einer Komödie.

Wir beschlossen, nicht länger darüber nachzudenken. Das wurde uns leicht gemacht, denn das Wichtigste war, dass es endlich wieder regelmäßig zu essen gab! 650 Gramm Brot sowie Ersatzkaffee. Als Hauptmahlzeit morgens, mittags oder abends Suppe – Kohlsuppe (Kapussta) und Kascha, ein Brei, meistens

Hirse mit etwas Fleisch. Dazu bekamen wir noch sogenannte Supplemente in Form von etwas Zucker, 70 Gramm Fisch sowie ein paar Zigaretten, sogenannte Papirossy, bestehend aus einem langen Pappmundstück und wenig Tabak. Hin und wieder wurde Machorka verteilt, ein seltsamer Stängeltabak, der grundsätzlich in Zeitungspapier gewickelt geraucht wird. Er war umwerfend stark. Und schmeckte am besten in der sowjetischen Parteizeitung Prawda, das zumindest behaupteten die Russen. All diese Fortschritte waren geeignet, unsere Stimmung zu heben. Ja, wir glaubten in diesen Tagen gar an eine baldige Rückkehr nach Hause. Welch ein Irrtum!

Die Kasernenanlage in Tabor bestand aus einem riesigen Areal mit großen Hallen für Motorfahrzeuge. Schätzungsweise 8000 bis 10 000 Gefangene waren zu diesem Zeitpunkt des Sommers 1945 im Lager untergebracht. Alle waren in Regimenter und Kompanien eingeteilt. Der Tag verging mit «Dienst», worunter Exerzieren und Grußübungen zu verstehen waren. Grußübungen waren schon deshalb nötig, weil nach dem Stauffenberg-Attentat auf Hitler am 20. Juli 1944 der «deutsche Gruß» in der Wehrmacht eingeführt worden war, der ausgestreckte rechte Arm sowie die gesprochene Grußformel «Heil Hitler». Wir Jüngeren und die SS-Leute kannten also nur diesen Gruß. Doch ab sofort, so wurde uns mitgeteilt, sollte wieder die Hand an die Mütze gelegt werden, nach altem militärischem Brauch. Auf dem Gebäude in der Mitte der Anlage stand morgens und abends ein Trompeter und blies den Weckruf und den Zapfenstreich. Aufgrund meiner noch nicht ausgeheilten Verletzung kam ich zunächst in ein Haus für Arbeitsunfähige. Die gesunden Kameraden waren in den Kasernen, teils aber auch in Erdhöhlen im Freien untergebracht. Das war zu dieser Jahreszeit kein Problem, denn der erste Friedenssommer schien die Menschen mit schönem Wetter und teils tropischen Temperaturen verwöhnen zu wollen.

Ende August wurde ich zu den gesunden Kameraden geschickt, obwohl ich noch immer arbeitsunfähig war. Vor allem die vielen kleinen Granatsplitter im Ellenbogengelenk machten mir zu schaffen. Ich konnte meinen Arm nur unter Schmerzen beugen und hatte Angst, bleibende Schäden davonzutragen. Die meisten Kameraden waren in den großen Hallen der Motorfahrzeuge untergebracht, einige auch im Kasernenblock. Wir Neuzugänge erhielten Schaufeln und hatten uns Erdlöcher zu graben, in denen wir dann campierten. Außerdem erhielten wir Wolldecken und Militärmäntel – je nachdem, was an Ausrüstung vorhanden war. Ich bekam einen leichten Sommermantel.

Es war eine Art Zweiklassengesellschaft: Alle SS-Leute hatten in Erdlöchern zu hausen, Wehrmachtsangehörige wohnten in festen Behausungen, zumeist Baracken. Zufällig traf ich im Lager Manfred Moschke aus meiner alten Kompanie wieder. Er hatte damals im Panzerloch neben mir gehockt, als wir erstmals Feindberührung mit den Russen hatten. Moschke erzählte mir, wie es mit meiner Einheit nach meiner Verwundung weitergegangen war. Am 8. Mai, dem Tag der Kapitulation, legten sie die Waffen nieder und ergaben sich den Russen. Einige waren allerdings zuvor geflohen und hatten versucht, sich allein nach Westen durchzuschlagen. Jene, die sich ergeben hatten, waren korrekt behandelt worden. Heinz Fischer aus Freital in Sachsen war in seinem Schützenloch verschüttet worden und konnte sich nicht selbst befreien. Ein Russe schoss, womöglich vor Schreck, in die sich bewegende Erde und fragte dann: «Kaputt?» Dann grub er ihn aus und nahm ihn gefangen. Moschke arbeitete zum Zeitpunkt meines Eintreffens in Tabor bei einem Bauern außerhalb des Lagers und versorgte uns so zusätzlich mit Brot.

In der Gerüchteküche brodelte es kräftig. Eines der ganz heißen Gerüchte besagte, dass wir aufgrund von Unstimmigkeiten unter den Alliierten den Grundstock einer neuen ostdeutschen Armee bilden sollten. Ganz offensichtlich war das Blödsinn, denn zu diesem Zeitpunkt wogen die gemeinsamen Ziele der Alliierten erste Unstimmigkeiten allemal auf. Aber wir klammerten uns an jeden Strohhalm. Wir waren felsenfest davon überzeugt, demnächst als Soldaten «recyclet» zu werden, denn immer wieder waren Leute mit unbekanntem Ziel abtransportiert worden. Bis September hingen wir dieser Hoffnung nach. Dann, an einem Tag Anfang September, mussten wir alle wieder einmal antreten. Ein russischer Offizier verkündete Folgendes: «Alle Gefangenen, die jünger als 17 Jahre sind, dürfen nach Hause fahren.» Alle Gesunden, auch Genesende, würden nach und nach zum Arbeitseinsatz gebracht. Wohin es gehen sollte, wurde uns nicht mitgeteilt. Und das Recht, Fragen zu stellen, hatten wir ohnehin nicht. Wieder einmal schöpfte ich Hoffnung, denn ich war 16 Jahre jung und sah sogar noch jünger aus. Doch die entscheidende, für mich deprimierende Einschränkung folgte auf dem Fuße: Alle SS-Angehörigen jedoch würden ausgesondert und Verhören unterzogen. Was mit uns geschehen sollte, wusste niemand. Es war ein Wechselbad der Gefühle. Ich spielte die Situation mehrfach durch: Welche Karte würde am Ende stechen? Der Joker, mein jugendliches Alter, oder der Schwarze Peter, diese verdammte SS-Stigmatisierung?

Und es kam, wie es kommen musste, ich hatte wieder Pech. Anders als mein Kamerad Manfred Moschke, der wie ich das Blutgruppenmerkmal am linken Oberarm trug. Er verschwand zusammen mit der Gruppe der Unter-17-jährigen, war irgendwie durch den «SS-Check» geschlüpft. Vermutlich gelang das mehreren Kameraden. Mich aber schoben die Russen zur Gruppe der SS-Leute. Wir «Politischen» wurden von den anderen getrennt, hatten allerdings losen Kontakt. Ab diesem Zeitpunkt mussten wir gesondert essen und schlafen. Die Verhöre, die jetzt einsetzten, waren zumindest in meinem Fall ziemlich locker. Oft hieß es nur: «Warum du SS?» Zumeist stammelte ich dann irgendein zusammenhangloses Zeug. Zum Beispiel: Ich musste ja, es war Druck von oben, wir hatten keine Wahl. Zu erklären, dass wir ahnungslos von der Waffen-SS einkassiert worden waren, wäre sinnlos gewesen, es hätte sich für die Russen unglaubwürdig angehört und wäre mir vermutlich als Lüge zur Last gelegt worden.

Der militärische Drill ließ allmählich nach, die Offiziere in unseren Reihen wurden in ein Offizierslager gebracht, mit besseren Verpflegungssätzen und bevorzugter Behandlung. Aus uns, dem Rest, waren «Woijna Plennys», normale Kriegsgefangene, geworden. Immer öfter kamen Sowjetsoldaten ins Lager und fragten, ob jemand Reichsmark hätte. Sie würden demnächst in Deutschland stationiert, sie benötigten das Geld und boten uns dafür Brot, Speck, Tabak und Wodka an. Da ich nach meiner Schatzsuche in den ausgedienten Uniformteilen relativ «wohlhabend» war, konnte ich mich und meine Freunde – darunter Moschke – eine Zeitlang recht ordentlich versorgen. Es war ohnehin gut, sich des Geldes jetzt zügig zu entledigen, denn kurze Zeit später fanden die ersten gründlichen Filzungen statt. Bei diesen Durchsuchungen wurde uns fast alles abgenommen, was wir noch besaßen. Nur Familienbilder, Löffel, Essgeschirr und natürlich unsere Kleidung durften wir behalten.

Kurze Zeit später wurden ungefähr 30 Kameraden aufgerufen – darunter war auch ich. Nach welchen Kriterien das geschah, wussten wir nicht. Wir wurden in Bahnwaggons verladen und fuhren nach Brünn. Nach unserer Ankunft standen wir lange Zeit am Ende eines Bahnsteigs. In mir wurden alte Erinnerungen geweckt. Wie oft hatte ich hier, auf dem Bahnsteig 2, am Ende eines Arbeitstages gestanden und auf den Personenzug nach Tischnowitz (Tišno) gewartet, wohin wir 1943 von Hamburg aus evakuiert worden waren. Die zweisprachige Ansage kann ich noch heute wie im Schlaf aufsagen: «Achtung, Achtung, Personenzug nach Tischnowitz – Abfahrt 13.30 Uhr Bahnsteig 2.» Und dann auf Tschechisch: «Pozor, Pozor …

Osobnivlak do Tišnova odězd třinact hodin třicet minut – nástupiště druhy.»

Gegenüber vom Bahnhof sah ich das Postamt Brünn 2 – dort hatte ich während unserer Unterbringung in Tschechien gearbeitet. Deutsche und tschechische Postbedienstete hatten hier Seite an Seite ihren Dienst versehen. Zu meinen tschechischen Kollegen hatte ich stets einen guten Draht. Aus Hamburg kommend versah ich meinen Dienst hier in Brünn zunächst in einer deutschen Postuniform. Später bekam ich tschechische Dienstkleidung, sodass ich nicht einmal mehr optisch von meinen Kollegen unterschieden werden konnte. Weil auch mein Tschechisch besser wurde, durfte ich sogar vertretungsweise im vornehmen Brünner Viertel Beamtenheim die Post zustellen. Viele meiner Kollegen nannten mich damals «naš německy přitel», den deutschen Freund.

Während wir jetzt auf dem Bahnsteig standen, sah ich etwa 300 Meter entfernt tschechische Postler auf der Rampe stehen und neugierig uns Kriegsgefangene betrachten. Fast alle kannte ich, schließlich waren es meine ehemaligen Kollegen. Ich erspähte Štikař und Bresobohati, auch unser Aufsichtsbeamter war dabei. Durch Blicke und Zuwinken nahmen wir Kontakt auf. Ansonsten wurde mit deutschen Gefangenen nicht gesprochen. Ich hörte, wie der russische Posten und der tschechische Bahnbeamte eifrig diskutierten. Ich entnahm dem Gespräch, dass der Posten nicht wusste, wo sich das Lager befand, in welches wir gebracht werden sollten. Der Beamte erklärte, dass es in der Nähe von Spielberg sei, er seinen Posten aber nicht verlassen dürfe.

Ich bot ihnen meine Hilfe an, den Trupp dorthin zu geleiten. Die Posten waren zunächst erstaunt, dann aber dankbar und gaben mir als Lohn Papirossy. An der Spitze, Seite an Seite mit dem russischen Offizier, führte ich unseren Zug durch Brünn. In der Altbrünnerstraße, vorbei an dem Fischgeschäft «Stadt

Hamburg», wo ich gern gekauft hatte, passierten wir das ehemalige Deutsche Haus, das völlig zerstört war, wahrscheinlich infolge der Ausschreitungen gegen die Deutschen. Erst später erfuhr ich, dass alle Deutschen aus Brünn Ende Mai 1945 in einem sogenannten Todesmarsch nach Österreich vertrieben worden waren. Von den ehemals bis zu 35 000 deutschstämmigen Brünnern sollen auf diesem 55 Kilometer langen Marsch pessimistischen Schätzungen zufolge bis zu 8000 Menschen ums Leben gekommen sein.

Nach einer Stunde Fußmarsch kamen wir im Lager an. Lager war eigentlich zu viel gesagt. Es handelte sich um Baracken, das Gelände war mit etwa zwei Meter hohem Maschendraht umgeben. Posten gab es nur am kaum gesicherten Eingang. Doch wer sollte und wollte hier auch fliehen? Hier regierte Deutschenhass, und wer weglief, riskierte sein Leben. Eigentlich befanden wir uns in einer Art Schutzhaft für Kriegsgefangene. Nach zwei Tagen rief jemand von außerhalb des Zauns laut meinen Namen. Vor dem Zaun stand Kučera, ein ehemaliger Postkollege. Ich hatte ihn als einen zurückhaltenden, aber netten Kollegen in Erinnerung, den ich eigentlich nur flüchtig kannte. Er warf mir ein kleines Paket über den Zaun. Darin befanden sich Brot, Tabak und ein wenig Geld. «Bis morgen», rief er noch, kam aber leider nicht wieder. Außer Kucera kam keiner meiner ehemaligen Kollegen vorbei.

Erstmals wurden wir im Lager Brünn mit den Kriegsverbrechen unserer eigenen Truppen konfrontiert. Obwohl wir alle wussten, dass im Krieg schlimme Dinge passiert waren, hielten wir die in Bild und Text dokumentierten Untaten der Nazis, dargestellt in Schaukästen, für Propaganda der Sieger. Auch ich betrachtete mir immer wieder die Bilder aus den Konzentrationslagern, von Massenexekutionen und anderen schrecklichen Ereignissen. «Na ja, die Sieger haben auch Gräueltaten begangen; nur so etwas wird natürlich nicht gezeigt», sagte einer der Gefangenen. Besonders ein Schaukasten, der einen als Affen verunstalteten Hitler hinter Gittern zeigte, empörte viele Kameraden. Diese Figur zeigte den Nazigruß, und im Hintergrund waren, wenn ich mich nicht irre, Zerstörungen und Feuersbrünste zu sehen. Ich beobachtete meine Mitgefangenen und stellte fest, dass einige sich abrupt abwendeten, während andere die Karikatur gut fanden. Auch ich fand diese Darstellung geschmacklos, denn ich war noch lange nicht frei von dem NS-Gedankenmüll in meinem Kopf. Ich fand es entsetzlich, dass «mein» Führer als Affe karikiert wurde. Diese Vermischung von Polemik und offensichtlich realer Dokumentation des Schreckens in einer Bildstrecke ging zu Lasten der Glaubwürdigkeit – empfand ich damals. Doch das war natürlich typisch für die damalige Zeit, besonders, wenn es die Propaganda von Diktaturen betraf. Es war ja in Deutschland nicht anders gewesen. Bei Betrachtung des Affen-Hitlers musste ich damals aber auch an meine Eltern denken, die hätten das wahrscheinlich witzig gefunden. Vor allem die Bilder aus den Lagern schockierten mich, und ich dachte an meinen Großvater, der immer gesagt hatte: «Wer Hitler wählt, wählt den Krieg.»

Weil wir in Brünn nicht arbeiten mussten oder konnten, wurde wieder militärisch exerziert. Marschieren und Grußübungen standen auf der Tagesordnung. Die Gefangenen übten zum Beispiel Märsche im Paradeschritt außerhalb des Lagers, wofür es eine Art Sondergenehmigung gab. Man stelle sich nur vor, was die Tschechen, die das sahen, gedacht haben müssen: Der Krieg ist vorbei, doch durch Brünn marschierte noch immer die deutsche Wehrmacht in Uniform. Die meisten von uns Gefangenen mochten diese Exerzierübungen sogar ganz gern, denn es lenkte etwas vom eintönigen Lagerleben ab. Außerdem vermittelte es den Männern ein wenig das Gefühl, keine Kriegsgefangenen zu sein, sondern eine Armee in Wartestellung, neuer Aufgaben harrend.

Ich brauchte daran nicht teilzunehmen, weil der russische Arzt partout an meiner Verwundung herumschnippeln wollte, was mir etwas unheimlich war. Einer der winzigen Granatsplitter im Armgelenk hatte es ihm besonders angetan. Da es aber keinen Äther mehr gab und Evipan erst beschafft werden musste, zog sich die Behandlung hin, bis ich schließlich zum Abtransport aufgerufen wurde. In der Zeit bummelte ich umher oder blieb untätig im Lazarett.

IM VIEHWAGGON ÜBER DEN BALKAN

Ende September, am 24. oder 25., traten wir die erste Etappe unserer «großen Reise» an. Wieder wurden wir in Güterwaggons verladen, je 50 Mann. Noch immer hegten wir ein Fünkchen Hoffnung, die Reise gehe vielleicht doch nicht in Stalins Reich, denn der Zug fuhr in Richtung Südosten, soweit ich erkennen konnte. Doch allmählich erlosch diese Hoffnung, Apathie breitete sich aus. Als Kriegsgefangener, zumal als SS-Mann, in das Land jenes Volkes verfrachtet zu werden, das am meisten unter Hitlers Krieg gelitten hatte, war so ziemlich das Schlimmste, was ich mir zu diesem Zeitpunkt vorstellen konnte.

Wirklich frustrierend war dieses lähmende Gefühl des «Ausgeliefertseins», der völligen Rechtlosigkeit. Sicher, Kriegsgefangenschaft ist immer eine schlimme Sache, zumal als Soldat eines Staates, der bedingungslos kapituliert hatte. Tatsächlich bestand die historische Einzigartigkeit unserer Situation aber darin, dass es offenbar keine politische Kraft mehr gab, die an unserer baldigen Freilassung ein Interesse gehabt haben könnte. Und das ahnten wir. Unsere Situation unterschied sich daher fundamental von jener der deutschen Soldaten am Ende des Ersten Weltkriegs oder später von der Situation der amerikanischen Gefangenen im Vietnamkrieg. Wir wussten, dass es keinen Staat, keine Regierung, keine verbündeten oder neutralen Staaten, keine religiöse, humanitäre oder wie auch immer geartete Organisation gab, die sich für unsere Freilassung einsetzen würde. Unsere einzigen Verbündeten waren unsere Angehörigen, vielleicht noch die deutsche Öffentlichkeit – aber beide hatten kein

Gewicht im politischen Spiel und obendrein ihre eigenen Sorgen. Der Staat, der uns in den Krieg geschickt hatte, existierte nicht mehr. Bis auf weiteres war nicht abzusehen, ob es wieder eine staatliche deutsche Institution mit politischer Autonomie geben würde. Und falls die Alliierten in Deutschland eine neue Regierung etablieren würden, dann wäre dies eine, so ahnten wir, die aus jenen politischen Kräften bestehen würde, die uns, Hitlers Armee, als historisch geerbten Ballast betrachten würde. Wir fühlten uns wie Sklaven in den Händen der Sieger. Und ganz allmählich reifte in uns die Einsicht – zunächst nur bei wenigen, irgendwann aber bei der Mehrheit –, dass wir Soldaten in diesem Krieg nicht nur Opfer, sondern auch Täter waren.

Viele meiner Mitgefangenen waren Zeugen von deutschen Verbrechen geworden, einige auch zu Mittätern. Die wenigsten von uns waren überzeugte Nationalsozialisten, hatten somit durchaus ein «normales» Rechtsempfinden, woraus ein Gefühl der Schuld resultierte, ohne jedoch die ganze Dimension des Grauens zu erfassen. Dieses Gefühl des Schuldigseins beängstigte uns zusätzlich, denn wir mussten damit rechnen, stellvertretend für den ganzen Nazistaatsapparat zu büßen, unter Umständen mit unserem Leben. Bei mir kam die Angst hinzu, als Angehöriger von Hitlers Elite-Soldateska in besonderer Weise zur Verantwortung gezogen zu werden. Hoffnungsloser kann eine Situation kaum sein. Einzig tröstend war das Gefühl, Teil eines Millionenheeres zu sein, dass unsere schiere Masse zu Lösungen erzwingen würde, die uns überleben ließen. Ich dachte, die Menschheit muss doch fähig sein, aus diesem Wahnsinn zu lernen. Soll denn der Neubeginn nach dem großen Unrecht auf neuem Unrecht fußen?

Bald hörten wir keine tschechischen oder deutschen Laute mehr, wir fuhren durch Ungarn. Irgendwann hielt der Zug in einer großen Rangieranlage. In jedem Waggon gab es eine Luftklappe, das war unser Fenster zur Welt. Einer im Waggon sagte:

«Hebt doch mal den Günter hoch, vielleicht erfahren wir ja, warum wir hier halten.» Ich wurde auf die Schulter eines Kameraden gesetzt und gefragt, was ich sehe. Ungarische Soldaten mit roten Sternen an den Mützen liefen da herum, auch einige Eisenbahner und natürlich viele Sowjetsoldaten. Etwas weiter weg erkannte ich ein Schild mit der Aufschrift «Rakospalota-Ujpest».

Wir waren also in oder bei Budapest. Erdkunde war in der Schule mein Lieblingsfach gewesen, stets hatte ich eine Eins bekommen. Und auch auf dem Postamt hatte ich mich mit Erfolg der Spezial- beziehungsweise Feinsortierung von Postsendungen gewidmet, deren Adressen nicht ganz eindeutig zu ermitteln waren. Ich kombinierte: Wenn Buda auf der linken, Pest auf der rechten Seite der Donau liegt, dann haben wir uns auf der Fahrt nach Ujpest nach rechts, also gen Osten bewegt. Ein Blick auf den Stand der Sonne bestätigte meine Überlegungen. Auch später wandten sich die Kameraden stets an mich, wollten sie über den momentanen Stand unserer Reise informiert werden. Vor allem ein Luftwaffengefreiter und ein Feldwebel, Letzterer hatte seinen Befehlsjargon noch nicht ablegen können, baten beziehungsweise forderten mich von Zeit zu Zeit auf, die Lage zu erkunden.

Wir durchkreuzten die Puszta in südöstlicher Richtung und erreichten Rumänien. Gelegentlich hielt der Zug, um Wasser aufzutanken. Zu essen gab es nur Maisbrei mit ein wenig Fleisch. Beim Essenholen, wozu ich mich stets freiwillig meldete, erfuhr ich, dass sich auf dem Waggon hinter der Lok zehn Pferde befanden. Der Koch sagte, die Pferde seien für uns als Verpflegung gedacht. Unsere mobile Fleischreserve. Vorgesehen war, die Pferde nach und nach zu schlachten. Sie wurden aber alle im weiteren Verlauf der Reise von den Wachsoldaten an einheimische Bauern verkauft. Das war gut für die todgeweihten Tiere, aber schlecht für uns. Der Hunger sollte auf dieser Odyssee zu einem ständigen Begleiter werden und, verstärkt durch Entkräftung und Krankheit, viele meiner Kameraden das Leben kosten.

Die meisten meiner Mitgefangenen ergaben sich ihrem Schicksal, brüteten stumpf vor sich hin. Was blieb einem auch anderes übrig? Ich aber gab die Hoffnung noch nicht auf, vielleicht wendete sich ja doch noch alles zum Guten. Eine Ewigkeit zuckelten wir, unterbrochen von vielen Stopps, durch Rumäniens Große Walachei. Wir sahen schier endlose Maisfelder. Obwohl wir bereits Oktober hatten, war es noch sehr heiß. Sonne und Mais, das waren meine Eindrücke von der Walachei. Im Waggon hatten wir den ersten Toten zu beklagen. Ein schwerverwundeter Kamerad war verstorben, nachdem er sich lange Zeit geweigert hatte, etwas zu essen. Er hatte sich aufgegeben, er wollte nicht weiterleben. Gemeinsam mit zwei anderen trug ich den Toten bei einem Stopp in den ersten Waggon des Zuges, wo sich zu diesem Zeitpunkt immer noch einige Pferde befanden. Sie scheuten und trampelten wie wild, als wir den Leichnam zwischen sie legen wollten, sodass wir Angst hatten, von den Hufen der verängstigten Tiere getroffen zu werden. Wir schlugen den Russen vor, den Toten jenseits der Gleise zu beerdigen, aber sie bestanden auf dem Pferdewaggon, denn die Zahl der Gefangenen im Zug musste stimmen. Kameraden aus anderen Waggons berichteten später, dass im Falle des Todes eines Kriegsgefangenen die russischen Wachsoldaten im Umland x-beliebige Leute einfingen, um die Reihen der abgezählten Zuginsassen wieder aufzufüllen. Denn der Verlust von Gefangenen hieß in jedem Fall Arbeit, Formalitäten, Erklärungen und wahrscheinlich Scherereien, falls sich Unterernährung als Todesursache herausstellen sollte. Außerdem war es aus Sicht der Russen gänzlich unwichtig, wer da im Waggon saß. Wichtig war am Ende die Zahl. Wir waren keine Individuen mehr mit Namen, Lebensläufen oder militärischen Rängen. Wir waren jetzt Nummern, Statistik im Nachspiel eines verlorenen Krieges.

Über Brăila erreichten wir Galatz (Galati), wo zwei weitere Tote umgeladen wurden. Anschließend fuhren wir gen Norden, wo wir in Jassy (Iasi) vorübergehend in einem Lager untergebracht wurden. Noch immer war es sommerlich warm. Jassy war einst einer der Ausgangspunkte im sogenannten Südabschnitt gewesen, von dem aus im Juni 1941 Hitlers verhängnisvoller Russlandfeldzug begonnen hatte. Und während wir dort Station machten, erinnerte ich mich an die martialischen Bilder in den Wochenschauen, musikalisch untermalt mit solchen Liedern:

«Jetzt stürmen nach Osten die Heere, ins russische Land hinein.
Kameraden an die Gewehre, der Sieg muss unser sein!
Von Finnland bis zum Schwarzen Meer
Vorwärts, vorwärts nach Osten, so stürmen wir.
Freiheit das Ziel – Sieg das Panier – Führer befiehl, wir folgen dir!»

Danach folgte stets der Abspann, in dem der deutsche Hoheitsadler gezeigt wurde, musikalisch donnernd untermalt mit «Les Préludes» von Franz Liszt. Das hatte mich als jungen Menschen stark beeindruckt, was ja sicherlich auch die Absicht solcher Inszenierungen war. Wir, die armseligen Reste dieser stolzen Armee, fuhren jetzt, viereinhalb Jahre später, wieder nach Osten. Nur stürmten wir nicht mehr, sondern saßen halbverhungert und demoralisiert in stinkenden Viehwaggons. Der Führer, in dessen Hand jetzt unser Schicksal lag, hieß Josef Wissarionowitsch Stalin. Er war genauso mächtig und genauso brutal und unmenschlich wie sein früheres deutsches Gegenstück.

Am 4. Oktober wurde ich 17 Jahre alt. Morgens ging ich zum Zaun des Lagers in Jassy. Von da aus konnte ich einen Markt beobachten. Ich wollte mich ein wenig ablenken. «Günter, mach hin, in der Baracke verteilen sie gerade Brotrationen», forderte mich gegen zehn Uhr vormittags ein Kamerad auf, ich glaube, er hieß Rudolf. Doch ich kam leider zu spät, das Brot war längst bis auf den letzten Krümel verschwunden. Ich hatte nichts abbekommen, mein Teil war geklaut worden. Unter uns herrschte jetzt das Wolfsgesetz. «Ein schöner Geburtstag!», dachte ich still.

Zwei Tage später, kurz vor unserer Weiterreise, erhielten wir die Möglichkeit, unsere Kleidung zu wechseln. Auf einem großen Haufen lagen Uniformteile. Ich fand eine schöne Wehrmachtsjacke aus der Vorkriegszeit, eine sogenannte Ausgehuniform, Dienstbezeichnung «Waffenrock M35». Die Landser nannten sie verächtlich «Kaiser-Wilhelm-Gedächtnisrock». Ich fand sie irgendwie beeindruckend, mit Kragenspiegeln, befransten Rockschößen und sogar mit dem Doppelwinkel eines Obergefreiten versehen. Für das Innenfutter dieser aufwendigen Uniformjacke waren in der Vorkriegszeit sogar Seide und andere teure Stoffe verwendet worden. Als Jugendlicher hatte ich mir stets gewünscht, eines Tages in so einer Uniform zu brillieren. Freilich war die Jacke viel zu groß für mich, vor allem die Ärmel waren zu lang. Doch meine Eitelkeit gewann die Oberhand, und ich zog die Ausgehuniform an. «Vielleicht wachse ich ja noch rein», dachte ich. Dann aber machte ein Kamerad eine Bemerkung, die mich nachdenklich stimmte. Er sagte: «Darin siehst du aus wie ein Paradiesvogel, man wird dich als ‹Faschistenbrut› bezeichnen und dich deshalb alsbald totschlagen. Bloß nicht auffallen, lautet die goldene Regel, das ist wichtig für das Überleben!»

Das klang überzeugend. Schweren Herzens zog ich den Rock wieder aus, faltete ihn ordentlich zusammen und legte ihn zurück auf den Haufen, wo ihn ein anderer Kamerad achtlos mit dem Fuß beiseiteschob, um sich etwas Passendes zu suchen. Ich nahm mir dann, es war morgens schon etwas kühl, einen Wehrmachtswintermantel. Anschließend eskortierten uns die Russen zum Bahnhof. Auf einem freien Gelände außerhalb des Zuges wurden wir gezählt und eingeteilt. Wir warteten auf den Abtransport.

Viele neugierige Rumänen trafen ein und umringten uns. Teils bedrohten sie uns, teils munterten sie uns auf. Einige wollten mit uns handeln. Kleidungsstücke gegen Brot oder Tabak. Doch mitunter entsprach der «Handel» nicht dem, was wir uns darunter vorstellten. So hielt mir ein Rumäne seine Maschinenpistole vor den Bauch und verlangte, ich solle ihm den soeben erworbenen Wintermantel geben. Er warf mir 80 Zigaretten hin, riss mir den Mantel weg und fragte: «Gut?» «Gut», nickte ich zwangsläufig, angesichts der Bedrohung. Ich hatte keine Wahl, denn es war gerade kein sowjetischer Wachmann in der Nähe. Der Verlust meines Wintermantels wurmte mich sehr und bedrückte mich zusätzlich: Der Winter war nicht mehr weit, und ich hatte das einzige wirklich schützende Kleidungsstück verloren. Unter Umständen konnte das den Tod bedeuten.

Missmutig stopfte ich die Zigaretten in die Jackentaschen und wartete ab, was weiter geschehen würde. Ein paar Stunden lang standen wir herum wie bestellt und nicht abgeholt. Die Rumänen wurden irgendwann vom russischen Wachpersonal vertrieben, und ein Güterzug rollte ein. Endlich durften wir einsteigen. Wieder einmal wurden wir zu je 50 Leuten abgezählt und recht unsanft, teils mit Stößen des Gewehrkolbens, in die Waggons gepfercht. Im Wagen begann sofort ein unbeschreibliches Gedränge, denn inzwischen hatten wir ja unsere Erfahrungen mit den begehrten und weniger begehrten Plätzen. Allmählich trat Ruhe ein, und wir legten uns irgendwo hin. Zunächst waren die Plätze an der Schiebetür heiß begehrt. Bis sich herausstellte, dass die dort verlaufende Pinkelrinne einem das Verweilen im Waggon noch unerträglicher machte, als es ohnehin schon war. Denn es stank dort bestialisch. Außerdem musste man ständig jenen Kameraden Platz machen, die ein menschliches Bedürfnis verspürten. Es dauerte nicht lange, und keiner wollte mehr dort liegen. Also wurde rotiert, jeder musste mal den undankbaren Platz an der Pinkelrinne einnehmen.

Ich erkämpfte mir einen Platz in der Nähe der mit Stacheldraht gesicherten Luftklappe, meinem alten Stammplatz. Auch hier, so hoffte ich, könnte ich wieder mein Orientierungsbedürfnis stillen und die Kameraden informieren, wo wir uns befänden – falls mich jemand hochheben würde. So kam es dann auch später, ich informierte den Waggon, soweit ich das konnte, über unsere aktuelle geographische Situation. Mit meinen Informationen konnte ich mir, obwohl noch immer ein halbes Kind, auch so etwas wie Respekt und Anerkennung verschaffen. Und das war viel wert.

Erst als es dunkel wurde, setzte sich unser Zug in Bewegung. Nahrung war zuletzt im Lager verteilt worden, wie immer 650 Gramm Brot und etwas Kaffeeersatz pro Person. Wir hatten uns angewöhnt, das Brot über den Tag verteilt zu verzehren. Es gab aber auch Kameraden, die alles auf einmal aßen. Wenigstens einmal am Tag richtig satt werden, so ihre Sicht der Dinge. Erst zwei Tage nach unserer Abfahrt aus Rumänien sollten wir die nächste Essensration erhalten, wiederum 650 Gramm Brot sowie eine wässrige Kohlsuppe.

Irgendwann überquerten wir die Grenze zur Sowjetunion, was auch den größten Optimisten unter uns die Hoffnung auf eine baldige Rückkehr raubte. Unsere Gespräche drehten sich immer um dasselbe Thema: «Was machen die mit uns?» «Sie fahren uns in entlegene Gebiete und erschießen uns dort», lautete die finsterste Vision. Andere argumentierten, man würde uns mit Sicherheit nicht erschießen, da wir ja mehr oder weniger regelmäßig mit 650 Gramm Brot versorgt würden. «So etwas machen die Russen nicht, zumal im Land großer Hunger herrscht.» Auch das klang logisch.

Die überwiegende Mehrheit ging davon aus, dass es wohl

nach Sibirien zur Zwangsarbeit gehe. Ich hatte schon von dieser schrecklich kalten Gegend gehört und hatte davor Angst. Oft dachte ich, wie es wohl sei, zu sterben. Ob es schnell geht? Hatte man Schmerzen? Ich litt noch immer, weil nicht alle Granatsplitter entfernt worden waren, unter Schmerzen im Armgelenk und in der Brust. Weiterhin versuchte ich, mich als freiwilliger Essenholer zu betätigen, sobald unser Zug hielt. Denn auf diese Weise verschaffte ich mir etwas Bewegung und saß obendrein an der Nahrungsquelle.

Wir fuhren an der ukrainischen Stadt Kischinew vorbei. Ein Kamerad, der neben mir saß, wirkte zunehmend bedrückter, fiel regelrecht in sich zusammen. Ich glaube, er hieß Franz, war Mitte 30, lag die ganze Zeit auf seinem Platz und hatte sich das Gesicht mit der Uniformjacke zugedeckt. Er weinte, besser er wimmerte die ganze Zeit kläglich vor sich hin. Als ich ihn fragte, was er in Gottes Namen denn habe, antwortete er leise: «Das Sprichwort kennst du doch auch: Den Täter treibt es immer wieder zum Ort seiner Verbrechen zurück.» Als ich Franz nach Einzelheiten fragte, erklärte er mir nur: «Ich kämpfte 1944 im Kessel von Tscherkassy, die Russen nannten ihn den Kessel von Korsun, wo einige Divisionen unter Führung von General Wilhelm Stemmermann eingeschlossen worden waren. Tscherkassy war die zweite große Kesselschlachthölle nach Stalingrad.» Es müssen sich dort schreckliche Dinge abgespielt haben, über die er aber im Detail nicht sprechen wollte. Überhaupt sprachen die Soldaten nie über so heikle Dinge wie Kriegsverbrechen. Ihm war es offenbar gelungen, mit einer kleinen Gruppe aus dem Kessel von Tscherkassy auszubrechen. Erst später war er in sowjetische Gefangenschaft geraten. «Siehst du, jetzt bin ich an den Ort unserer glorreichen Taten zurückgekehrt. Den Täter treibt es eben immer wieder zurück.» Etwas musste sein Gewissen so stark belasten, dass er sich aufgab. Vielleicht glaubte er tatsächlich an so etwas wie göttliche Fügung, die ihn jetzt zurück an den Ort «seiner Taten» zwang. Wir versuchten, ihm Mut zu machen, doch es war vergeblich. Er aß nichts mehr, wurde immer schwächer, dämmerte halbwach vor sich hin und starb alsbald.

Ein etwas älterer Obergefreiter sagte zu mir: «Es wird bald kalt, dann kannst du dich mit zu mir auf meine Wolldecke legen und unter meinem Mantel Schutz suchen.» Er sprach ein breites Sächsisch und nannte mich in Anspielung auf mein noch immer jungenhaftes Aussehen «Bubi». Dieser Spitzname sollte mich die ganze weitere Gefangenschaft hindurch begleiten. Der Obergefreite, schätzungsweise 35, kam aus Dresden und wurde von allen nur «Sachsen-Walter» genannt. Er fügte noch hinzu, da ich ja wohl nicht rauche, könnte ich ihm ja pro Tag eine halbe Zigarette abtreten. Und weil ich in meinen Taschen noch die Zigaretten des Rumänen hatte, der sich mit Waffengewalt meines Wintermantels bemächtigt hatte, ging ich darauf ein. Das war auch gut so, denn ziemlich bald darauf begann es tatsächlich empfindlich kalt zu werden.

Tag um Tag fuhren wir, ab und zu wurde gehalten, um Wasser und Suppe zu holen. Die Wasserversorgung wurde allmählich problematisch, denn oft waren die Brunnen eingefroren. Dann musste das Zugpersonal einen Halt suchen, an dem sich noch flüssiges Wasser besorgen ließ. Doch nicht uns galt diese Fürsorge, sondern der Lokomotive, die ständig mit Wasser versorgt werden musste. Wenn die Kameraden im Waggon wissen wollten, wo wir gerade waren, hieß es stereotyp: «Hebt doch mal den Bubi hoch», also mich. Waren Menschen in der Nähe, fragte ich sie. Doch mit Deutsch konnte ich nichts mehr erreichen, seit wir uns auf sowjetischem Territorium befanden. Mit Tschechisch schon eher, weil es einige Worte gibt, die sich in beiden slawischen Sprachen ähneln. So heißt «wo» auf Tschechisch wie auch auf Russisch «gedje». Es gibt auch andere Übereinstimmungen, zum Beispiel «priamo», was geradeaus, geradewegs bedeutet. In den meisten Fällen konnte ich mit einer Handvoll Worte erfragen, wo wir uns gerade aufhielten. Eines Tages sah ich durch das kleine Fenster einen mächtigen Strom, den wir auf einer Brücke überquerten. Es war der Dnjepr, der größte Strom der Ukraine. Die große Stadt nahe des Stromes war Dnjepropetrowsk. Hier sahen wir einen riesigen Staudamm, gebaut bereits zur Sowjetzeit.

Unweit der Wolga hielten wir zwei Tage. Am Haltepunkt stand eine ehemals deutsche Feldküche, die nochmals für uns zum Einsatz kam – was beinahe so etwas wie heimische Gefühle in uns weckte. Wir wurden mit Tschai (Tee) und warmer Suppe versorgt. Doch diesmal durfte ich kein Essen besorgen. Ein resoluter Unteroffizier sagte: «Setz dich in die Ecke, Bubi, das ist etwas für Männer.» Er spekulierte wohl auf Sonderzuteilungen, wenn auch vergeblich. Dafür brachten die Essenholer die jüngsten Gerüchte mit in den Waggon. Es gehe nach Süden, hieß es. Zum Kuban oder noch südlicher. Dort gibt es Melonen, schwärmte einer, der schon mit der 17. Armee dort gewesen war.

Dann hieß es, wir befänden uns in der Nähe von Stalingrad. Hier hatte Hitlers Niedergang begonnen. Ursprünglich sollten wir wohl in einem Stalingrader Arbeitslager untergebracht werden. Doch es gab offensichtlich keine Kapazitäten für die Aufnahme von weiteren Gefangenen. Also ging die Reise wieder zurück in Richtung Westen – nicht nach Süden, wie wir gehofft hatten. Geplatzt war der Traum von den Melonen. Und das Essen wurde wieder schlechter, es gab nur Trockenbrot und Wassersuppe. Es stand auch keine deutsche Feldküche weit und breit. Dafür brodelte die Gerüchteküche mal wieder heftig. «Mensch, wir fahren nach Westen, nach Hause, vielleicht werden wir entlassen», frohlockte ein Kamerad. Das gab uns neuen Auftrieb. Warum denn nicht? Vielleicht kann es sich die vom Krieg gezeichnete Sowjetunion einfach nicht mehr leisten, Millionen deutscher Gefangener durchzufüttern? Wenn wir auch von diesem Land nicht viel sahen, so doch, dass es litt.

Doch auch diese Hoffnung erhielt alsbald ihren Dämpfer, denn am Stand der Sonne registrierten wir, dass die Reise plötzlich in einem scharfen Schwenk in Richtung Nordwesten ging. Für uns hieß das, wir entfernten uns wieder von der Heimat, zudem wurde es kälter und kälter. Wir passierten Charkow und Kiew, dann sah ich ein Schild, das ich mit Hilfe eines Eisenbahners als «Gomel» in Weißrussland entzifferte. Wir befänden uns im «Mittelabschnitt» der ehemaligen Front, sagte ein älterer Mitgefangener. Und dann ging es nur noch in Richtung Norden, Orscha war eine der Städte, die wir durchfuhren. Und eine neue Angst stieg in uns auf: Vielleicht waren das Eismeer oder Murmansk das Ziel? Das hätte für viele von uns den Kältetod bedeutet.

Deutsche Kriegsgefangene besteigen Güterwaggons.
Foto: ullstein bild

Einen Ofen hatten wir nicht im Waggon. Sobald wir hielten, holte ich wieder freiwillig Essen, um mich durch Bewegung etwas aufzuwärmen. Dabei machte ich dann auch einige Übungen. Aber die überwiegende Zeit dämmerten wir vor uns hin, ergaben uns dem Schicksal. Oft sang ich abends leise vor mich hin, sodass es keiner hören konnte. «Die Fahne hoch, die Reihen fest geschlossen», zum Beispiel, das Horst-Wessel-Lied. Oder «Deutschland, Deutschland über alles». Wir hatten in Jungvolk und Hitlerjugend ja kaum andere Lieder gelernt. Dann dachte ich an meinen Großvater und sang die kommunistischen Lieder, die ich von ihm gelernt hatte: Das Lied vom kleinen Trompeter, dem «lustigen Rotgardistenblut». Und strophenweise die Internationale. Zumindest die Passagen, die ich behalten hatte. Und als ich so abwechselnd kommunistische und Nazilieder vor mich hin summte, dachte ich: «Was ist wohl richtig, welche der beiden politischen Ideologien ist die bessere?» Dabei hatten sie so viel gemeinsam, suchten einfache Antworten auf die oft komplizierten Fragen des Lebens. Ich dachte, vielleicht ist der Sozialismus ja das bessere System, weil er sich im Kampf gegen den Nationalsozialismus als überlegen gezeigt hat. Doch dann verwarf ich diesen Gedanken mit der Erwägung, dass es ja wohl kein guter Grund ist, seine politische Überzeugung zu wechseln, nur weil sich die Machtverhältnisse geändert haben.

Wir lagen zumeist dicht zusammengedrängt, um uns gegenseitig zu wärmen. Auf Zuruf drehten wir uns mal nach links, mal nach rechts. Ein wenig aufheiternd war es, wenn ein Mitgefangener etwas erzählte, egal was. Manchmal ging es um heimatliche Bräuche und regionale Eigenheiten, mitunter wurde von der großen Liebe zu Hause oder von erlebten Urlaubsfahrten mit der NS-Organisation «Kraft durch Freude» berichtet. Dann hingen wir alle gebannt an den Lippen des Sprechers und stellten uns vor, wie schön eine Fahrt auf der «Wilhelm Gustloff» durch Norwegens Fjorde gewesen sein muss.

Die Rangabzeichen verschwanden nach und nach, wurden abgerissen. Die Uniformen waren zerschlissen. Nachdem wir 14 Tage im Zug unterwegs gewesen waren, schliefen auch die letzten Unterhaltungen ein, buchstäbliche Grabesstille senkte sich über unseren Waggon. In uns allen wuchs die Überzeugung, dass dies wohl unsere letzte Reise war, eine Art Höllenfahrt. «Nach und nach werden wir alle sterben», prophezeite ein Kamerad, als es erneut einen Toten gab. Wir hatten untereinander mündlich Adressen ausgetauscht, um die Ehefrau oder andere Angehörige grüßen zu lassen, falls man der nächste Tote war. Aber wir vergaßen die Adressen bald, eine Folge unserer zunehmenden Geistesträgheit und des Dämmerzustandes, dem wir uns ergaben. Warum sollten wir uns auch Adressen einprägen, wo wir doch alle demnächst verrecken würden?

Erschwerend kam hinzu, dass uns das Wachpersonal zusehends brutal behandelte: Kolbenschläge waren jetzt an der Tagesordnung, dazu Beschimpfungen wie «njemzi Faschist», deutscher Faschist. Offenbar litten auch die sowjetischen Begleitsoldaten unter der langen Fahrt und der schlechten Versorgung. Der Frust darüber wurde natürlich an uns ausgelassen. Hinzu kam, dass der Krieg gerade mal sechs Monate vorbei war und der Hass auf die Feinde noch immer sehr tief saß.

TALLINN

Krankheit, Hunger und Kälte – physisch waren wir alle zutiefst erschöpft, dem Tod näher als dem Leben. Doch auf dieser Fahrt habe ich gelernt, dass das eigentliche Ende im Kopf eines jeden Menschen stattfindet. Wer im Kopf die Entscheidung traf, nicht länger leben zu wollen, der verabschiedete sich aus der Gemeinschaft der Lebenden. Obwohl wir eigentlich gar nicht mehr in der Lage waren, irgendeine Art von Entscheidung zu treffen. Anders ausgedrückt also: Wer den Willen zu leben, zu überleben, aufgab, gab seinem ausgelaugten Körper damit das Signal, die Lebensfunktionen allmählich «auslaufen» zu lassen. Man entschlief dann, je nach körperlichen Reserven, nach Tagen des Dämmerzustandes. Dieser Phase der Verneinung des fundamental wichtigen Willens zum Überleben – auch ich verfiel ihr. Mein Gemütszustand befand sich zu diesem Zeitpunkt auf dem absoluten Nullpunkt. Ich gab mich auf, ich mochte nicht mehr, mein Lebenswille schwand. Es war der Tiefpunkt meiner Gefangenschaft. Dazu kam, dass ich nach wie vor Schmerzen im Arm hatte, aus dem noch nicht alle Granatsplitter entfernt worden waren – die letzten drei wurden mir erst 1950 in Hamburg herausoperiert. Sachsen-Walter, mein Nachbar, der mit mir seinen Mantel teilte, holte mich in dieser schweren Zeit zurück ins Reich der Lebenden. Er rüttelte mich, er versuchte mich aufzumuntern. «Du musst durchhalten, du willst doch wieder nach Hause», appellierte er immer und immer wieder. Manchmal spielte er meinen Vorgesetzten, rief: «Befehl! Unteroffiziersanwärter Lucks, aufstehen! Die Stellung wird gehalten.» Mitunter herrschte er mich sogar rüde im Kasernenhofton an.

Einen Augenblick später entschuldigte er sich: «Ich habe es doch nicht böse gemeint, Bubi.» Einmal vernahm ich, wie er zu meinem Nachbarn, einem Feldwebel, murmelte: «Was soll ich nur machen? Der Junge stirbt mir noch weg.» Zur Antwort bekam er: «Ist doch egal, wir verrecken hier doch alle, der eine früher, der andere später.»

Walter bewahrte mir auch Essensrationen auf, Trockenbrot zum Beispiel. Dieses zerbröckelte, zwiebackähnliche Brot aus Altresten erhielten wir gelegentlich statt des Frischbrotes. Walter erzählte mir viel vom schönen Elbsandsteingebirge, und dass Dresden und Hamburg durch ein gemeinsames Band verbunden sind, die Elbe. Also sollten wir, falls möglich, uns gegenseitig unterstützen. Denn zu zweit ertrage sich alles leichter, «nä wor?», fügte er hinzu. Sächselnd unterhielt er zeitweilig den ganzen Waggon mit seinen Erlebnissen und Witzen. Noch gut in Erinnerung ist mir der Witz von den Frauen aus dem Leipziger Textilgeschäft: «Eine Verkäuferin schwärmte einer Dame von den exklusiven Damenstrümpfen der Marke ‹Orchideen› vor. Da drängte sich eine Bauersfrau vor und sagte. ‹Freilein, gäms se mir doch och baar Strimpfe, die sich am Orsche dehnen!›»

Dann sang mir Walter Lieder vor, «Hamburg ist ein schönes Städtchen» zum Beispiel, ebenso «Drunt' in der grünen Au, steht a Birnbaum, so blau, juchhe». Doch den Durchbruch erzielte er, als er Schüttelreime im breitesten Sächsisch zum Besten gab: «Vugel mit der Fedder, Fedder mit dem Vugel.» Ich musste lachen, was dazu führte, dass ich wieder etwas Mut fasste und zuversichtlicher wurde. Ich hatte die erste große mentale Krise, die drei bis vier Tage dauerte, überstanden.

Einmal am Tag hielt der Zug. Waggonweise wurden wir zum Austreten aufgefordert, 20 Minuten später mussten wir zurück. Gesäubert wurde oberflächlich mit Gras, später mit Schnee. Die Essenholer schnappten sich bei jedem Halt die Feldflaschen und füllten sie an einer Pumpe, falls es eine solche am Haltepunkt gab. Manchmal gab es da auch einen Wassertümpel. Oder wir stopften unser Kochgeschirr voll mit Schnee. Hatten wir kein Wasser, mussten wir eben Durst leiden. «Skorra budet», irgendwann gibt es welches, sagten die Russen dann. An hygienische Grundbedürfnisse wie etwa Zähne putzen oder waschen war gar nicht zu denken, wir hatten schlicht andere Sorgen. Ich versuchte anfangs noch, meine Zähne mit den Fingern und etwas Wasser zu reinigen, gab das aber bald darauf auf, denn auch unsere Hände waren alles andere als sauber.

Starb ein Kamerad im Wagen, dann meldeten wir das nicht sogleich. Wir verheimlichten es vielmehr, solange es ging. Denn so erhielten wir seine Brotrationen weiter, die wir dann unter uns aufteilten. Wurde der Leichnam bei einem der zahllosen Haltepunkte entsorgt, wollte niemand den frei gewordenen Platz einnehmen, denn auf dem Boden hatten sich zumeist Ausscheidungen der Verstorbenen gesammelt und konnten nicht beseitigt werden. Es stank höllisch.

Der Zug hielt quietschend in der Nähe der weißrussischen Stadt Mogilew. Wir hörten nur russische Flüche, offenbar gab es Probleme. Mehrere Tage blieben wir an dem Haltepunkt liegen. Irgendwann rollte ein weiterer Zug auf diesen Bahnhof und blieb dann drei Stunden neben unserem liegen. Ich war wieder am Ausguck, sah in den Waggons vis-à-vis Soldaten in deutschen Uniformen. Ich nahm Kontakt auf, doch sie verstanden uns nicht. Wieder waren es Russen, Soldaten der sogenannten Russischen Befreiungsarmee Wlassows. Zurufe gingen hin und her. Auf meine Frage, wohin die Reise gehen sollte (russisch: Kuda?) zuckten einige von ihnen mit den Schultern, andere zeigten mit dem Finger gen Himmel. Die Botschaft war eindeutig, ihnen drohte das Todesurteil, Stalin kannte mit Überläufern keine Gnade. Als sie längst abgefahren waren, blieben wir noch zwei Tage an diesem Ort stehen – bei klirrender Kälte. Und dann ging die Reise weiter.

Nach Wochen des Irrens durch den westlichen Teil der Sowjetunion hatte ich vollständig die Orientierung verloren. Wir versuchten gar nicht mehr, unseren jeweiligen Aufenthaltsort zu erfragen, meine Kameraden hatten das Interesse daran verloren. Es war auch egal, ob wir uns in Murmansk oder Kiew oder Brest befanden. Es war überall kalt, unfreundlich und hoffnungslos. Eher zufällig sah ich irgendwann ein Schild vorbeihuschen, auf dem in kyrillischer und lateinischer Schrift der Name des Ortes «Tartu» zu lesen war, sein deutscher Name war Dorpat. Ich wusste nun, dass wir in Estland waren, denn nur in den von Stalin 1940 einverleibten Baltenrepubliken verwendeten die Menschen die lateinischen Buchstaben.

Anfang November 1945, nach einem Monat und drei Tagen, erreichten wir unsere vorläufige Endstation. Man informierte uns per Zuruf, in der estnischen Hauptstadt Tallinn angekommen zu sein. Es war bitterkalt, schätzungsweise 20 Grad unter null, doch ein Thermometer hatten wir natürlich nicht. Vielleicht empfanden wir es auch nur als so kalt, weil wir völlig ausgelaugt waren. Von den 50 Insassen unseres Waggons waren sieben gestorben. Die letzten vier von ihnen wurden hier in Tallinn ausgeladen. Auch mein Kamerad Walter war dabei, der mich in meiner schweren Zeit aufgemuntert, mir wahrscheinlich mit seinem Unterhaltungstalent das Leben gerettet hatte. Bis zuletzt hatte er auf mich den Eindruck eines Mannes gemacht, dem es gut ging und der sogar noch die Kraft hatte, anderen zu helfen. Ich fühlte mich so elend, weil ich nicht einmal gemerkt hatte, dass er leise von uns gegangen war, denn wir alle hatten die letzten Tage vor der Ankunft kein Wort mehr miteinander gesprochen. Erst etwas später fragte mich ein Kamerad, ob ich gar nicht gemerkt hätte, dass «mein Bruder» stets, wenn ich schlief, seine Wolldecke und den Mantel über mich gebreitet hatte. Er dachte, Walter sei mein Bruder gewesen, weil er sich so rührend um mich gekümmert hatte. Dem Kameraden war gar nicht aufgefallen, dass wir völlig unterschiedliche Dialekte sprachen. Ich war tief erschüttert, als ich von Walters selbstloser Fürsorge erfuhr. Ich konnte ihm dafür nicht einmal mehr danken. Und ich werde bis heute den Gedanken nicht los, dass Walter an Entkräftung und Unterkühlung starb, weil er mir nachts seine wärmende Decke überlassen hat. Ich werde diesem hilfsbereiten Freund ewig dankbar sein. In einer Zeit, in der viele Menschen zu Raubtieren wurden, um zu überleben, hat Walter selbstlos Nächstenliebe praktiziert. Er war einer der stillen Helden dieser Tage.

Als ich ihn da so leblos liegen sah, konnte ich nicht einmal mehr weinen, denn die Tränen gefroren mir. In Sommeruniform und ohne Mantel zitterte ich vor Kälte. Sicher, ich hätte mir Walters Mantel gegen den Frost nehmen können. Doch ich brachte das nicht fertig. Ich deckte Walter zu und verabschiedete mich still von ihm. Nur seine Wolldecke nahm ich mit. Dann wurde ich unsanft aus dem Waggon gestoßen. Draußen fiel ich sogleich hin und kam nur mühsam wieder auf die Beine. Ich fühlte mich wie ein Greis. Das Laufen fiel mir nach den Wochen des Sitzens und Liegens schwer. Außerdem war ich total entkräftet.

Ein Teil der Kameraden musste marschieren, ich wurde mit anderen auf Lastwagen verladen. Die Fahrt ging an der Stadt vorbei bis zur Spitze einer Landzunge, auf der sich ein Leuchtturm befand. Ab und zu blinkte er. Dazu passte, dass es bereits sehr früh am Nachmittag dunkel war. Das Lager bestand aus kleinen Hütten, Finnenzelte genannt, natürlich ohne Ofen. Sie waren aus doppelwandigem Sperrholz gezimmert und hielten einiges an Kälte ab. Etwa drei mal drei Meter groß und ungefähr 1,80 Meter hoch hausten meistens 20 Leute in einer Hütte. Es war also sehr eng, aber das waren wir ja von den Viehwaggons gewohnt. Oft bildeten sich einzelne Gruppen von zwei bis fünf Personen, die zusammenblieben und sich gegenseitig unterstützten. Ich suchte mir einen Platz zwischen einem Kameraden aus Bayern und einem aus Hessen. Nachts lagen wir dicht gedrängt, um uns gegenseitig zu wärmen. Nur einige der Gefangenen hatten Strohsäcke. Die meisten, auch ich, schliefen auf der nackten Erde. Weil es nicht genügend Finnenzelte gab, musste ein Teil der Gefangenen sogar in Erdlöchern schlafen, die sie sich selber in den gefrorenen Boden gruben.

Auch dieses Lager war von einem Stacheldrahtzaun umgeben. Außer den dickwandigen Sperrholzzelten gab es noch ein größeres Steingebäude für die Verwaltung, das Lazarett und für deutsche Offiziere. Winterzeug bekam ich erst nach zwei Tagen: zunächst ein Paar viel zu große Filzstiefel. Die stopfte ich mir mit Packpapier aus. Ich erhielt eine Wattejacke und eine ebenfalls zu große Wattehose. Alle Kleidungsstücke, die ich besaß, zog ich darunter an. Das Laufen fiel mir dann schwer, sodass ich oft mit Schlägen der Gewehrkolben zu mehr Tempo angetrieben wurde. «Dawai bisträ», los schnell, hieß es dann stereotyp.

Der Lagerführer war ein Deutscher, er trug eine schwarz-weiß-rote Armbinde und gehörte dem «Nationalkomitee Freies Deutschland» (NKFD) an, einer von zwei in der Gefangenschaft gegründeten Vereinigungen pro-sowjetischer Wehrmachtssoldaten. Die andere hieß «Bund deutscher Offiziere» (BDO), bis zu 95 Offiziere gehörten ihm an. Einige Zeit später verschwand dieser Lagerführer jedoch. Das NKFD, 1943 von deutschen Kriegsgefangenen und deutschen Emigranten auf Geheiß Stalins gegründet, wurde Ende 1945 aufgelöst – offenbar hatte das Komitee seine Schuldigkeit getan. Trotz ihres Dienstes für die Sowjetunion während und nach dem Krieg wurden zahlreiche NKFD-Mitglieder als Kriegsverbrecher verurteilt, verbannt oder sogar hingerichtet.

Unter uns Gefangenen kamen plötzlich die Rangabzeichen wieder in Mode. Die Offiziere nähten sie sich aus Leinenstreifen auf die Ärmel, um zu demonstrieren, dass sie nicht zur gewöhnlichen Truppe gehörten. Das war nicht Ausdruck von Hochmut, sondern in diesen Tagen eine Überlebensfrage. Denn den Offizieren wurde eine bevorzugte Behandlung zuteil. Natürlich trugen sie die Rangabzeichen auch, damit ihnen von uns Respekt entgegengebracht wurde. Plötzlich existierten die militärischen Hierarchien wieder.

Ich wurde abkommandiert, einen durch Wassersucht aufgeschwemmten Oberst zu beerdigen. Als wir ihn auf den Lkw trugen, lief Flüssigkeit aus seinem Mund auf meine Schulter. Ich konnte abends vor Ekel und Grauen nichts mehr essen. Mit der Spitzhacke wurde ein kleines Loch in den gefrorenen Boden gehackt, gerade so tief, dass er hineinpasste. Wir schaufelten drei bis vier Zentimeter Erde über ihn. Ich scheute mich, die Erde auf seinem traurigen Grab festzutreten, denn über dem Toten waren ja nur wenige Zentimeter aufgeschüttet. Der Leuchtturm blinkte wie ein stilles Requiem, es war schauerlich. Wieder einmal kamen mir die Tränen.

Es gab im Lager weder Pflanzen noch Bäume. Das Areal wirkte wie eine vollständig von all jenen Dingen befreite Zone, die das Leben normalerweise lebenswert machen. Es gab große Mulden, die hatten wir mit Holzbrettern und Schaufeln im Rahmen unseres Arbeitseinsatzes zuzuschütten. Abends, wenn klare Sicht war, konnten wir im Norden viele Lichter auf der anderen Seite des finnischen Meerbusens sehen. Wir glaubten damals, dies sei bereits die finnische Hauptstadt Helsinki – 160 Kilometer Luftlinie quer über den Finnischen Meerbusen trennen sie von Tallinn. Die Lichter, die wir für Helsinki hielten, waren wie die Grüße aus einer anderen, besseren und friedlicheren Welt. Lichter der Hoffnung, die uns signalisierten, es gibt da draußen noch etwas jenseits von Sowjetdoktrin, ideologischer Schwarzweißmalerei, stalinistischer Gnadenlosigkeit.

Der Teil Tallinns, in dem wir uns befanden, war die Wiege der Stadt und hieß «Dänische Stadt», denn einst hatten die

Dänen diese Region besetzt. Tallinns Name ist vom estnischen «Taani-linn(a)» abgeleitet, was eben «Dänische Stadt» bedeutet. Die Baltendeutschen nannten die Stadt Reval. Und auch wir kannten sie damals unter diesem Namen. Wir arbeiteten an der Verbreiterung der Straße nach Leningrad, das heute wieder St. Petersburg heißt. Ein Teil der Kameraden musste im Steinbruch arbeiten. Dort musste «Stein», es handelte sich um Ölschieferplatten, per Hand mit Hammer und Meißel gebrochen werden. Etwas zerkleinert, wurden sie zur Befeuerung von Lokomotiven verwendet. Überall sahen wir zu dieser Zeit Tender der Loks stehen, gefüllt mit Ölschiefergestein. Als Stoff zur Befeuerung funktionierte es wohl, qualmte und stank aber entsetzlich.

Die Arbeit war äußerst schwer. Obwohl uns auch hier im Lager als Verpflegungssatz täglich 650 Gramm Brot zustanden, bekamen wir diese Ration nicht immer ausgehändigt. So hatten wir ständig Hunger und wurden immer schwächer. Zivilisten, vor allem Frauen, steckten uns häufig Essen zu. Allerdings mussten sie aufpassen, dass keine russischen Offiziere in der Nähe waren. Die hatten keinerlei Verständnis für solche Gnadenakte, während die einfachen Wachsoldaten manchmal wegsahen. Grundsätzlich waren uns die Balten sehr freundlich gesinnt, wahrscheinlich, weil sie sich als Opfer der stalinistischen Zwangspolitik sahen und uns somit als Schicksalsgenossen. Weil die baltischen Staaten 1940 infolge des Hitler-Stalin-Paktes zwangsweise in die UdSSR eingegliedert worden waren, fühlten sich die Wachsoldaten, die stets aus anderen Regionen der Sowjetunion kamen, ein wenig wie in Feindesland. Eines Tages zeigte mir eine Frau aus der Ferne eine Flasche Milch und stellte sie in den Schnee. Der Posten vertrieb sie aber, denn Kontakte zu den deutschen Kriegsgefangenen waren streng verboten. Kurze Zeit später suchte ich die Gegend ab. Doch es war nicht möglich, die weiße Flasche im weißen Schnee aufzuspüren.

Die Kälte im Lager setzte uns heftig zu. An sonnigen Wintertagen stieg das Thermometer von teilweise bis zu minus 30 auf «nur noch» minus zehn Grad. Für uns machte das keinen Unterschied – kalt war es in jedem Fall. Wir hatten uns angewöhnt, uns auf dem Weg zur Arbeit gegenseitig zu kontrollieren, ob sich beim Nebenmann bereits erste sichtbare Vorboten drohender Erfrierungen zeigten. Denn dann wurde es höchste Zeit, etwas zu tun, sonst drohten schwere körperliche Schäden. «Deine Nase ist weiß», war zum Beispiel eine dieser Veränderungen, die wir als äußeres Zeichen registrierten. Man rieb sich dann schnell die Nase mit Schnee ein, damit das Blut wieder zirkulieren konnte. Am schlimmsten war es aber, wenn jemand in freier Natur ein menschliches Bedürfnis verspürte. Denn für den Toilettengang mussten zunächst die Handschuhe ausgezogen werden, wobei die Finger sofort vor Kälte steif wurden, was dazu führte, dass man die Hose nach dem verrichteten Geschäft nicht wieder zubekam. Und dann hatte der Thermoschutz, bestehend aus den russischen Wattejacken und -hosen, ein Leck, durch welches unser schlimmster Feind, die Kälte, eindringen konnte. Strümpfe hatten wir nicht, nur Fußlappen, die wir selbst reinigen mussten. Zumindest an den Füßen froren wir jedoch nicht, denn wir trugen russische Filzstiefel. Die waren wintererprobt. Hatte einer seine russischen Filzstiefel verloren, waren sie kaputt oder gestohlen worden, war die Not groß, denn unsere Wehrmachtsstiefel waren nicht wintertauglich. In den braunen russischen Wattejacken, Fufeika genannt, sahen wir alle gleich aus – eine grau-braune Armee des Elends.

Ein typischer Tag in Tallinn sah so aus: Irgendwann im November, der Weckruf war ertönt, rappelte ich mich nach einer durchfrorenen Nacht morgens mühsam hoch. An Waschen war nicht zu denken. Das Gesicht etwas mit Schnee eingerieben, fertig war die Morgentoilette. Die Notdurft wurde irgendwo draußen verrichtet, dann warteten wir darauf, dass es die 650 Gramm Brot gab, die uns zustanden, außerdem noch ein warmes Getränk. Die Essenholer mussten flink zu Fuß sein und sich beeilen, denn der Tschai, der wässrige Tee, wurde bei diesen Außentemperaturen sehr schnell kalt. Hastig schlangen wir unser karges Frühstück herunter, denn schon kam der Befehl zum Antreten am Tor zur Arbeitseinteilung. Zu meinem Schrecken bemerkte ich eines Morgens, dass meine Filzstiefel über Nacht nass geworden waren. Unter Umständen hätte das ein Todesurteil sein können, denn nasse Stiefel bedeuteten kalte Füße. Doch ich hatte Ersatz, zog also meine Wehrmachtsstiefel an. Das Problem: diese waren nicht kälteresistent. Bei frostigen Temperaturen wurden die Stiefel zum Handicap, denn die in die Sohle geschlagenen Nägel waren ideale Kälteleiter. Auf kalte Füße konnte ich mich also gefasst machen. «Hoffentlich geht das gut», dachte ich beim Abmarsch. Dass ich überhaupt solche «genagelten» Stiefel hatte, verdankte ich mal wieder meiner Eitelkeit. Denn eigentlich gab es beim Heer diese Stiefel kaum noch. Sie stammten aus den ersten Kriegsjahren und machten beim Marsch über ein Straßenpflaster so ein schönes klackendes Geräusch. Und es gab zu Beginn des Krieges viele europäische Städte, über deren Straßen diese Wehrmachtsstiefel klackten. Vermutlich war das der einzige Zweck dieser genagelten Sohlen: Imponiergehabe, die Wehrmacht wollte auf Europas Pflastern einen schneidigen Eindruck hinterlassen. Zumindest eine Person war mir bekannt, bei der das tatsächlich gewirkt hatte: ich. Als Kind hatte mich dieses metallische Klacken auf Straßenpflaster schwer beeindruckt, weshalb ich mir im rumänischen Jassy Wehrmachtsstiefel mit genagelter Sohle ausgesucht hatte – was sich jetzt als kapitaler Missgriff erwies.

Meine Fausthandschuhe waren gut und hielten warm. Den Daumen ließ ich aber von Zeit zu Zeit «rüber» zu den anderen Fingern, sonst erfror er in seiner Einzelhaft. «Ras, dwa, tri, stieri…» Das Abzählen am Tor und das Einteilen zur Arbeit erfolgte in üblicher stupider Routine. Etwa 20 Leute wurden auf zwei

Lastwagen vom Typ SIS verfrachtet. Dann fuhren wir los. Man wusste vorher nie, wohin die Reise ging. Mal waren es kurze Anfahrten, mal stundenlange. An diesem Tag fuhren wir zum Steinbruch. Die Temperaturen lagen bei zehn bis 15 Grad unter null. Schon auf dem Lkw schlug ich vor Kälte die Füße gegeneinander. Oft dachte ich damals völlig verzweifelt: «Mama, was soll ich bloß machen – mir ist sooo kalt.»

Irgendwann hielt der Lastwagen, wir mussten abspringen. Es war ein leicht ansteigender Hang. Wir bekamen Holzschaufeln und mussten den Schnee wegräumen. Während wir schippten, schneite es unentwegt weiter, wenn auch nicht sehr stark. Mit kleinen Meißeln und Hämmern sollten wir Brocken von den Steinplatten abschlagen. Die Bruchstücke wurden anschließend zu einem Haufen aufgetürmt. Ich fragte einen Kameraden, was denn diese unsinnige Beschäftigung solle, denn der Sinn dieses Auftürmens von Geröllhaufen erschloss sich mir nicht. Der meinte: «Keine Ahnung, vielleicht ist das Ölschiefer, damit fahren hier ja die Lokomotiven. Aber es kann auch Schotter für den Straßenbau sein.»

Es war am Ende auch völlig egal, was mit diesen elenden Geröllhaufen geschah. Mir war kalt, und ich stampfte mit den Füßen auf, um sie warm zu halten. Wenn ich jetzt auch noch pinkeln müsste, wäre die Katastrophe perfekt, dachte ich. Und tatsächlich zeitigte allein der Gedanke daran Wirkung. Weil ich nicht mal für den Moment meine Hände der Kälte aussetzen wollte, ließ ich dem Bedürfnis freien Lauf – im wahren Sinn des Wortes. Und wenigstens für den Augenblick spürte ich so etwas wie Wärme am Bein. Der Preis für dieses kurze wohlige Gefühl war allerdings hoch. Quälend war es anschließend, als ich tatenlos hinnehmen musste, wie die nasse Hose immer mehr auskühlte. Es sollte einer dieser Tage werden, die sich endlos hinzogen. Zu allem Überfluss setzte auch noch schneidender Ostwind ein, flankiert von zunehmend starkem Schneetreiben.

Alle, auch die Posten, suchten irgendwo Schutz. In einer Hüttenruine zum Beispiel, auch hinter Transportloren. Ich hielt meinen Kopf schräg gegen den Schneesturm. Zwei Kameraden fielen lautlos um und blieben einfach liegen. Ich schlug weiter die Füße gegeneinander, trampelte auf der Stelle und hatte große Angst, zu erfrieren. Meine Augenbrauen waren vereist. Am liebsten hätte auch ich mich fallen lassen, wäre einfach liegen geblieben, in einem gleißend weißen Grab aus purem Schnee.

Endlich kamen die Laster, die uns wohl wegen des Unwetters etwas früher abholten. Mit letzter Kraft kletterte ich hinauf. Die beiden Leblosen wurden auf die Ladefläche geworfen. Und los ging die Fahrt. Ob sie tot waren oder überlebten – ich weiß es nicht. Wir waren zu diesem Zeitpunkt sehr abgestumpft, jeder dachte in erster Linie an das eigene Überleben. Als wir wieder durch das Lagertor fuhren, atmete ich auf. Wenigstens bestand jetzt Hoffnung, dem höllisch kalten Wind zu entkommen. Zu unserer großen Überraschung gab es Hirsekascha (Brei), der sogar noch heiß war – mit so bescheidenen Dingen konnte man uns schon eine Freude machen. Ich hätte vor Glück an die Decke springen können. Nach dem Essen lagen wir dichtgedrängt und todmüde in unserer Finnenhütte, um uns auf diese Weise gegenseitig wärmen zu können. Mein Ziel war es stets, möglichst in der Mitte zu liegen, weil es da erfahrungsgemäß am wärmsten war. Wieder erwartete uns eine Nacht mit schnarchenden und fröstelnden Kameraden. Wie lange ging das noch? Von Heimweh und trüben Gedanken gequält, schlief ich ein.

Die dickwandigen Finnenzelte wurden nach und nach mit eisernen Kanonenöfen ausgestattet und mit Torf beheizt, sofern es uns gelang, welchen zu organisieren. Denn Torf war nicht immer zu bekommen. Eines Tages hatte ich mit einem Kameraden Ärger. Ich hatte einen Ziegelstein gefunden, den ich tagsüber an den Ofen und dann abends auf meinen Bauch legte, sodass ich es schön warm hatte. Einer von den Älteren nahm ihn mir jedoch eines Nachts weg, sagte lapidar, er hätte ihn nötiger. «Such dir doch einen anderen», blaffte er mich an. Dann war das Thema für ihn erledigt. Was sollte ich machen? Er war größer und stärker als ich. Die anderen sahen gleichgültig weg, denn sie hatten ja auch keinen Wärmestein. Das erinnerte mich an die Knochensammlungen, die wir als Schüler während des Krieges in Hamburg abzuliefern hatten. Auch da waren wir von den größeren Jungs beklaut worden. Jetzt war ich «Bubi», das Küken in der Truppe, und das war eben oft auch ein Handicap. Ich schluckte die Demütigung, wenn es auch weh tat, denn im Moment sah ich keine Möglichkeit, mein Recht durchzusetzen.

Doch es gab auch in diesen schweren Tagen Hilfsbereitschaft, Selbstlosigkeit und Solidarität. In unserer Brigade – so nannten sich die Arbeitsgruppen, in denen zwischen zehn und 30 Männer unter Leitung eines Brigadiers zusammengefasst wurden – gab es drei unverwüstliche Kameraden aus Oberbayern. Einer von ihnen war Melker von Beruf, Schweizer nannte man das damals. «Ein Melker hat kräftige Arme», betonte er oft. Die drei nannten sich «Bayerischer Hilfszug». Und sie halfen auch wirklich da, wo sie konnten. Beispielsweise sprangen sie ein, wenn einer schlappmachte. Als ich Probleme hatte, die Norm zu schaffen, gaben sie auch mir «Schützenhilfe», wie sie das nannten. Sie halfen mir auch beim Organisieren von Nahrung. Das Gelände, in dem wir schuften mussten, war von Gräben durchzogen. Viele der Wassergräben waren vereist, und wir fanden heraus, dass sie sich prima dazu eigneten, in ihnen liegend durch die Postenkette zu robben. Die drei Bayern hatten es schon einige Male geschafft und auf diesem Weg von Anwohnern der nahegelegenen Siedlung dies und jenes besorgt. Mich ermunterten sie auch dazu. «Das geht ganz leicht», sagten sie, «versuch es doch mal, Bubi.» Sie wollten ein Feuer machen, um so die Postenkette abzulenken.

Ich nahm allen Mut zusammen. In einem unbeobachteten

Augenblick ließ ich mich in den Graben fallen und robbte los. «Nur keine Panik», murmelte ich vor mich hin. Ich dachte ausgerechnet an meinen gefallenen Gruppenführer und seinen Lieblingsspruch: «Gelobt sei, was uns hart macht.» Irgendwann lugte ich aus dem Graben und registrierte, dass ich die Postenkette tatsächlich bereits hinter mir gelassen hatte. Ich kroch aber vorsichtshalber noch ein Stückchen weiter. Ein paar hundert Meter darauf hatte ich das Gefühl, weit genug gekommen zu sein und kletterte aus der Vertiefung. Ich steuerte zwei kleine Häuser an, die dicht beieinanderlagen. Als ich das erste Haus erreichte, schlug ein Hund an. Ein estnischer Mann erschien und rief angstvoll: «Nasad, nasad!» (Zurück, zurück!) Dann erschien ein steinaltes Mütterlein und rief immer wieder «nu, nu», dann in gebrochenem Deutsch und offensichtlich gut meinend: «Reingehen, setzen hier. Ofen gut, warm.» Heiße Suppe wurde mir serviert, ich bekam einige Eier und etwas Brot. Mit dem Ausspruch «Danke, Oma» verließ ich das Haus. «Gut, gut, nu, nu, saksa Boy», rief sie zum Abschied. Saksa Boy nannten uns die estnischen Frauen auch später immer. Saksa bedeutet deutsch, in der Kombination mit «Boy» habe ich die Bedeutung aber bis heute nicht herausgefunden, denn das englische Wort «Boy» gleich Junge benutzte damals niemand, am wenigsten wohl die Völker der Sowjetunion.

Vorsichtig ließ ich mich wieder in den Graben fallen, robbte zurück. Der Rückweg dauerte eine quälende halbe Stunde, Eier und Brot hielt ich vor das Gesicht, während ich mich mit den Ellenbogen aufstützte, wobei mir die Granatsplitter dort schmerzhaft zu schaffen machten. Dann war ich endlich wieder bei den Kameraden. Die hatten mit Kistenholz ein großes Feuer gemacht, niemand konnte bei der Kälte, geschätzten 15 Grad unter null, arbeiten. Die Posten brachten Birkenholz, das sogar feucht brannte, und wärmten sich bei uns.

EIN KLEINES WUNDER AM HEILIGEN ABEND

Am Morgen des 24. Dezember standen wir, wie an jedem Tag, am Lagertor und warteten. Ich hatte mein Kochgeschirr dabei, damals unser größter Schatz, den wir niemals im Lager ließen. Denn ohne Kochgeschirr nebst Klappbesteck waren wir Vögel ohne Schnäbel. Wir hätten kein Essen fassen können, Ersatz in Form von Dosen oder Gläsern gab es nicht. Im Lager ließ ich einen alten Kohlensack, der mir als Schlafunterlage diente, sowie eine zerschlissene Wolldecke und meine schneidigen, aber unpraktischen Wehrmachtsstiefel. Das alles sollte ich nie wiedersehen.

Die Stimmung unter den Männern war bedrückt, vor Weihnachten schmerzte das Gefühl von Heimweh besonders. Natürlich ahnten wir, dass die Verhältnisse daheim in Deutschland auch nicht rosig waren, dass die Menschen so kurz nach dem Krieg froren und hungerten, vor allem in den Städten. Heimweh hatten wir dennoch. Die Älteren waren in Gedanken bei ihren Frauen und Kindern, viele waren den Tränen nahe. «Am Spielbudenplatz von St. Pauli, da weiß ich ein kleines Café», summte da plötzlich ein Kamerad, der unweit hinter mir stand. Ich war wie elektrisiert, gab es hier etwa noch einen Hamburger? Während wir auf den Zählappell warteten, kamen wir ins Gespräch. Wie sich herausstellte, war er Eigentümer einer Fahrschule Ecke Steinstraße/Springeltwiete im Bezirk Hamburg-Mitte und hieß Sohns. Diese Fahrschule existierte noch lange Zeit nach dem Krieg, und ich besuchte ihn dort im Jahr 1950 – auch er sollte die Kriegsgefangenschaft überleben.

Wir verabredeten uns an jenem 24. Dezember für einen kleinen «Heimatabend». Ich freute mich schon darauf, mich endlich einmal mit jemandem über etwas anderes zu unterhalten als Kriegserlebnisse. Heimat verbindet. Doch es sollte nicht mehr dazu kommen. Zehn Männer aus unserer Kolonne wurden aufgerufen, darunter ich – er leider nicht. «Ras, dwa, tri» wurde abgezählt, dann schubste man uns auf einen bereitstehenden SIS-Laster aus dem «Autowerk Stalin» bei Moskau. Und ab ging die Fahrt in den dunklen Morgen mit unbekanntem Ziel. «Oh du fröhliche», fing ein Kamerad neben mir zu singen an. Für einige Kameraden war das offensichtlich zu viel. «Halt doch das Maul, Mensch. Danach ist uns jetzt wirklich nicht», schrie ihm jemand entgegen.

Die Fahrt ging in die Innenstadt von Tallinn. Am Marktplatz befahl man uns auszusteigen, es folgte ein endloses Warten. Erst am Nachmittag, es wurde schon dunkel, rief der Posten: «Schakom, marsch – los geht's.» Hinter den erleuchteten Fenstern der Wohnhäuser sahen wir Tannenbäume mit Kerzenlichtern. Die Esten feiern Weihnachten nicht nach dem orthodoxen Kalender der Russen, sondern zur selben Zeit wie wir, denn sie sind überwiegend Protestanten. Wir mussten lange gehen, bis zur «Pärnuu Mantee», der Pernauer Landstraße. Dort befanden sich die großen Gebäude und Hallen einer Möbelfabrik. Einige Trakte waren zerstört, der überwiegende Teil aber schien intakt zu sein, denn dort wurde noch produziert. Wie ich später erfuhr – ich fand auf dem Hof alte Geschäftspapiere, Auftragszettel und Briefe in deutscher Sprache –, handelte es sich um eine ehemalige deutsche Firma namens «A. M. Luther», die vorwiegend Möbel, aber auch andere Gebrauchsgegenstände aus Holz produziert hatte. Heute existieren diese Gebäude noch. Bei Stadtrundfahrten in der estnischen Hauptstadt wird diese ehemalige deutsche Möbelfabrik in der Pernauer Landstraße oft angesteuert, wie ich jüngst einem Beitrag im Fernsehen entnahm.

Durch das Tor zum Werksgelände gelangten wir auf einen kleinen Innenhof. Der Posten übergab die Papiere dem dortigen Wachpersonal und zog von dannen, wies aber zuvor auf einen Deutschen hin, den er uns als Lagerführer vorstellte. Dieser korpulente Herr wirkte auf uns wie ein Feldwebel, war aber Hauptmann. Er hatte ein Notizbuch in der Brusttasche. Seine Stimme klang «rostig», etwas heiser also, was beim Militär stets auf den lauten Befehlston im direkten Umgang mit der Truppe schließen lässt. Noch bis März 1946 waren Offiziere mitten unter uns in den «normalen Gefangenenlagern» untergebracht. Erst danach kamen sie in spezielle Offizierslager und wurden privilegiert behandelt. Es gab hier in der Tallinner Möbelfabrik noch zwei weitere Offiziere. Einer von ihnen war Leutnant Scheuerlein und hatte angeblich bei der Einnahme von Tallinn 1941 durch die Wehrmacht die deutsche Fahne auf den Kirchturm gepflanzt. Im Hof steuerten wir zunächst eine Küchenbaracke an, das verhieß einen versöhnlichen Auftakt. Ein offensichtlich wohlgenährter, weil beleibter Koch rief uns zu: «Kommt doch erst mal Essen fassen, wir haben noch viel übrig.»

Zu mir gewandt sagte er gönnerhaft, nachdem er aus den Gesprächen unter uns meinen Namen erfahren hatte: «Na Bubi, was möchtest du? Wir haben Erbsensuppe mit Fleisch und auch Grießbrei.» Mir wurde beinahe schwindelig bei dem Gedanken an das, was uns da angeboten wurde. Weil ich mich nicht entscheiden konnte, sagte ich: «Oh, ich mag beides gern, habe aber nur ein Kochgeschirr.» Und fühlte mich ein wenig gierig. Wahrscheinlich sah der Koch meine großen Augen und gab mir ein zweites Kochgeschirr, beide füllte er randvoll. Ich aß zuerst die Erbsensuppe zur Hälfte auf, widmete mich dann dem Grießbrei. Ich gab mir wirklich große Mühe, alles aufzuessen, stieß aber schnell an meine Grenzen – mein Magen war offensichtlich geschrumpft, er konnte solche Mengen Essen nicht mehr fassen.

Als der Koch sah, wie sehr ich mich quälte, griff er nach den Essgeschirren, versuchte sie mir wegzunehmen und sagte: «Hör auf, dir wird schlecht!» Mir war wirklich speiübel, mein Magen war komplett überfordert und streikte. Die Gefäße wollte ich aber behalten, denn ich dachte an die kommenden Tage und an dieses einmalige Festmahl, das uns wohl so schnell nicht wieder serviert werden würde. Ich versuchte krampfhaft meine Geschirre zu verteidigen. «Aber was mach ich denn morgen …?», fragte ich den Koch. Ich stand noch unter dem Eindruck meiner wochenlangen Irrfahrt und des steten Hungergefühls sowie der üblen Zustände im Lager. Der Koch setzte sich aber durch, nahm mir die Behälter ab, brummte dabei: «Morgen gibt's neu, also her damit.» Mit blankem Entsetzen sah ich, wie er die halbvollen Geschirre in eine große Tonne entleerte, die bereits zur Hälfte mit altem Essen gefüllt war. Als ich ihn fragte, wer denn die Essensabfälle bekomme, meinte er lapidar: «Och, das kriegen die Schweine.» «Die was?», hakte ich nach. «Na, die Schweine. Hinter der Klotzerei haben wir, oder besser die Esten, einen Schweinestall mit vier bis fünf Tieren. Gaff nicht so, du weißt doch wohl, was Schweine sind, oder?» Mir wurde dann erklärt, dass die Tiere je nach Bedarf geschlachtet und in der «Kuchnija», der Küche, verarbeitet würden. Das Fleisch wurde dann in der «Stalowaja», dem Speiseraum, serviert. Ich dachte nur noch, wie es wohl wäre, den Kameraden draußen im kalten Leuchtturmlager dieses Märchen zu erzählen. Oder was es wohl für ein Fest gewesen wäre, ihnen die Essensreste aus dem Futterkübel zu bringen.

Nach dem Essen gingen wir die Treppe hoch ins obere Stockwerk. Man zeigte uns den «Schlafsaal». Allein schon diese Bezeichnung löste bei mir höchste Verwunderung aus. War das hier ein Ferienheim? Zweistöckige Pritschen standen da, etwa zehn auf jeder Seite des Raumes. Alle mit biegsamen Lattenrosten, darauf lagen Matratzen, die obendrein von guter Qualität waren – verglichen mit den Strohsäcken oder dem Erdboden, auf denen wir im Leuchtturmlager geschlafen hatten. Der Lagerführer forderte die bereits hier untergebrachten Männer auf, etwas zusammenzurücken, schließlich müssten zehn neue Kameraden untergebracht werden. Ein ziemlich dicker Mann, er hieß Paul, kam heruntergeklettert und wählte mich aus: «Du bist spindeldürr, komm zu uns hinauf, da haben wir genug Platz.» Ich schwang mich hinauf, wo ein nicht minder dicker Mann saß, und fand einen Platz zwischen den beiden. Übergewichtige Menschen sahen wir damals, im Krieg, aber auch in der Nachkriegszeit, äußerst selten, der allgemein schlechten Versorgungslage wegen. Sie waren so selten, dass sie regelrecht auffielen.

Ebenso auffällig war, dass die ganze Einrichtung hier aus massivem Holz bestand und gut verarbeitet war – was andererseits nicht verwunderte, denn schließlich befanden wir uns ja in einer Möbelfabrik. Alle Gefangenen waren Tischler oder entstammten artverwandten Handwerksberufen. Am Kopfende der Pritsche stand ein Regal, in dem Brote, Tabak und frisches Unterzeug verstaut wurden. Nach der langen Zeit der Entbehrungen kamen wir uns vor wie im Schlaraffenland. «Wir haben es hier gut», sagte der Dicke, der mir den Schlafplatz angeboten hatte, selbstzufrieden.

Als es Nacht wurde, lag ich müde, seit langer Zeit erstmals nicht frierend und obendrein satt unter einer Wolldecke auf einer weichen Matratze. Zufrieden ruhte ich zwischen den beiden. Mir gegenüber unterhielten sich zwei Familienväter über ihre Kinder. Gern hätten sie ihren Überfluss mit den darbenden Angehörigen in der Heimat geteilt, zu denen es bislang keine Möglichkeit der Kontaktaufnahme gab. Ansonsten wurde über das Thema Kinder und Familie nicht gesprochen, es war ein wunder Punkt, an den wurde nicht gerührt. Paul sagte: «Schlaf gut, Bubi. Zumindest morgen müssen wir nicht arbeiten. Fröhliche Weihnachten.» Er drehte sich von mir weg, stieß einen mächtigen Furz heraus und schnarchte bald, dass das ganze Bett vibrierte. Nicht mehr frieren, gut essen – für einen Moment schien mein Leben in Ordnung zu sein. Ich schlief ein. Es war Heiligabend, der 24. Dezember, das schreckliche Leuchtturmlager war in weite Ferne gerückt.

Die beiden Offiziere unter uns Gefangenen verhielten sich kameradschaftlich, ohne Anflug von Überheblichkeit. Es gab hier auch einen Gefangenen, der durfte sich stolz Betriebshandwerker nennen und reparierte in der Fabrik alles, sogar elektrische Anlagen. Er hatte eine eigene Kammer, in der er wohnte und schlief, mit einer Werkbank darin. Er zeigte mir sein Reich. Er hätte mich gern zu seinem Gehilfen gemacht, äußerte er. Worum es ihm aber wirklich ging, wurde mir bald klar. Er wurde sexuell zudringlich, sodass ich ihn mied und die Gehilfenstelle ausschlug. Doch er gab nicht auf, bedrängte mich immer wieder. Den Kameraden erzählte er, dass er mein Vater sei. Der dicke Paul erlöste mich schließlich von den Nachstellungen, indem er ihm Schläge androhte. Junge Gefangene wie ich waren oft das Ziel solcher, nicht selten auf sexuellem Notstand basierenden Annäherungsversuchen.

Nach den Weihnachtstagen wurden wir in die Arbeit eingewiesen. Ich kam in die «Klotzerei», einen betonierten, hüfthohen Graben von etwa fünf Metern Länge. Dort musste ich stehen, mir gegenüber waren Eisenhalterungen mit Maßmarkierungen angebracht. Von rechts wurden dicke Baumstämme in den Graben geschoben. Mir gegenüber drehte sich eine riesige Kreissäge mit einem Durchmesser von ungefähr zwei Metern, die von einem estnischen Kollegen bedient wurde. Er drückte sie herunter und sägte auf diese Weise die Stämme durch. Vorher schätzte er die erforderliche Länge ab, indem er mir das Maß zurief. Ich musste dann eine Eisenleiste in das Maß einlegen und so den Baumstamm abstoppen, sodass er auf die erforderte Länge zugeschnitten werden konnte. Da alles auf Estnisch be-

«Bubi» mit 17 im Frühjahr 1946. Das Foto, das die Frauen in der Möbelfabrik von mir machten.

sprochen wurde, musste ich im Schnelldurchgang die nötigen Begriffe für die Maßangaben erlernen. «Üks kymen kolm» hieß zum Beispiel 103. Bereits nach kurzer Zeit kannte ich mich in den estnischen Zahlen recht gut aus und verstand auch sonst einigermaßen, was die Leute sagten, obwohl diese Sprache, die dem Finnischen ähnelt – die Esten werden auch West-Finnen genannt –, eine ziemliche Zungenakrobatik erforderte.

Drei Tage später kam eine Frau auf mich zu, 35 bis 40 Jahre alt. Sie wollte von mir einen «Katalog» haben, wie sie sich ausdrückte. Zunächst verstand ich überhaupt nicht, was gemeint war. Ich dachte zunächst, es ginge um ein Musterverzeichnis. Erst eine zweite Frau, die etwas Deutsch sprach, erklärte mir, dass mein Essgeschirr gemeint sei. Nachdem ich es ausgehändigt hatte, wurde es zu meinem Erstaunen mit einer Fleischsuppe gefüllt. Die Frau hieß Helene Otts. Von diesem Zeitpunkt an versorgte sie mich regelmäßig mit Essen. Stets wurden wir «Saksa Boys» genannt, «deutsche Jungs». Jeder oder zumindest der überwiegende Teil von uns Kriegsgefangenen hatte so eine «Versorgerin». An die Adresse von Helene erinnere ich mich noch heute: Tallinn, Herjapea 26. Auch Wäsche und Zigaretten wurden uns von Zeit zu Zeit gebracht. Es war verwirrend, wie liebenswürdig sich diese Menschen um uns kümmerten, während uns von den Soldaten russischer Abstammung offener Hass entgegenschlug.

Etwas später führte mich Helene Otts hinter eine Wand, welche die Spinde der Frauen, die ebenfalls in der Fabrik arbeiteten, von den unsrigen abschirmte. Einige der Arbeiterinnen zogen gerade ihre Kittel aus, offensichtlich war gerade Schichtwechsel. Man gab mir einen Schlüssel für einen der Spinde im Frauenbereich, in dem einige Dinge gebunkert waren: Brot, ein kleiner Kuchen, später fand ich da auch öfters Zigaretten. «Das ist ab jetzt dein Schrank», sagte Helene, «hier kannst du dir regelmäßig kleine Geschenke abholen.» Nur sollte ich nach Möglichkeit nicht in den Frauenbereich hinter der Spindwand kommen, während sich die Damen entkleideten, erklärte mir die Frau, die etwas Deutsch sprach. Und dann schränkte sie ein: «Na ja, wenn es sich eben nicht vermeiden lässt, ist das auch nicht so schlimm.» Alle kicherten los. Hier lässt es sich wirklich aushalten, dachte ich.

Von da an holte ich mir in loser Zeitfolge meine Extrarationen aus dem Spind ab. Weil auch die Mahlzeiten im Lagertrakt qualitativ gut und obendrein reichlich waren, erholte ich mich rasch. Die Arbeit war interessant und abwechslungsreich. Russen waren nur im Direktionsbereich gelegentlich zu sehen. Zu den Esten hatten wir einen zwanglosen, man kann schon sagen, freundschaftlichen Kontakt. In der von Russen dominierten Sowjetunion fühlten sich die Esten, Letten und Litauer bis zur Auflösung des Vielvölkerstaates 1991 wohl nie so recht heimisch. Kulturell wie auch politisch standen Letten und Esten den Skandinaviern, die Litauer den Polen näher als den Russen. Wir spürten die Distanz zwischen den Esten und ihren Besatzern. Und wir spürten, dass sie uns als Verbündete schätzten, als Opfer eines gemeinsamen Feindes.

Ich gab mir wirklich Mühe, mich an die Maßgabe der Estin

zu halten, und versuchte, den Frauenbereich der Umkleideräume nur aufzusuchen, wenn sich dort gerade niemand entkleidete. Allein, es gelang mir nicht. Stets, wenn ich hinter die Wand ging, um meine Extrarationen abzuholen, waren da jüngere Frauen anwesend, die sich gerade umzogen. Ich glaubte zunächst an einen Zufall, denn in solchen Dingen war ich damals grenzenlos naiv. Ich schämte mich und dachte, die Frauen müssen mich für einen Voyeur halten, der Gelegenheiten sucht, sie beim Auskleiden zu beobachten. Doch dann zweifelte ich: War denn tatsächlich zu jeder Tageszeit Schichtwechsel? Immer entledigte sich eine der Damen just in dem Moment ihres Kittels, wenn ich zu meinem Schrank ging. Auch so manche Bluse musste ganz plötzlich dringend gewechselt werden. Obwohl ich das schon recht aufregend fand, tat ich so, als sei nichts geschehen. Ich war schüchtern, blickte zumeist in eine andere Richtung. Und als mich die Frauen immer mit «Kleiner» oder «Bübchen» ansprachen, verlor ich vollends den Mut. Ich fühlte mich wie ein dummer kleiner Junge, über den man sich lustig machte. Ich wusste einfach nicht, wie ich mit dieser Situation souverän umgehen sollte. Und das amüsierte die Frauen. Und sie machten sich einen Spaß daraus.

Eine von ihnen besaß einen Fotoapparat, eine deutsche Leica aus der Vorkriegszeit. Fotografieren war im Werk, wie zu dieser Zeit überall in der Sowjetunion, streng verboten. Trotzdem machte die Frau eine Aufnahme von mir. Sie war eine sogenannte Spezialistin, wie die Russen ihre Fachkräfte mit besonderen Fähigkeiten nannten. Ich musste mich in Positur setzen. Da ich aber kein sauberes, heiles Oberhemd hatte, band sie mir einen Schal ordentlich um den Hals. Sie wollte einen hübschen «Saksa Boy» fotografieren, versicherte sie mir. Sie schenkte mir dann das Bild, welches sie zu Hause selber entwickelt hatte. Es ist, wenn auch vergilbt, noch heute in meinem Besitz. Und es zeigt einen offenbar entspannt dreinblickenden jungen Mann.

Die etwas ältere, mütterlich-fürsorgliche Helene blieb meine «Versorgerin» in dieser Zeit. Eines Tages lagen in meinem Spind eine saubere, lange Unterhose und ein frisches Unterhemd. Verschämt und etwas pikiert klappte ich die Spindtür zu und lehnte mich mit dem Rücken dagegen. Ich dachte: «Was soll das denn jetzt? Zigaretten, Kuchen und saubere Hemden sind ja in Ordnung – aber Unterhosen? Die möchte ich nun wirklich nicht geschenkt haben, zumal nicht von einer fremden Frau.» In diesem Moment tauchten wieder zwei Estinnen auf. Sie kicherten und gackerten. Eine von beiden kannte ich bereits. Es war die, die ganz gut deutsch sprach. Und sie sagte mir, dass sie mir nicht verraten würden, von wem das Geschenk sei. Aber alle Frauen wären sich darin einig, dass ich saubere Unterhosen dringend nötig hätte. Ich versuchte zu protestieren, offenbar nicht sehr konsequent, und sagte, dass ich bisher, wenn auch mit kaltem Wasser, so doch mit einer Bürste und viel Engagement meine Wäsche sauber gehalten hätte. Hm, na ja, aber es sei so viel besser, meinten die Frauen, wobei es ihnen kaum gelang, das Lachen zu unterdrücken. Dann ging jene, die meine Sprache sprach, auf Details ein, was mir sehr unangenehm war – ich hätte im Boden versinken können. Es klang ein wenig wie eine Waschmittelwerbung von heute: «Wenn die Wäsche richtig sauber werden soll, ist da mit Wasser allein nichts zu machen. Denn so ein junger Mann wie du hat schon mal Probleme, die dann in der Wäsche ihren Niederschlag finden.» Das war zu viel des Guten! Peinlich berührt machte ich mich davon und mied 14 Tage lang den Gang hinter die Wand.

Helene brachte mich dann wieder zur Vernunft. «Stell dich nicht so an, das ist doch alles natürlich. Geh und hol deine Wäsche, die Zigaretten vergammeln auch schon …» Im Weggehen sagte sie noch: «Und vergiss nicht, die gebrauchte Wäsche abzuliefern, du kleiner Muffel.» Das alles war zwar estnisch gesprochen, aber mittlerweile verstand ich das meiste davon.

Den vollständigen Wortlaut übersetzte mir später jene von den Frauen, die leidlich deutsch sprach. Ich gewöhnte mich an alles, auch an die kichernden Estinnen. Es dauerte nicht lange, und ich ging wieder regelmäßig hin, holte mir meine Extrarationen, wechselte meine Wäsche sogar dort. Ich achtete aber peinlich darauf, dass ich meine Wäsche nicht beschmutzte, vor allem nicht in den «Problemzonen». Viel wichtiger war mir, weiterhin gut versorgt zu werden. So angenehm hatte ich mir die Kriegsgefangenschaft nach unserer Niederlage eigentlich nicht vorgestellt, dachte ich abends, als ich zufrieden zwischen meinen dicken Schlafgenossen lag.

Die Arbeit war relativ leicht, das Essen war gut, kam regelmäßig, und es gab sogar losen Kontakt zu hübschen jungen Frauen – es war das reinste Paradies. In den beheizten Fabrikhallen wurde ich an jedem Arbeitsplatz angelernt. Das Schälen der eingespannten Baumstämme, das Herstellen von Sperrholz, das Zurechtschneiden der Platten, die dann übereinandergelegt in großen Dampfpressen zusammengedrückt werden mussten, wofür sechs Dampfpressen mit je zehn Platten zur Verfügung standen – ich werde es meinen Lebtag nicht vergessen. Mit 150 Atmosphären Druck wurden die furnierten Platten zusammengepresst. Manchmal legten wir unsere Hosen dazwischen. Die so entstandenen Bügelfalten waren messerscharf und unverwüstlich. Hobelmaschinen, Abrichter, Stuhlpressen, Schusterholzstifte herstellen, sogar Zündhölzer produzieren – all das beherrschte ich nach einiger Zeit, weil ich ein gelehriger Schüler war und gute Ausbilder hatte. Doch diese recht angenehme Phase meiner Gefangenschaft dauerte leider nicht allzu lange. Ich war schon dabei, die Sprache zu lernen – da kam der Abschied vom gastfreundlichen Estland.

Die schöne Zeit endete abrupt Anfang Mai 1946. Ohne Vorankündigung wurden 20 Kameraden aufgerufen, mussten in aller Eile ihr Gepäck zusammenraffen, wurden rüde auf einen wartenden Lkw geschubst. Und ab ging die Fahrt! Natürlich war auch ich einer der 20 Erwählten, die das Paradies – für uns Kriegsgefangene war es das wirklich – verlassen mussten. Ich konnte mich nicht einmal verabschieden. Die etwas zu große Unterhose von den netten Frauen hatte ich an, meine Wehrmachtsunterhose ließ ich als Gruß in Tallinn zurück. Auch den Spindschlüssel konnte ich nicht mehr übergeben. Wohin die Reise ging, blieb zunächst ein Rätsel. Schlagartig wurde mir wieder bewusst, dass ich ein armseliger, rechtloser Kriegsgefangener war, ein Blatt im Wind. Adieu, ihr lieben estnischen Frauen. Der Fall war tief, ich sollte hart landen. In meiner Hosentasche fühlte ich noch das estnische Wörterbuch. Leise sprach ich den estnischen Satz, den ich eben noch gepaukt hatte: «Mina isa lähep kell säitze fabrikusse.» Zu deutsch: Mein Vater geht um sieben Uhr in die Fabrik. Was war mir geblieben, außer der zu großen Unterhose? Ich trug eine «Gymnastjorka», so wurde die Russenbluse genannt, die zur Sommerausstattung der Roten Armee gehörte, eine Uniformjacke, Hose und ein paar Schnürschuhe. Ich fürchtete, dass es nach Osten gehen würde, denn das hieß Kälte, schlechte Behandlung, fremde Völker. Bei allem Abschiedsschmerz – wichtig war, dass ich mein Kochgeschirr und meinen Löffel dabeihatte, die größten Schätze eines jeden Gefangenen.

Nach kurzer Fahrt überquerten wir die Grenze zu Lettland. Mein «geographisches Gehirn» arbeitete: Lettland – das Land bestand aus drei Provinzen, dem Stammland Livland am Rigaer Meerbusen mit der Hauptstadt Riga, Kurland mit der Hafenstadt Libau, heute Liepaja. Schließlich im Südosten noch Lettgallen. Insgesamt durchlief ich in den kommenden Wochen fünf Lager – Auts, Bene, Salaspils, Ogre und Mitau. Ich durchlebte eine Phase großer Niedergeschlagenheit. Die Verpflegung war unregelmäßig und schlecht. Es gab Kapusstasuppe (Kohlsuppe) und nicht immer Brei (Kascha), dazu matschiges russisches Schwarzbrot (Tschorni Chleb).

Nach kurzen Aufenthalten in den Lagern Auts und Bene – jeweils ein paar Tage blieb ich dort – erreichten wir im Juni 1946 ein Gefangenenlager bei Salaspils. Der deutsche Name der Stadt lautete einst Kirchholm, sie liegt 18 Kilometer südlich von Riga an dem Fluss Daugava. Uns erwartete Schwerstarbeit. Wir hatten rohe, schlechtgebrannte Ziegel per Handwurf zu verladen – ohne Handschuhe. Meine Hände waren bereits nach kurzer Zeit blutig. Einige Tage musste ich Ziegel verladen, dann wurde ich in die Ziegelei verlegt, wo die Steine gebrannt wurden. Dort war es noch schlimmer. In einen fünffach unterteilten Holzkasten wurde schwer formbarer Lehm gedrückt und glatt gestrichen. Zehn solcher Kästen wurden dann auf eine klapprige Schienenlore gelegt. Die Lore musste eine Strecke von 300 Metern geschoben werden. Dort stand ich und hatte die höllisch schweren Formkästen anzuheben und mit Schwung umzustülpen. Das musste sehr schnell gehen, denn die Lehmstücke durften sich nicht verformen, was jedoch oft geschah.

Die halbfertigen Lehmziegel fielen auf den Erdboden. Hatte es die lettische Sonne gut gemeint, waren sie gut vorgetrocknet und wurden in einem zu einer ganzen Reihe gehörenden vorsintflutlichen Meiler aufgestapelt. Dieser wurde verschlossen. Unter dem Meiler wurde ein Holzfeuer entfacht, und nach ein paar Tagen konnten die fertigen Ziegel entnommen werden. Die soeben gebrannten Ziegel mussten wir rausnehmen. Wiederum ohne Handschuhe mussten wir diese scharfkantigen Steine anschließend auf Lastwagen werfen. Dabei zerbrachen natürlich viele. Es war der reine Wahnsinn, der Schwund durch Bruch war enorm, aber das passte zum sowjetischen Schlendrian. Alles musste schnell gehen, denn es galt die Norm zu erfüllen. Dass dabei viel Bruch produziert wurde, störte niemanden, denn es fühlte sich niemand für die Ziegelproduktion verantwortlich. Dennoch wurde die Arbeit streng kontrolliert. Wurde die Norm erfüllt, standen Extrarationen Essen in Aussicht, mitunter aber auch nur lobende Worte. Wurde die Norm nicht erfüllt, und das war beinahe der Normalfall, passierte auch nichts.

Das war eine Arbeit, bei der nur Kraftbolzen bestehen konnten. Unter den Russen gab es solche, ich aber konnte auf Dauer nicht mithalten, es ging über meine Kräfte. Nach einem Monat Schufterei verletzte ich mich am Ellenbogen. Zu allem Überfluss fing auch noch meine Verwundung an zu bluten. Ich wurde in eine Lazarettbaracke gebracht, verbunden und durfte drei Tage dort bleiben. Dann musste ich wieder arbeiten, die Schinderei begann aufs Neue. Am schlimmsten war, dass wir nur selten Unterwäsche bekamen. Und wenn, dann war sie zwar gewaschen, vorher aber von Fremden benutzt worden. Die eigene Wäsche mussten wir abgeben. Mit Wehmut dachte ich an unsere «Versorgerinnen» in Tallinn.

Im Lager hatten wir einen Brigadier, Oberleutnant Sasse. Sasse, ein sehr preußischer Typ, war hilfsbereit und kameradschaftlich. Korrekt und sauber hielt er seine Uniform in Schuss, soweit er konnte. Bei Verhören durch die Russen nannte er nur seinen Namen, Dienstgrad und die Einheit, in welcher er zuletzt gedient hatte. Er war ein Ewiggestriger, der dem NS-System in Gedanken die Treue hielt. Nach seinem Namen befragt buchstabierte er ihn stets folgendermaßen: «Sasse – SA SS E.» Seltsamerweise akzeptierten die Russen seine offen zur Schau getragene nationale Gesinnung, vermutlich bewunderten sie seine preußische Geradlinigkeit. Mich stieß seine Grundüberzeugung inzwischen ab, auch wenn ich mich auf politische Diskussionen mit ihm nicht einließ.

Wir diskutierten eines Tages militärische Angelegenheiten, und er war sehr erstaunt, als ich den preußischen Militärhistoriker Carl von Clausewitz zitierte, der sinngemäß geschrieben hatte, man solle bei der Verteidigung alles versuchen, um den Feind aufzuhalten, aber sich auch nicht unnötig totschlagen lassen, vielmehr seine Kraft erhalten, indem man sich rechtzeitig und geordnet zurückzieht. Sasse hatte zuvor kritisiert, dass in den letzten Tagen des Krieges die Disziplin nachgelassen und sich die Leute reihenweise verdrückt hätten, wo doch Widerstand bis zum letzten Mann gefragt gewesen sei. Nach meinen Clausewitz-Ausführungen meinte er, ich versuche wohl, in seine Fußstapfen zu treten. Tatsächlich hatte ich ja einst mit dem Gedanken gespielt, die Unteroffiziersschule zu besuchen, weshalb ich Clausewitz' Buch «Vom Kriege» geradezu in mich hineingefressen hatte, neben der Heeresdienstvorschrift. Am Ende erklärte ich ihm aber, dass ich vom Militär gründlich kuriert sei und eine unaufgeregte Zivilkarriere anstrebte. «Na ja», meinte er, «dann wirst du eben ein Zivilist. Irgendwie sind das ja auch Menschen.»

Eines Tages Anfang August 1946 wurden wir beim morgendlichen Antreten gefragt, ob es unter uns Zimmermänner gebe. Oder aber jemanden, der mit der Arbeit in einem Sägewerk vertraut sei? Weil ich in Tallinn in der «Klotzerei» geholfen hatte, Baumstämme zu zerteilen, meldete ich mich. Ich spekulierte auf bessere Arbeitsbedingungen, dachte natürlich an das schöne Leben in der Möbelfabrik Tallinn. Zusammen mit neun anderen Kameraden und einem Wachsoldaten bestieg ich einen Lkw, die Fahrt dauerte mehrere Stunden, es ging in ein dichtes Waldgebiet. In einer Lichtung lag eine große Gattersägenanlage. Bereits zugeschnittene Bäume lagen auf dem Gelände verstreut herum. Auf einem der Bäume saßen zwei lettische Arbeiter und langweilten sich. «Maschina kaputt?» – fragte der Posten. So war es dann auch, die Anlage war defekt. Zwei unserer Leute waren «Spezialisten», also Sägewerkarbeiter, die jetzt nichts unversucht ließen, um die Gattersäge wieder in Betrieb zu bekommen. Doch sie scheiterten, denn es fehlten die nötigen Ersatzteile. Also schlenderten wir umher und fanden dabei viele Sträucher mit Blaubeeren. Weil wir weiter in den Wald hineingehen wollten, fragten wir den Posten um Erlaubnis. Der ging dann mit uns zusammen los und fand, das Beerenpflücken sei eine gute Abwechslung. Nur das Gewehr störte ihn wohl dabei, weshalb er es am nächsten Tag im Werkzeugschuppen einschloss. Den lettischen Arbeitern befahl er, gut darauf zu achten, niemand solle den Schuppen betreten. Dann zog er mit uns los. Dabei erwiesen sich leere Fleischdosen der amerikanischen Firma Oscar Meyer aus Chicago, die aus den alliierten Hilfslieferungen an die Sowjetunion stammten, als überaus nützlich. Sie lagen überall herum, und wir konnten darin unsere Beeren sammeln. In der Sowjetunion schien es Millionen dieser Dosen geregnet zu haben. Sie waren sehr stabil und sollten mich während meiner gesamten weiteren Gefangenschaft begleiten. In vielerlei Hinsicht erleichterten sie unser Leben.

Am nächsten Tag streifte ich etwas abseits von den Kameraden im Wald umher, als plötzlich ein großes Tier vor mir stand. Der Wind kam wohl aus einer anderen Richtung, sodass mich das Wesen zuvor nicht gewittert hatte. Uns trennten nur wenige Meter. Wir glotzten uns an, erstarrten für einen Moment zu Salzsäulen und flohen dann in entgegengesetzte Richtungen. Zuerst dachte ich, es hätte sich um ein Pferd gehandelt, dafür war der Kopf aber zu gebogen und der Rücken zu hoch. Erst später wurde mir klar, dass es sich um ein Rendezvous mit einer Elchkuh gehandelt haben muss. Ich hatte so ein Tier noch nie zuvor gesehen.

Es dauerte noch einige Tage, bis letzte Zweifel beseitigt waren, dass die Sägeanlage irreparabel defekt war. Unsere Anwesenheit war demzufolge überflüssig. Wir wurden bedauerlicherweise per Lkw abgeholt, und zurück ging es ins Hauptlager Salaspils. Dort begann die Schinderei mit den scharfkantigen schweren Ziegeln aufs Neue. Bis zu einem Punkt, an dem ich nicht mehr konnte – ich war völlig fertig.

Dennoch galt ich als bedingt arbeitsfähig, das entsprach «Stufe 2» der von den Lagerärzten erstellten Gesundheitskategorie.

Gefangene der «Gruppe 1» galten als uneingeschränkt arbeitsfähig, «Gruppe 2» als bedingt arbeitsfähig. In «Gruppe 3» wurden schwache Gefangene eingestuft, die nur für leichte Arbeiten geeignet waren. Die «Gruppe 4» bestand aus Kameraden, die sehr schwach waren, oft bettlägerig, von den Russen als «O K» eingestuft, was nicht vom englischen Okay kommt, sondern auf Russisch «otschen kalebanije» bedeutet – sehr schwach. In die «Gruppe 5» wurde eingestuft, wer völlig unterernährt und lebensbedrohlich krank war. «Dystrophie», Unterernährung, war die Sammelbezeichnung für jene Kameraden. 37,5 Grad war die magische Zahl. Wurde bei Kameraden diese Temperatur gemessen, dann galten sie als «balnoi» (krank), konnten sich auf die Pritsche legen oder kamen, falls es das gab, ins Lazarett. Kameraden der Stufe 5 wurden in der Regel bald nach Hause entlassen, falls keine Besserung abzusehen war. In den sowjetischen Lagern fanden auch später sporadisch gesundheitliche Untersuchungen statt. Oft behandelten uns jüdische Ärzte. Eines Tages sah einer dieser jüdischen Ärzte mein SS-Blutgruppenzeichen und fragte mich sarkastisch: «Sie sind ja bei der SS gewesen. Macht es Ihnen etwas aus, von einem jüdischen Arzt berührt zu werden?» Ähnliche Bemerkungen machten sowjetische Offiziere und Ärzte häufiger, auch bei anderen Gefangenen. Vermutlich wollte man uns damit in Verlegenheit bringen, vielleicht auch ärgern.

Die ärztlichen Untersuchungen verliefen zumeist so: An einem Tisch saß «Doktor» (die russische Sprache kennt keine Artikel), oft war das eine Ärztin oder Feldscherin. Ein deutscher Arzt, wenn überhaupt einer da war, stand zumeist hilflos daneben, wurde aber hin und wieder um Rat gefragt. Kameraden, die aufgerufen wurden, traten mit freiem Oberkörper an den Tisch, wurden begutachtet, mussten sich umdrehen und die Hose herunterlassen. Die Ärztin befühlte das Gesäß. War es sehr schlaff und machte der Betreffende einen unterernährten Eindruck, dann war er «balnoi», also krank. Ansonsten hieß es:

Gutt, dawai, roboti (gut, los, arbeiten). Es kursierte dann auch bei uns der Spruch: Arsch zu dick, noch ein Jahr arbeiten und nicht zurück. Um entlassen zu werden, kamen manche Kameraden auf die abenteuerlichsten Ideen. So wurde zum Beispiel Salz besorgt und mit der Hoffnung ins Essen gemischt, die Beine dick werden zu lassen, falls sich eine Wassersucht einstellte. Das klappte auch hin und wieder. Doch der Arzt warnte uns eindringlich vor Experimenten, denn das würde die Nieren zerstören.

Ich war wieder einmal an einem Tiefpunkt angelangt: krank, ausgelaugt, ich fühlte mich elend und wurde dennoch den Gefangenen der Gesundheitskategorie «Gruppe 2» zugeordnet, galt also als bedingt arbeitsfähig. Meine Verwundungen, die noch nicht ausgeheilt waren, bereiteten mir wieder Schmerzen. Es dauerte zwar einige Zeit, aber irgendwann hatten die Ärzte ein Einsehen, vielleicht war es auch nur Mitleid. Jedenfalls kam ich Mitte August in ein «Erholungslager» nach Ogre bei Riga.

Erholungslager – vielleicht klingt das seltsam, aber so etwas existierte für Kriegsgefangene tatsächlich. Vier Wochen lang konnte ich dort faulenzen, brauchte nicht zu arbeiten. Wir lagen in luftigen Baracken, die Pritschen waren mit sauberem Bettzeug bezogen, es gab gutes Essen, ärztliche Betreuung und sogar ein kulturelles Angebot. Eine Bibliothek mit vielen Büchern zum Beispiel. Erstmals in meinem Leben las ich etwas von Heinrich Heine, Erich Maria Remarque und anderen im Dritten Reich verbotenen Autoren. In einer Kinobaracke sahen wir sogar amerikanische Western. Die waren zwar ziemlich kitschig, wir freuten uns aber dennoch über die Ablenkung vom Gefangenenalltag. Einer der Filme hieß «George of the Dingy-Jazz». Ein spaßiger Banjo-Spieler machte alberne Possen, flog während des Krieges nach Berlin und kasperte dort bei Hitler herum. Ich glaube, am Ende erschlug er ihn sogar. Es war totaler Quatsch. Aber die Jazz-Musik gefiel mir sehr. Wir rätselten, warum wir plötzlich in den Genuss dieses Privilegs kamen. Eine schlüssige Erklärung fanden wir nicht, und so mutmaßten wir, das alles sei eine Propagandaaktion der Russen für ausländische Beobachter. Die wir allerdings nie zu Gesicht bekamen. Am Ende unseres Aufenthaltes im Erholungslager bekamen wir sogar noch etwas Verpflegung mit auf den Weg. Und wieder einmal ging die Fahrt in den bereits bekannten Güterwagen in Richtung Osten.

MÄRCHENSTUNDEN UND EIN AUFSTAND

Am 1. Oktober 1946 kam ich im lettischen Lager Mitau südwestlich von Riga an. Die dortigen Insassen hatten bereits ihr Winterzeug erhalten, wie üblich im Oktober. Dazu gehörten die Schapka (Pelzmütze), die Waljenki (Filzstiefel) und das muffende Wattezeug. Bloß nicht darüber nachdenken, wer es im Vorjahr getragen hat, lautete die Devise! Aber Hose und Jacke waren immerhin warm und schützten recht wirksam vor der eisigen Kälte. Das war die Hauptsache. Pech nur, dass für mich kein Winterzeug mehr da war! Ich war zu spät ins Lager gekommen. Und es wurde immer kälter.

Ich hatte zunächst außerhalb des Lagers zu arbeiten, es galt Kriegsschäden zu beseitigen. Ein Teil der Gefangenen arbeitete in einer nahegelegenen Zuckerfabrik. Von dort brachten sie Reste mit, die bei der Zuckerherstellung angefallen waren – zum Beispiel eine braune, klebrige Masse, dem Zuckerrübensirup nicht unähnlich, die wir als Brotaufstrich liebten. Melasse nannte sich das. Ich erzählte meinen Kameraden, dass in drei Tagen – am 4. Oktober – mein 18. Geburtstag sei. Und ich hätte nur einen Wunsch: eine Garnitur Winterkleidung, denn sonst drohe der Erfrierungstod, und es wäre dann wohl der letzte Geburtstag meines Lebens. Wie durch ein Wunder erhielt ich bereits am nächsten Tag eine Wattejacke, eine Pelzschapka, ebenso eine wattierte Hose. Nur Handschuhe hatte ich noch nicht. Und das war entsetzlich, denn wir mussten mal wieder Ziegelsteine per Handwurf auf Lastwagen verladen – stets im Zweierpack. Nach kurzer Zeit waren meine Hände wieder blutig. Ich wickelte Stoffstreifen um die Hände, doch sie ersetzten keine Handschuhe. Teil zwei des Wunders ereignete sich am Abend des 4. Oktober.

Gewissermaßen als verspätetes Geburtstagsgeschenk erhielt ich von den Kameraden ein Paar Fausthandschuhe. Und es kam noch besser: Als es ans Verteilen der warmen Suppe ging, bekam ich außer der Reihe einen Nachschlag. «Unser Bubi ist jetzt 18 und damit erwachsen», sagte einer der Kameraden. Ein anderer meinte gar: «Du bist jetzt endlich auch wehrpflichtig und hast dir damit das Recht verdient, ein richtiger Kriegsgefangener zu sein!» Großes Gejohle folgte.

Im lettischen Lager Mitau befanden sich auch viele Soldaten der ehemaligen Kurlandarmee. Die 16. und 18. Armee, später unter General Carl Hilpert zur Heeresgruppe Kurland zusammengefasst, waren abgedrängt worden und hatten sich 1945 im sogenannten Kurlandkessel mit dem Rücken zur Ostsee bis zum Kriegsende verteidigt. Nach dem 8. Mai 1945 weigerte sich die Heeresgruppe Kurland zu kapitulieren, weil sie noch eine intakte, schlagkräftige Kampfeinheit bildete. Man hegte die Hoffnung, wie einst nach der Niederlage 1918, als «Freikorps» im Baltikum weiter gegen die Sowjets kämpfen zu können. Doch die Zeiten hatten sich geändert, alle gingen in die Gefangenschaft, nur einige auf deutscher Seite kämpfende lettische Einheiten versteckten sich noch einige Jahre als Partisanen – sogenannte Waldbrüder – in den Wäldern und kämpften gegen Stalins Herrschaft. Zumeist waren es ehemalige Angehörige der 19. lettischen SS-Division.

Einige der Kameraden trugen seltsame graue Uniformen mit Umhängen, die den Rücken bedeckten. Es handelte sich dabei um schwedische Uniformen, denn diesen Leuten war bei Kriegsende die Flucht über die Ostsee nach Schweden gelungen. Trotz heftiger Proteste in der Bevölkerung waren sie vom neutralen Schweden an die Sowjetunion ausgeliefert worden. Bei der Überführung hatten sich dramatische Szenen abgespielt, viele verstümmelten sich selbst, doch es half nichts, alle wurden ausgeliefert.

Hier in Mitau, heute Jelgava, wurden erneut einige Kameraden ausgesiebt – ich war mal wieder dabei – und zu einem Transport zusammengefasst. Wir mussten auf amerikanische Studebaker-Lastwagen klettern und wurden anschließend zum Bahnhof gefahren. Dort standen wieder mal Güterwagen bereit. Erneut begann eine Fahrt ins Ungewisse. Ich hatte Angst. Die Fahrt ging durch ein großes Waldgebiet. Wird es hier sein, dachte ich? Wird man mich hier als SS-Faschisten erschießen? Die Ungewissheit war quälend. Seit meiner Gefangennahme in Pisek hatte ich große Angst vor Massakern an SS-Leuten, darüber gab es immer mal wieder Gerüchte. Und schließlich waren wir ja auch in Tabor schon einmal ausgesondert worden, mussten in Erdhöhlen kampieren – doch wir überlebten. Solch eine Angst, die frisst einen auf. Ich musste an die deutschen Opfer von Kriegsverbrechen denken – Juden, Sowjetkommissare, Partisanen. Ihnen musste ähnlich zumute gewesen sein. Doch selbst der Gedanke, dies seien jetzt die «letzten Momente meines Lebens», wird irgendwann zur Routine. Sogar die Todesangst kann ihren Schrecken verlieren, wenn sie zu einem ständigen Begleiter wird. Und man ertappt sich dabei, dass man die Ungewissheit als quälender empfindet als den Gedanken an ein kurzes, schmerzloses Ende.

Doch dieses Ende drohte uns nicht. Die Fahrt war dieses Mal ziemlich kurz. Bereits nach Stunden quietschten die Räder, der Zug hielt an, alle mussten aussteigen. Auf die Frage, wo wir waren, wurde uns «Nje snaju» geantwortet (ich weiß es nicht). Erleichtert atmeten wir auf, als wir Lagerbaracken sahen. Die Wachen trugen blaue Mützen, gehörten also zum NKWD, der neuerdings MWD hieß – waren also dem Innenministerium der UdSSR unterstellt. Und das bedeutete für uns in erster Linie endlose Verhöre! Dafür entsprach in den Lagern des Innenministeriums das Essen der vorgeschriebenen Norm, die Behandlung war auch korrekt. Allein das zählte in unserer Situation!

Tatsächlich wurden wir in Verhören regelrecht in die Mangel genommen. Ein Politoffizier stellte mir stereotyp seine Fragen: «Warum du SS?» Immer das Gleiche. Mir lag eine Gegenfrage auf der Zunge: «Warum du immer so dumm fragen?» Ich unterließ das aber, zuckte nur mit den Schultern. Nächste Frage: «Warum du kämpfen gegen Sowjetski Sojus?» (Gemeint war die Sowjetunion.) Ich antwortete, dass ich nie in der Sowjetunion gekämpft hätte, denn zum Zeitpunkt, als deutsche Truppen das Territorium der UdSSR besetzten, war ich noch zu jung und zu klein. Lediglich die letzten drei Monate des Krieges hätte ich eine Uniform getragen. «Und außerdem will ich endlich nach Hause!» Das und noch andere Dinge schrie ich ihm entgegen, ich ließ meiner aufgestauten Wut freien Lauf. «Oje», dachte ich bei mir, als ich wieder etwas ruhiger geworden war, «jetzt bin ich wohl fällig.» Der Offizier aber sagte, da ich nicht zu klein gewesen sei, ein Gewehr zu tragen, sei ich auch nicht zu klein für die Schaufel. Er warf seinen Bleistift hin und rief: «Wegtreten, dawai, roboti.» (Los, arbeiten!)

Man brachte mich vorübergehend in ein weiteres lettisches Arbeitslager, dort blieb ich zunächst bis Mitte Oktober. Hier bekam ich erstmals ein seltsames Fieber, welches ich wohl dem Aufenthalt im Waldlager zu verdanken hatte, denn dort hatte es Millionen von Mücken gegeben. Die Ärzte meinten, es handle sich um eine Art Malaria, möglicherweise das sogenannte Wolhynienfieber. Im November, der Winter hatte bereits Einzug gehalten, erwartete mich erneut ein Transport – so nannten die Russen unsere Verschickungen. Die Reise ging weit nach Osten, es war der endgültige Abschied vom Baltikum.

Irgendwo in Weißrussland hielt der Zug dann. Zu meinem Erschrecken mussten wir, die ehemaligen SS-Angehörigen, den

Zug verlassen. Wir wurden auf Studebaker-Lastwagen verladen, in ein Lager gebracht und tagelang verhört. Wieder einmal. Das Verhör, dem ich unterzogen wurde, war härter als vergleichbare vorher. Mir gegenüber am Tisch saß ein russischer Oberstleutnant, der leidlich Deutsch sprach und mich mit bitterbösem Sarkasmus übergoss. «Ich weiß, hier sitzen nur brave unschuldige SS-Leute», begann er. Ich musste die Hände flach auf die Tischplatte legen. Er fragte mich eindringlich, ob ich an Gräueltaten der SS gegen die Aufständischen Anfang Mai 1945 in Prag beteiligt gewesen sei. Da wir damals in der Nähe stationiert waren, hätte es ja zutreffen können. Ich verneinte mehrfach wahrheitsgemäß, betonte, dass ich ja zu diesem Zeitpunkt bereits verwundet war, woraufhin er spottete: «Wie rücksichtsvoll von uns, Sie zuvor verwundet zu haben …» Dann drückte er seine Zigarette auf meinem Handrücken aus. Er entschuldigte sich scheinheilig, er habe den Aschenbecher nicht gefunden, er müsse wohl doch eine Brille tragen, es werde bestimmt nicht wieder vorkommen. Ich musste die Hände wieder auf den Tisch legen, zog sie aber reflexartig weg, als seine glühende Zigarette nahte. Er befahl mir barsch, die Hände auf dem Tisch zu belassen – und wieder zischte die Glut auf meiner Haut. Irgendwann sah er wohl ein, dass ich mich nicht in Widersprüche verwickeln ließ, und ich wurde entlassen. Zum Abschied gab er mir aber mit auf den Weg: «Falls wir aber durch Zeugen herausbekommen, dass Sie doch als Soldat in Prag waren, bringen wir Sie nach Moskau, um nähere Einzelheiten zu klären. Und glauben Sie mir, dort haben wir andere Möglichkeiten …» Mir war klar, was er meinte.

Ein anderer Politoffizier befasste sich mit allgemeinen Fragen. Irgendetwas konnte bei mir nicht stimmen, mutmaßte er. Es war mein jugendliches Alter, welches ihn irritierte. Ich sollte gestehen, ein «Napola-Schüler» gewesen zu sein, ein Absolvent der sogenannten Nationalpolitischen Erziehungsanstalten (amtlich NPEA). 43 von diesen Internatsoberschulen zur Heranzüchtung einer NS-Elite existierten bis Kriegsende. Die Absolventen waren oft besonders fanatische Anhänger der NS-Bewegung. Der Russe sagte mir noch, dass ich mich glücklich schätzen könne, in Gefangenschaft geraten zu sein, sonst wäre ich wahrscheinlich schon tot. Und ich sollte erklären, welche «Werwolfaufträge» ich angenommen hätte, bevor ich in Gefangenschaft geriet. Damit war jene vom SS-Chef Himmler ins Leben gerufene Freischärlerbewegung gemeint, die nach der Besetzung im Rücken der Feinde nadelstichartig Sabotage treiben sollte. Ich hatte aber damals noch nie etwas von dieser Truppe gehört, ich wusste nicht einmal, was die mythische Werwolffigur war. Und weil ich offenbar sehr überzeugend zu all den Fragen und Anschuldigungen den Kopf schüttelte, ging diesem Politoffizier alsbald die Vorstellungskraft aus, und er stellte mir die gleichen blöden Fragen wie seine Vorgänger. Er war aber nicht so aggressiv und behandelte mich korrekt, wenn auch kühl distanziert. Er spielte offensichtlich die Rolle des netten Ermittlers, während bei mir die Sorge wuchs, sein böses Pendant könnte wieder das Verhör übernehmen.

Unter uns Gefangenen war über die Zugehörigkeit zur SS nie gesprochen worden. Wenn wir an langen Abenden plauderten, unsere Gedanken austauschten, blieb das Thema stets tabu. Niemand sprach über seine Zugehörigkeit zu diesen Verbänden, ebenso wenig über Beteiligungen an Kriegsverbrechen. Nur wenn es «Antreten, Oberkörper frei, die Arme hoch!» hieß, ließ sich die Zugehörigkeit zu der berüchtigten Truppe nicht mehr leugnen. Das Blutgruppenmerkmal war dann für alle sichtbar. Ursprünglich hatte es den Zweck gehabt, verwundeten SS-Angehörigen umgehend eine korrekte Bluttransfusion zukommen zu lassen. Dass es nur bei der sogenannten Elitetruppe eingeführt worden war, der Waffen-SS, hängt wohl damit zusammen, dass sie auf diesem Gebiet eine Art Vorreiterrolle übernehmen sollte. Im weiteren Kriegsverlauf war vorgesehen, diese Praxis auf alle Wehrmachtsverbände auszudehnen. Doch dazu kam es nie. Wurden wir in sowjetischer Kriegsgefangenschaft aufgrund dieses «Kainsmales» erkannt und ausgesondert, sahen uns die «gewöhnlichen Gefangenen» mit bangen Blicken hinterher, froh darüber, nicht in unserer tätowierten Haut zu stecken. Erst Mitte 1948, so zumindest meine Erinnerung, waren keine Benachteiligungen aufgrund der SS-Zugehörigkeit mehr zu spüren. Einziger Unterschied: Wir wurden nicht entlassen, ausgenommen, jemand war schwer krank. Unter uns Gefangenen war es aufgrund der gelegentlichen Körperkontrollen alsbald bekannt, wer bei der Waffen-SS und wer Wehrmachtssoldat war, ohne dass dies anschließend groß thematisiert wurde. In unserer Wahrnehmung waren wir alle «Plennys», Gefangene. Wir waren arme Schweine, die alle nur zwei Ziele hatten: irgendwie überleben und nach Hause zu unseren Familien zurückkehren.

Tagelang dauerten die Verhöre. Irgendwann war jedoch Schluss damit, und ich saß in unserer Baracke und harrte der Dinge – bis ich «auf Transport» aufgerufen wurde. Ein Kamerad fragte mich, ob es jetzt wohl nach Moskau «zur Wahrheitsfindung» ginge? Er erzählte mir von zwei Kameraden, die erst kürzlich auf diesen Weg geschickt worden waren. Ich wurde jedoch über kurze Stationen in Lettland und Weißrussland in das Lager Klin gebracht, etwa 90 Kilometer nordwestlich von Moskau auf halber Strecke zwischen der sowjetischen Hauptstadt und Kalinin (heute Twer) gelegen. Hier sahen wir eine große Bahnanlage, auf der neben vielen Güterzügen auch jeweils morgens und abends moderne luxuriöse Schnellzüge fuhren. Der bekannteste dieser Züge war der sogenannte «Blaue Pfeil», der im hohen Tempo zwischen Moskau und Leningrad verkehrte.

Von den Kameraden aus dem letzten Lager waren unterwegs einige «abhanden gekommen». Sie waren von Beamten des NWD, des sowjetischen Innenministeriums, ausgesondert worden. Ihnen wurden vermeintliche oder tatsächliche Kriegsverbrechen vorgeworfen, meldete der Buschfunk. Die Gerüchte besagten auch, dass sie nach Moskau zu weiteren Verhören gebracht worden seien. Wie es dort konkret weiterging, blieb der Stoff, aus dem Spekulationen gemacht wurden, denn nur selten kam jemand von dort zu uns zurück und konnte aus erster Hand berichten. Ein Kamerad, der dort einige Wochen festgehalten worden war, dem aber nichts nachgewiesen werden konnte, machte Andeutungen, blieb ansonsten aber wortkarg, sodass wir nichts Genaueres erfuhren. Wahrscheinlich hatte er Angst vor dem langen Arm des Kreml, falls er zu viel preisgab.

In der kleinen Stadt Klin angekommen, marschierten wir zu Fuß bis zum Lager. Eine halbe Stunde dauerte das. Diesen Fußmarsch wiederholten wir dann täglich, denn wir hatten in der Stadt zu arbeiten. Das Lager befand sich in der Nähe eines Waldes. Wir sahen die fast schon vertrauten Wachtürme und die Stacheldrahtumzäunung. Die Wachen trugen braune Mützen, es handelte sich also um die Rote Armee, und wir mussten um unser «täglich Brot» bangen. Das neuerrichtete Lager bestand aus zahlreichen Holzbaracken, von der Außenwelt hermetisch abgeriegelt durch hohe Stacheldrahtzäune. Auf den Wachtürmen standen Posten mit Maschinengewehren. Unsere erste Beschäftigung bestand darin, unter Bewachung Holz aus dem Wald zu holen. Weil der Schnee sehr hoch lag, sägten wir die Bäume an der Stelle ab, an der sie aus dem Schnee lugten – also etwa einen Meter über dem Erdboden. Die nackten, in den Himmel ragenden Holzstümpfe müssen nach der Schneeschmelze ein seltsames Bild abgegeben haben.

Unser eigentlicher Arbeitsplatz war eine Fabrik etwa zwei Kilometer vom Lager entfernt. Auf dem Weg dorthin passierten wir täglich einen abgeschossenen deutschen Panzer vom Typ «PIII». Er stammte wohl aus jenen Tagen des Jahres 1941, als die Wehrmacht sehr weit gen Osten vorgedrungen war und etwa 40 Kilometer vor Moskau stand. «Schönen Gruß aus Deutschland», riefen wir ihm stets zu. Mein Arbeitsplatz befand sich im Keller eines Kesselhauses. Unter einer Eisenklappe stand eine Lore, von der es baugleich drei Exemplare in der Fabrik gab. Sie wurde mit heißer Asche gefüllt, teilweise auch mit glühenden Kohleresten. War sie voll, so bestand meine Aufgabe darin, die Lore herauszufahren und zu entleeren, entweder durch Kippen oder Ausschaufeln. Immerhin sorgte die heiße Asche dafür, dass es da, wo ich arbeitete, angenehm warm war.

Hin und wieder kamen Russen vorbei und brachten mir, dem Maltschik (Jungen), etwas Brot oder Zucker. Im Lager dagegen waren die Zustände schlimm. Wir bekamen tagelang nichts zu essen. Und wenn es etwas gab, dann nur Kapusstasuppe, hier eine warme Brühe, in der Kohlblätter und einige Kartoffelstücke schwammen. Hin und wieder bekamen wir auch den Hirsebrei (Kascha). Stimmten die Zutaten, dann war Kascha genießbar. Aber was wir da in den meisten Fällen vorgesetzt bekamen, war schlicht ungenießbar – und wir waren wirklich nicht verwöhnt, aßen im Zweifel alles. Salz und Hirse – es schienen die einzigen Zutaten zu sein, aus der diese Kascha bestand. Dazu gab es manchmal etwas Röstbrot in kleinen Stücken. In einem Schuppen entdeckte ich eines Tages ein paar Rinderköpfe, die waren offenbar für uns als Fleischvorrat bestimmt. Weil ich schrecklichen Hunger hatte, nahm ich einen und knabberte daran herum. Prompt brach mir ein Stück meines Vorderzahnes ab. Die gesamte Gefangenschaft hindurch wurde dieser Zahn nicht repariert. Eine russische Ärztin sagte: «Wsjorowno (egal), das sieht ja keiner, und viel zu lachen haben Sie ohnehin nicht.» So einfach war das.

Weil wir geschwächt waren, breiteten sich typhusartige Krankheiten aus. Die Lazarettbaracke war stets überfüllt. Viele starben. Wenn wir Zerstreuung suchten, gingen wir zu «Staude». So hieß ein Kamerad, der immer krankgeschrieben war. Ich habe keine Ahnung, was ihm wirklich fehlte. Vielleicht hatte er die Ärzte bestochen. Er saß oben auf einer zweistöckigen Pritsche und hielt Hof. Keine Neuigkeit schien ihm verborgen zu bleiben. Er wusste so ziemlich alles und gab Auskünfte und Ratschläge, natürlich nicht umsonst. Für uns hatten seine Weissagungen etwas von einem Orakel, einer göttlichen Offenbarung. Eine Scheibe Brot oder etwas Machorkatabak musste man schon springen lassen, um dem «Orakel von Klin» eine brauchbare Information zu entlocken. Am Wahrheitsgehalt seiner Botschaften hatte ich allerdings starke Zweifel, aber in unserer Lage war jeder Hoffnungsschimmer willkommen! Außerdem war es unterhaltsam.

Wenn es abends dunkel wurde, die Kameraden sich von den nach und nach kälter werdenden Öfen zurückzogen und auf ihre Pritschen kletterten, dann kam Langeweile auf. Vom Hunger gepeinigt konnten wir zumeist nicht sofort einschlafen. Es war die Stunde, in der Männer vom Typ «orientalischer Märchenerzähler» gefragt waren. Und es gab da bei uns in Klin zwei oder drei Typen, die beherrschten dieses Metier perfekt – wobei ich heute noch Zweifel am Wahrheitsgehalt der meisten Geschichten hege. Aber das war in dieser Situation egal, nur der Unterhaltungswert zählte. Manche Erzähler gaben sogar ganze Passagen von spannenden Filmen in bildreichen Beschreibungen wieder oder auch Witze zum Besten. Es kam dem Genuss von Hörbüchern gleich.

Besonders interessierte mich die fesselnde Lebensgeschichte eines adeligen Kameraden, Siegfried hieß er, der in den schillerndsten Farben von Japan berichtete, wo er gelebt hatte. Sein Vater war im diplomatischen Dienst in Tokio tätig. Er selbst hatte vor dem Krieg begonnen, als Journalist – noch in der Ausbildung – kleine Artikel und Glossen für japanische Zeitungen zu schreiben, vorzugsweise über Deutschland und das Leben im fernen Europa. Ich war skeptisch und fragte ihn, für welche Zeitungen er denn geschrieben hätte. Doch er wiegelte ab: «Damit kannst du ja doch nichts anfangen, das ist für dich unverständlich ...» Doch ich bohrte weiter: «Na sag schon, wie hießen sie.» Dann gab er nach: «Sie hießen ‹Asahi Shimbun› und ‹Tokio nitschi nitschi›.» Für mich stand in diesem Augenblick fest: Der Typ spinnt. Ich war felsenfest davon überzeugt, dass dieser Kamerad mich veralbern wollte und lachte mich schlapp über diese komischen Wortgebilde. Ich war, so wie die Mehrheit meiner Kameraden, nie zuvor im Ausland gewesen, abgesehen von den Einsätzen im Krieg. Wir hatten keinerlei Vorstellung davon, wie diese Welt da draußen aussah, wie die anderen Völker lebten, sprachen, aßen. Dementsprechend albern fanden wir exotische Namen oder Gepflogenheiten – woher sollten wir es auch besser wissen?

Doch dieser Kamerad versicherte mir, dass es diese japanischen Zeitungen tatsächlich gab. Heute weiß ich, dass er recht hatte, denn zumindest «Asahi Shimbun» existiert immer noch und hat international eine gewisse Berühmtheit erlangt: Es ist die weltweit zweitgrößte Zeitung, gemessen an der Auflage. Auf die Frage, warum er denn nicht in Japan geblieben sei, als der Krieg begann, erklärte er resignierend, er sei jung und naiv gewesen. Er habe sich sogar beeilt, im Sommer 1939 nach Deutschland zu kommen, um auch ja rechtzeitig dabei zu sein, als Geschichte geschrieben wurde und der Krieg begann. «Na ja», fügte er augenzwinkernd hinzu, «etwas Gutes hat die Sache ja doch gehabt: Wer hätte den Kameraden im Gefangenenlager sonst so unglaubliche Storys auftischen können?»

Nachdem die Märchenstunde – an diesem Abend ausnahmsweise mal aus dem wahren Leben gegriffen – beendet und das Licht gelöscht war, dachte ich noch lange über das Gehörte nach. Ich bekam Fernweh und bedauerte, von dieser schönen Welt noch nichts gesehen zu haben. Ich konnte nicht verstehen, dass ein junger Mensch um die halbe Welt reiste und ein Leben in der Ferne aufgab, nur um an diesem schrecklichen Krieg in Europa teilzunehmen. Und dann dachte ich daran, wie uns dieser Krieg einst als heroisches Abenteuer schmackhaft gemacht worden war, sich letztendlich aber als mörderisches Inferno und großes Unrecht herausstellte. Die Bilder, mit denen wir jungen Menschen in den Wochenschauen und Propagandafilmen verführt worden waren, hatten tatsächlich etwas Suggestives: Da marschierte diese schneidige Armee – diszipliniert, modern ausgerüstet und in tadellosen Uniformen. Ich dachte an meine Sammlung von Zigarettenbildern. In jeder Schachtel lagen sie, doppelte Exemplare wurden von uns Kindern getauscht. So wie heute die Fußballbildchen von Panini. Allerdings war es nicht leicht, an diese Bilder zu gelangen. Sie waren nur in den Schachteln der besten Sorten zu finden: Eckstein, Juno oder Attika. Mein Vater rauchte aber nur die billigen Sorten, Schwarz-Weiß oder «Halbe fünf» zum Beispiel. Wenn wir also jemanden eine Zigarettenschachtel öffnen sahen, liefen wir hin und fragten, ob wir das Bild bekommen könnten. Auch in den Papierkörben fanden wir schon mal solche Schachteln mit den begehrten Bildchen. Damals gab es eine Serie, die hieß «Das deutsche Heer im Manöver». Panzer waren zu sehen, vorwärtsstürmende Soldaten in makellosen Uniformen. Uns Kinder hat das sehr beeindruckt. Und ich dachte an die Wochenschauberichte der ersten Kriegsjahre aus Polen und Frankreich. Jeder kannte damals das Lied:

«Kamerad, wir marschieren nach Westen, mit den Bombengeschwadern vereint.
Und fallen auch viele der Besten, wir schlagen zu Boden den Feind!
Vorwärts voran voran über die Maas, über Schelde und Rhein, marschieren wir siegreich nach Frankreich hinein!»

Ich dachte an die «Wunschkonzerte» im Rundfunk, die Grüße von der Front an die Heimat und umgekehrt. An die Ohrwürmer, die wir damals alle kannten, wie Michael Jarys «Das kann doch einen Seemann nicht erschüttern». An Lale Andersen und «Lili Marleen». Das Lied wurde abends über den Soldatensender Belgrad ausgestrahlt, sodass es deutsche und britische Soldaten sogar in Nordafrika empfingen und wehmütig mitsangen. Und als Abschluss einer Sendung, die man sich als familiäres Unterhaltungs-Highlight vorstellen muss, sprach Moderator Heinz Goedecke stets mit schwülstigem Pathos die Botschaft: «Das Wunschkonzert der Wehrmacht geht zu Ende, die Front reicht ihrer Heimat jetzt die Hände, die Heimat aber reicht der Front die Hand. Auf Wiedersehen sagt das Vaterland.» Anschließend sang noch der Kammersänger Wilhelm Strienz das Lied: «Glocken der Heimat», welches ausklang mit «... Kamerad, bald geht es wieder heim». Mehr sentimentale Ergriffenheit ließ sich nicht in einer kurzen Rundfunksendung erzeugen. «Das Schöne ist des Schrecklichen Anfang», heißt es bei Rainer Maria Rilke. Was war aus dieser Armee geworden, die auf den Zigarettenbildchen eine so gute Figur gemacht hatte? Vom Hunger gequälte Gestalten, die ohne Hoffnung vor sich hin vegetierten.

Die Weihnachtszeit rückte heran, meine zweiten Weihnachten in Gefangenschaft. Anders als in Estland erinnerte in Klin nichts an Christi Geburt. Am 24. Dezember lag hoher Schnee, und die Temperatur sank auf 15 Grad unter null, ein gewöhnlicher Tag. Ich weiß nicht mehr, ob wir überhaupt etwas zu essen hatten, denn die korrupte Wachmannschaft verhökerte in unschöner Regelmäßigkeit komplett die gelieferte Verpflegung. Nach Feierabend mussten wir noch in den nahen Wald gehen und im meterhohen Schnee armdicke Birken absägen, die als Feuerholz dienten.

Ich befragte eine russische Arbeiterin in der Fabrik nach den Weihnachtsbräuchen. «Da sieht man mal wieder, wie dumm ihr Deutschen doch seid», bekam ich zur Antwort. «Christus wurde am 6. Januar geboren, und das muss man nicht feiern (wobei sie den gregorianischen Kalender meinte). Einen Tannenbaum haben wir am 1. Januar zum ‹Jolka›-(Tannenbaum-)Fest auch. Dann kommt ‹Djet Maros› (Väterchen Frost) zu den Kindern. So ist das richtig, ponimaisch? (verstehst du?)» Das «Jolka»-Fest war eine Erfindung der Bolschewiki, eine atheistische Variante des christlichen Weihnachtsfestes. Denn Religion war verpönt, «Opium fürs Volk», wie Lenin es definierte.

In der Fabrik hatte ich einen Arbeitsplatz in der Nähe der Öfen, sodass es zumindest angenehm warm war. Das war aber auch der einzige Vorteil. Schwer und mühselig war das Schieben und Entleeren der Loren, die vollbeladen mit heißer Asche waren. Beim Auskippen musste ich vorsichtig sein, ich konnte mich leicht an der noch glühenden Masse verbrennen. Auch an den Weihnachtstagen ging ich also meiner mühevollen Tätigkeit nach. Post von daheim gab es nicht, auch schreiben durften wir nicht. Das alles bedrückte uns sehr. Und es gab keine Hoffnung auf eine baldige Verbesserung unserer Situation.

Eines Tages wurden wir außerhalb des Lagers in eine andere alte Fabrikhalle geführt. Dort gab es Zinkwannen, die waren mit lauwarmem Wasser gefüllt – uns erwartete ein Badetag. Unsere Kleidung mussten wir abgeben, sie wurde entlaust, manche Sachen verbrannten dabei. Die Entlausungen gingen nämlich so vonstatten: In Erdlöchern befanden sich Ziegelöfen, die wurden mit Holz befeuert. Mitunter wurden diese Öfen aber zu großzügig mit Brennmaterial bestückt, sodass aus den Befeuerungsöffnungen die Flammen loderten. Und weil die Kleidung auf Drahtbügel unmittelbar in Nähe der Öfen dem Rauch und der Wärme ausgesetzt war – heiße Luft und Qualm sollten das Ungeziefer vernichten –, fingen die Sachen gelegentlich Feuer. Es war ein Glücksspiel. Wir badeten zur gleichen Zeit in den Wannen. Unbekleidet, wie wir waren, hatten wir die Sachen aufzufangen, die man uns zuwarf. Was oft genug dazu führte, dass wir uns an den glühend heißen Kleiderbügeln die Finger verbrannten. Auf diese Weise verlor ich mein Unterhemd, welches ein Raub der

Flammen wurde. Ich suchte mir einen braunen Zementsack, riss links und rechts Löcher hinein – fertig war mein neues Hemd, welches allerdings am Körper unangenehm kratzte.

Wie schon zuvor achteten wir, wenn wir in ein neues Lager kamen, zunächst auf die Mützen der Wachen. Es war der erste wichtige Indikator für unsere künftige Behandlung. Hatten die Wachen braune Mützen, befanden wir uns in der Gewalt der Roten Armee. Das hieß, die Versorgung konnte zum Problem werden, war nicht immer gesichert. Trugen die Wachen blaue Mützen, waren wir in einem vom ehemaligen NKWD betriebenen Lager, welches also dem Innenministerium unterstellt war. Das hieß zwar, dass uns zahlreiche politische Verhöre erwarteten. Wirklich wichtig war aber, dass wir davon ausgehen konnten, stets die uns zustehenden Essensrationen zu bekommen – 650 Gramm Brot, Kascha (Brei) sowie Machorkatabak.

In Klin waren die Mützen braun. Weil die Zustände im Lager immer unerträglicher wurden, besonders was die Versorgung mit Nahrung betraf, schrieb ein Kamerad einen Beschwerdebrief, den er – adressiert an das sowjetische Innenministerium – einer Zivilperson übergab, die ihn weiterleiten sollte. Mit der ganz normalen Post. Wir waren nicht sehr zuversichtlich und glaubten nicht daran, dass unserem Vorstoß Erfolg beschieden sein würde. Ein Irrtum, denn einige Tage später war im Lager der Teufel los. Ich konnte die Ereignisse nur von der Pritsche aus verfolgen, weil mich erneut ein Fieberanfall niedergestreckt hatte.

Große Limousinen aus Moskau fuhren vor. Ebenso ein Bus mit Soldaten des Volkskommissariats für innere Angelegenheiten, der politischen Polizei also, erkenntlich an den blauen Mützen. Imposante Offiziere mit hohen Pelzmützen stiegen aus. Die korpulenten Erscheinungen mit mächtigen Schulterstücken im Briefformat verbreiteten im Lager ein Klima der Betriebsamkeit. Rasch wurde ihnen im Lager ein Büro eingerichtet.

Dann wurde der Briefeschreiber herbeizitiert. Wir hielten den Atem an, denn wir fühlten uns – stärker noch als sowjetische Staatsbürger – völlig rechtlos. Schließlich hatten wir, faschistische Aggressoren, es gewagt, unser Wachpersonal zu kritisieren, Angehörige der ruhmreichen Roten Armee.

Doch es kam anders als befürchtet, denn anschließend wurde der russische Lagerkommandant verhaftet. Ebenso zwei seiner Offiziere. Tagelang hatten sie unsere Verpflegung verkauft. Außerdem mussten zwei Posten von den Wachtürmen heruntersteigen, auch sie wurden arretiert. Zwei bis drei Tage dauerten die Verhöre, das ganze Lager wurde auf den Kopf gestellt, danach zog die Karawane wieder ab. Die Aktion – «Schistka», «Säuberung» von korruptem Personal, nannten die Russen das – bescherte uns einen neuen Lageroffizier und eine Ärztin. Zusammen mit unseren beiden ausgezehrten Doktoren gab sich die neue Ärztin auch tatsächlich Mühe, unser erbärmliches Leben etwas erträglicher zu machen. Als sie durch die Lazarettbaracke ging und mich sah, sagte sie: «Das ist ja noch ein halbes Kind. Skolka let (wie alt)?» «18 oder 17», sagte der deutsche Arzt. Sie berührte meine vom Fieber heiße Stirn. Und als sie dann mit dem Handrücken meine Wange streichelte, sagte sie leise: «Dosche eschtjo njet» (auch noch nicht) – sie meinte wohl den noch nicht vorhandenen Bartwuchs.

«So ein junger Bursche und keine Möglichkeit der Heilung?», sagte sie. «Nu wot (also), wir werden sehen!», machte sie mir Mut. Es war unglaublich wohltuend, in dieser freudlosen Umgebung so etwas wie Wärme und Anteilnahme zu erfahren, zumal von einer so sympathischen Frau. Mit einem von Pferden gezogenen Schlitten fuhr sie anschließend nach Moskau und holte Medikamente, darunter auch das so dringend benötigte Penicillin für mich. Die Verpflegung wurde uns für sieben Tage nachgereicht. Jeder bekam sieben Brote, was unmöglich sofort gegessen werden konnte. Auch Tabak und Zucker wurde

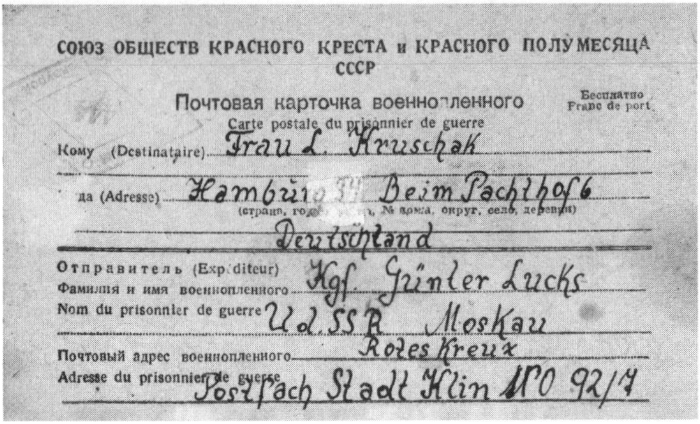

СОЮЗ ОБЩЕСТВ КРАСНОГО КРЕСТА и КРАСНОГО ПОЛУМЕСЯЦА
СССР

Почтовая карточка военнопленного
Carte postale du prisonnier de guerre

Бесплатно
Franc de port

Кому (Destinataire) Frau L. Kruschak

да (Adresse) Hamburg 34 Beim Pachthof 6
(страна, город, улица, № дома, округ, село, деревня)

Deutschland

Отправитель (Expéditeur)
Фамилия и имя военнопленного Kgf. Günter Lucks
Nom du prisonnier de guerre UdSSR Moskau
Rotes Kreuz
Почтовый адрес военнопленного
Adresse du prisonnier de guerre Postfach Stadt Klin №0 92/7

Gruß an die Mutter

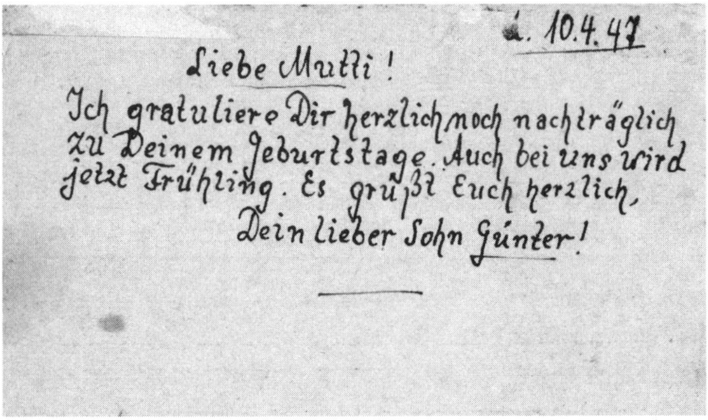

d. 10.4.47

Liebe Mutti!

Ich gratuliere Dir herzlich noch nachträglich zu Deinem Geburtstage. Auch bei uns wird jetzt Frühling. Es grüßt Euch herzlich,

Dein lieber Sohn Günter!

uns gleich in der Menge von sieben Tagesrationen übergeben. Die ersten Tage nach dem hohen Besuch bekamen wir sogar zweimal täglich eine warme Mahlzeit, danach wurden wir zumindest regelmäßig versorgt. Für uns nicht minder wichtig war es, dass wir zum ersten Mal nach Hause schreiben durften. Es gab Postkarten für Kriegsgefangene mit rotem Kreuz und rotem Halbmond darauf. Erlaubt wurde ein kurzer Grußtext von maximal 25 Worten. Später erfuhr ich, dass meine Karte tatsächlich korrekt in Hamburg angekommen war. Sie befindet sich noch heute in meinem Besitz. Es war das erste Lebenszeichen, das meine Mutter von mir nach fast zwei Jahren erhielt. Ich schrieb die belanglosen Worte:

«Liebe Mutti! Ich gratuliere Dir herzlich noch nachträglich zu Deinem Geburtstage. Auch bei uns wird jetzt Frühling. Es grüßt Euch herzlich, Dein lieber Sohn Günter!»

Die Ärztin versprach mir, sie würde mich nach Moskau bringen lassen, denn dort gebe es bessere Heilungsmöglichkeiten. Doch zuerst müsse das Fieber weichen. Weil ich auch noch an einer Rippenfellentzündung litt, zog sich meine Genesung ziemlich lange hin.

Es war im Frühjahr 1947. Ich lag in einem abgetrennten Raum allein, zum ersten Mal seit längerer Zeit hatte ich so gut wie kein Fieber mehr. Das Fieberthermometer zeigte um 37 Grad. Ich lag auf einem Holzbett mit einer Strohmatte mit einer schönen sauberen braunen Wolldecke, auf der stand in großen Lettern «DEUTSCHE WEHRMACHT» geschrieben. Neben dem Bett gab es sogar eine «Ente», eine Glasflasche als Toilettenersatz für bettlägerige Patienten. Meine Sachen lagen fein säuberlich auf einem Schemel, alles wirkte sehr ordentlich und beinahe schon luxuriös. Der Sani kam herein und sagte: «Guten Morgen, Bubi, draußen ist Frühling, steh mal langsam auf, ich bringe dir eine Schüssel mit Wasser zum Waschen. Und in zwei Stunden kommt der Sanka, der wird dich nach Moskau bringen. Vielleicht triffst du dort ja den großen ‹Führer und Lehrer› Stalin.» Ich war völlig verwirrt. Was sollte das jetzt? Der Sanka war ein Sanitätsauto für Krankentransporte.

«Wo ist denn die Ärztin?», wollte ich wissen. «Ach, die ist wieder weg, vielleicht in Moskau», war die Antwort, «die deutschen Doktoren schmeißen den Laden jetzt auch allein.» Ich war traurig, ein bisschen fehlte mir die Ärztin schon, ich mochte sie. Später erfuhr ich, dass viele Kameraden ähnlich gute Erfahrungen mit weiblichem sowjetischem Sanitätspersonal gemacht haben. Sie hatten oft mehr Mitgefühl als ihre männlichen Kollegen. Die Ärztin in Klin war so schön wie meine Mutter, dachte ich damals. Einmal hatte ich den Kameraden ein Foto meiner Mutter gezeigt. Als Reaktion hatten diese gepfiffen und anzügliche Bemerkungen gemacht, in der Art von: «So ein Prachtweib, so was möchte ich auch mal ...» Das hatte mich wütend gemacht. Ihr Idioten, dachte ich, war aber auch ein bisschen stolz auf meine hübsche Mutter.

Jetzt hieß es also wieder einmal Abschied nehmen. Zwar war die Gefahr, nach Sibirien verbracht zu werden, nicht mehr so groß. Und auch wegen der Verhöre ängstigte ich mich nicht mehr so, denn die entscheidenden Fragen schienen in meinem Fall geklärt zu sein – die Russen misstrauten mir nicht mehr. Ich wäre gern in Klin geblieben, denn nach den Verbesserungen ließ es sich hier aushalten. Und das Risiko, dass sich nach einem Ortswechsel die Lage für mich verschlechterte, war groß. Ich hasste Veränderungen, und ich hasste diese schrecklichen Augenblicke des Abschieds. Ich dachte wieder an Hermann in der höllischen Bombennacht. «Bleib ruhig liegen, Goschoi, ich hole Hilfe ...» – das waren seine letzten Worte. Und ich dachte auch an die junge Frau im tschechischen Pisek, an ihre zwei niedlichen Kinder – meine «Familie». In diesem Moment wünschte ich mir zu erfahren, ob sie wohlbehalten in Deutschland angekommen war. Und ob sie wohl je wieder etwas von ihrem Mann gehört hatte? Auch von den netten estnischen Frauen in Tallinn hatte ich mich trennen müssen und nicht einmal Lebewohl sagen können. Ich war sehr niedergeschlagen. «He, du Trauerkloß», sagte der Sani, «freu dich doch ein bisschen auf Moskau. Ich habe gehört, dass von dort aus meistens die Entlassungen vorgenommen werden. Wenn du demnächst dabei bist, dann grüß mir die Heimat ...»

Der deutsche Arzt kam noch kurz herein und untersuchte mich. Dabei bemerkte er, dass meine anhaltenden Schmerzen darauf schließen lassen, dass meine Rippenfellentzündung noch nicht abgeklungen sei. Denkbar sei aber auch ein kleiner, verirrter Granatsplitter als Ursache. Um das genau festzustellen, sei aber eine Röntgenuntersuchung nötig, und die könne nur in Moskau vorgenommen werden. «So etwas haben wir hier nicht. Also, mach es gut und gute Besserung», gab er mir mit auf den Weg. Dann kam der Wagen, zusammen mit mir stiegen weitere sieben Kameraden ein. Bis Moskau waren es etwa 80 Kilometer.

3. TUSCHINO

ENDSTATION

Man sagte uns, wir seien in Tuschino, einem nordwestlichen Vorort von Moskau. Es sollte die letzte Station meiner Odyssee als Kriegsgefangener sein. Damals war Tuschino noch eine eigene Stadt. Später, 1960, wurde sie im Rahmen einer Gebietsreform eingemeindet und ist heute ein Stadtteil der russischen Hauptstadt mit einem sehr beliebten Erholungspark. Eine gewisse Berühmtheit über die sowjetischen Landesgrenzen hinaus besaß Tuschino bereits damals, denn dort befanden sich eine Flugzeugfabrik und später die Forschungseinrichtungen der Luft- und Raumfahrt. Ich allerdings hatte damals von Tuschino nie zuvor etwas gehört.

Im westlichen Teil der Sowjetunion waren die Gefangenenlager, die ich bis zu diesem Zeitpunkt durchlaufen hatte, häufig eine Ansammlung von Holzbaracken gewesen, nicht selten Hinterlassenschaften des ehemaligen deutschen Reichsarbeitsdienstes (RAD) oder der Wehrmacht. Stets waren sie auf freiem Gelände errichtet worden. Sand und Steinplatten füllten die Flächen zwischen den Unterkünften. Freundliches Grün – Gras, Büsche, Bäume – war überwiegend aus den Lagerarrealen verbannt worden. Nur weit außerhalb der Lager sah man Wälder. In Tuschino aber war das anders. Einige kleine grüne Inseln mit Fliedersträuchern und anderen Büschen sorgten auf dem Lagergelände für wohltuende optische Abwechslung im industriellen Einheitsgrau. Das Lager bildete ein großes Areal, in welchem sich ein großes Hauptgebäude aus Stein befand, in dem die Verwaltung und die Küche untergebracht waren. Daran schloss sich ein Kesselhaus an.

Gegenüber dem Lager befand sich eine große Werksanlage. Man munkelte, dort würden moderne Flugzeugmotoren hergestellt. Unser Lager war ein Teil dieser Motorenfabrik, war aber hermetisch mit Stacheldraht abgeriegelt und von Wachtürmen umgeben. Es gab alte Lagerhallen, es gab das erwähnte Kesselhaus, ein zweistöckiges Verwaltungsgebäude und einige separate Steinbungalows. Im Verwaltungsgebäude befanden sich die deutsche und die sowjetische Lagerleitung, die Küche sowie eine Schneiderei und eine Schuhmacherwerkstatt. Auch dort arbeiteten Kriegsgefangene. In den gemauerten Bungalows wohnten unsere «Spezialisten», überwiegend begehrte Facharbeiter mit seltenen Fähigkeiten. Auch das Lazarett war hier.

Das Erste, was mir im neuen Lager auffiel, war ein großes, rotes Holzbanner über dem Lagertor. Auf rotem Untergrund stand dort in weißen Lettern: «Pod znamena Lenina, pod woditelstwom Stalina – w period k Kamuniisma!» Zu deutsch: Unter dem Banner Lenins, unter der Führung Stalins – Vorwärts zum Kommunismus. Insgesamt waren wir zum Zeitpunkt meines Eintreffens im Lager nur 250 deutsche und je 50 ungarische sowie rumänische Kriegsgefangene. Im Lauf der Zeit wurden aber immer neue Gefangene gebracht, aus allen Teilen der Sowjetunion. Offenbar konzentrierte man sie hier. Offiziere gab es im Lager kaum noch, das Gros wurde seit Ende 1945 in speziellen Offizierslagern untergebracht. Wir waren in Arbeitsgruppen unterteilt, jeweils 25 bis 30 Mann stark, diese wurden Brigaden genannt. Der Leiter einer solchen Gruppe hieß Brigadier. Den deutschen Lagerleiter, der uns beim Eintreffen begrüßte, sahen wir später in Tuschino so gut wie gar nicht mehr.

Ich kam zunächst für zwei Wochen in die Lazarettbaracke. In einer Halle waren einige Räume abgetrennt, darin befand sich die Krankenstation. Ich machte zunächst mit dem Chefarzt Bekanntschaft, Dr. Karl Friedrich Blanke. Er und ein weiterer Arzt, Dr. Immig, waren die letzten beiden Offiziere unter uns «gewöhnlichen Soldaten». Sie hatten nicht viele Behandlungsmöglichkeiten, denn wir wurden so gut wie gar nicht mit Medikamenten versorgt. Schwerkranke in Lebensgefahr wurden nach Moskau gebracht, allerdings wusste keiner, wohin genau. Waren wir krank, wurden wir von Dr. Blanke vertröstet, zumeist mit den Worten: «Das kriegen wir wieder hin, das ist nicht so schlimm, das habe ich auch mal gehabt.» Ein Beispiel: Einer unserer Kameraden, Heinz Rebell, hatte ein Furunkelgeschwür im Nacken und wollte deshalb behandelt werden. Dr. Blanke drückte es aus und verband es und sagte dem unter Schmerzen leidenden Heinz: «Hab dich nicht so, das habe ich auch schon mal gehabt ...» Damit war die Sache für ihn erledigt. Irgendwann nannten wir ihn nur noch «Dr. Habschongehabt». Dass das nur eine für ihn typische Redensart war, wurde mir erst später klar. Aber zumindest mit seinem ersten Versprechen sollte er recht behalten. Dank guter Pflege wurde ich tatsächlich schnell wieder gesund. Erfreulich war auch, dass es regelmäßig Essen gab und dass die Mahlzeiten den für Kriegsgefangene vorgeschriebenen Normen entsprachen.

Nach meiner Genesung wurde ich einer Brigade von zehn Mann zugeteilt. Wir schliefen in einer der 80 Meter langen und 50 Meter breiten Hallen, die mit durchgehend zweistöckigen Pritschen und drei Öfen ausgestattet war, zusammen mit Hunderten anderer Kameraden. Neben der Halle gab es Waschräume mit langen Holzrinnen. Wir Neuen wurden eher gleichgültig aufgenommen.

Zuständig für uns war ein sogenannter Kontrolloffizier, Leutnant Schubin. Er war eine Mischung aus «Vater der Kompanie», Ratgeber und Vertrauensperson – sofern so etwas zwischen Bewachern und Bewachten überhaupt möglich war. Er fungierte neben dem Lagerkommandanten als Chef. Er war Jude und sprach mit einem lustigen jiddischen Akzent. Hatte sich jemand beim Morgenappell verspätet, scherzte er vorwurfsvoll: «No, no, obens (abends) schmusen se mit de Kameraden lange an de Eefen (Öfen) und morgens nix keemen an de Aapel (Appell).» Er war immer gut gelaunt und zu Späßen bereit. Wir erfuhren später, dass seine ganze Familie in dem von Deutschen besetzten Gebiet ermordet worden war. Umso erstaunlicher war es, dass er uns ausgesprochen fair behandelte. Verbitterung oder Deutschenhass stellte ich bei ihm nicht fest. «Wenn jemand etwas verbrochen hat, wird man das ermitteln, und er wird bestraft – die anderen: ‹skorra domoi› (bald nach Hause)», sagte er oft. Ein gutgemeintes «Skorra domoi, Kamerad» war bei den Russen zu einer beliebten Floskel geworden, mit der man uns aufzumuntern versuchte.

Schubin war das Pendant zu dem, was in der Hitlerjugend, bei der Waffen-SS oder in der Wehrmacht der «UvD» war, der Unterführer oder Unteroffizier vom Dienst. Dieser nahm vom Wecken bis zum Zapfenstreich den Ordnungs- und Wachdienst wahr. In Deutschland wechselten die Diensthabenden täglich oder wöchentlich. «Lietjenant» (Leutnant) Schubin übte diese Funktion aber permanent aus. Seine Funktion wurde bei den Russen «Deschurnij» genannt, was wohl vom französischen «de jour» abgewandelt worden war, von dem Wort Tag.

Unter meinen neuen Kameraden wurde vor allem Edgar Goretzko zu meiner wichtigsten Bezugsperson, bald war er für mich eine Art großer Bruder. Dabei war der erste Eindruck, den ich von Edgar hatte, eher rätselhaft: Dieser Mann lief unermüdlich im Lager herum und schien sich um alles und jeden zu kümmern. Seine offizielle Funktion kannte keiner, Edgar war eine Institution und «ganz wichtig», aber auf eine angenehme Art. Er war ein Phänomen. Es gibt eben Menschen, die haben keine besondere Funktion, strahlen aber kraft ihrer Gegenwart etwas Wichtiges, Bedeutendes aus. Edgar war so einer. Er war etwa acht Jahre älter als ich, also Mitte 20, stammte aus Lüdenscheid im Sauerland und hatte vor dem Krieg als Kaufmann gearbeitet.

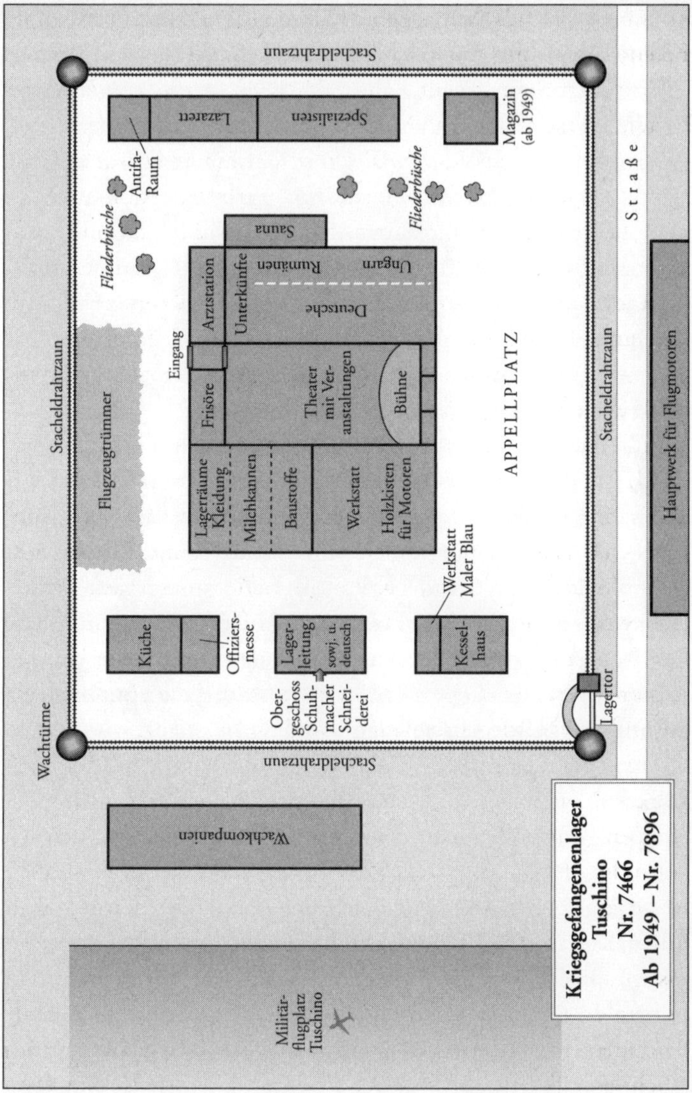

Das Lager Tuschino, wie ich es in Erinnerung habe.

Er war eloquent, charmant, intelligent und hilfsbereit. Im Krieg war er mit der 16. Armee im Nordabschnitt der Ostfront im Einsatz. Als Schreibkraft beim Stab hatte er nicht an Kampfhandlungen teilgenommen. Ich glaube mich zu erinnern, dass er davon sprach, im Kurlandkessel in Gefangenschaft geraten zu sein. Edgar erzählte mir von einem Fronttheater-Kabarett, an dem er mitwirkte und das von dem später in der Bundesrepublik sehr bekannten Komponisten Lothar Olias geleitet wurde, der auch viele Titel für Freddy Quinn geschrieben hat und 1990 in Hamburg gestorben ist. Logo des Kabaretts im Krieg: Das Cabaret einer Armee am Ilmensee, womit der See zwischen St. Petersburg und Moskau gemeint war.

Als einer der Ersten trug Edgar im Lager Tuschino Zivilkleidung. Allein schon das unterschied ihn optisch von den anderen «Plennys». Er war belesen und brillierte mit literarischen Bonmots. Als eine Zeitlang eine schnippische, arrogante und unfreundliche Ärztin für uns zuständig war, kommentierte Edgar das in Abwandlung eines Zitats aus Schillers Glocke: «Gefährlich ist's, den Leu zu wecken, verderblich ist des Tigers Zahn, jedoch das Schrecklichste des Schreckens ist diese Frau in ihrem Wahn!» Treffender hätte man diese Furie nicht beschreiben können! Im Lager hatte er den Ruf eines «Impresarios», eines Allround-Organisators. Wenn Material fehlte oder ein fehlendes Musikinstrument den Auftritt des Lagerorchesters gefährdete – Edgar besorgte alles.

Im Hauptgebäude über dem Speiseraum für die russischen Offiziere hatte ein weiterer besonderer Mensch Quartier bezogen: ein kleiner, etwas schrulliger deutscher Kunstmaler. In seinem Atelier malte, lebte und schlief er. Er bezog eine Sonderverpflegung und hatte in seinem Studio ein echtes Feldbett mit einer Wolldecke und Matratze. Er war 30 bis 40 Jahre alt, klein, untersetzt, trug eine Brille, über die hinweg er sein Gegenüber fixierte. Seinen richtigen Namen habe ich nie erfahren. Er brauchte nicht zu arbeiten, musste nur malen. Bei den Russen war er sehr beliebt, sie behandelten ihn gut, denn sie liebten seine anspruchslosen, naturalistischen Bilder, die er ihnen auftragsgemäß malte: ausschließlich spielende Bären im Wald. Ich bin überzeugt, er hätte ganz andere Bilder malen können, aber die Russen wollten Bären – und die bekamen sie auch. Vermutlich ist er im Laufe der Jahre zu einem der besten «Bären-Maler» der ganzen Sowjetunion geworden. Wir nannten ihn «Maler Blau», denn er schwärmte für diese Farbe, sie sei wie «der Himmel, veränderlich und schön». Jeder hat eben so seine ganz private Macke, dachte ich damals. Aber wir mochten den schrägen Typen sehr. In seinem «Atelier» im Hauptgebäude stapelten sich fertige und angefangene Ölgemälde auf Staffeleien gespannt. Wenn er seine «schöpferische Pause» hatte, musste er ruhen und wurde nicht gestört. Nachdenklich schritt er oft hin und her. Eine Gruppe Kunstinteressierter, zu der auch Edgar und ich gehörten, ging gern zu ihm. Er philosophierte, hatte skurrile Anschauungen und gab oft amüsante Geistesblitze zum Besten. Er redete über Gott und die Welt. War er unpässlich oder legte eine schöpferische Pause ein, dann bekamen die Russen eine Zeitlang keine Bären ausgeliefert – was anschließend zu einer Steigerung der Nachfrage nach seinen Werken führte.

«Fragt mich nur, ihr werdet eine gute und zufriedenstellende Antwort bekommen», sagte er zuweilen zu uns. Und gelegentlich fragten wir ihn auch. «Maler Blau, wann kommen wir denn nach Hause?», wollte ich einmal wissen. Typisch für ihn war, dass er stets Denkpausen einlegte, bevor er antwortete – was den Eindruck der Bedeutungsschwere seiner Aussagen verstärkte. Seine Antwort: «Es gibt in der russischen Regierung zwei Strömungen. Die eine ist für eine baldige Rückführung der Gefangenen, die andere ist dagegen. Jene Strömung, die dagegen ist, ist zur Zeit stärker, aber das kann sich schnell ändern.» Wenn sich «Maler Blau» beklagte, dass die Russen ohne jegliche Bezahlung seine

Werke nahmen, tröstete Edgar ihn mit einem Spruch von Wilhelm Busch: «Oft trifft man wen, der Bilder malt, viel seltener wen, der sie bezahlt.» Im Übrigen, so Edgar, solle er doch froh sein, hier ein kleines Privatdomizil betreiben zu dürfen, gut verköstigt und ansonsten relativ in Ruhe gelassen zu werden. Das erkannte der «Meister» dann auch an. Jetzt müsste er aber seine Farben mischen, wir könnten ja bald mal wiederkommen. Hinzu komme, dass er jetzt nachdenken müsse. Also half alles nichts, wir mussten gehen, die Plauderstunde war beendet, der Meister musste seine Gedanken ordnen.

Wer direkt im Lager Tuschino zu arbeiten hatte, musste zumeist nicht allzu schwer schuften. Ich war zunächst im Kesselhaus des Hauptwerkes beschäftigt. Das Werk hatte einen Bahnanschluss. Güterzüge wurden be- und entladen, fuhren an und ab. In einer der Hallen war eine Werkstatt für Holzverarbeitung eingerichtet. Es gab da Hobelbänke, stehende und pendelnde Kreissägen, Abrichtmaschinen und die ganze Palette an Werkzeugmaschinen, die in eine Werkstatt gehören. Der deutsche Brigadier dort war von Beruf Tischler, für die Russen war er damit ein «Spezialist». Hier wurden sehr große Kisten produziert, vermutlich, um darin Flugzeugmotoren zu transportieren. In die Kisten eingearbeitet wurden Spezialhalterungen, um die Motoren zu fixieren. Da ich Vorkenntnisse in der Holzverarbeitung hatte, fand ich dort für einige Zeit Beschäftigung. Eher aus Unwissenheit denn aus Böswilligkeit machte ich aber einen großen Fehler, der meinen Lageralltag für längere Zeit sehr erschwerte.

Die Arbeit dort gefiel mir sehr gut, und so gab ich mir Mühe und war besonders fleißig. Offensichtlich zu fleißig! Das Soll schaffte ich spielend und stellte, weit darüber hinaus, zwölf große Kistenwände mit den entsprechenden Gürtelleisten her, während die Kameraden vier, höchstens fünf davon produzierten. In meinem jugendlichen Übermut war ich stolz darauf, am nächsten Tag an der Wandtafel als «Bestarbeiter» gelobt zu werden. Außer der öffentlichen Belobigung gab es aber vom Wachpersonal nichts. Dennoch hielt ich zwei Tage dieses forcierte Arbeitstempo durch.

Ich war auf bestem Wege, ein deutscher «Stachanow» in Miniaturformat zu werden, ein Rekordarbeiter. Alexej Grigoriewitsch Stachanow hatte 1935, zum Höhepunkt der stalinistischen Propaganda, in einer Kohlegrube im Donbass die gängige Arbeitsnorm um das Dreizehnfache überboten – und war so zum Begründer einer sozialistischen Offensive gegen Schlendrian geworden. Doch so weit kam es in meinem Fall nicht. Am dritten Tag, als ich die erste Wand dem deutschen Brigadier zur Qualitätskontrolle übergab, hatte er eine Reihe von Beanstandungen. Bei der zweiten Wand passierte es wieder, er fand so einiges kritikwürdig. Immer wieder musste ich von vorn anfangen, sodass ich bei Arbeitsende nur drei fertiggestellte Wände vorweisen konnte. Ich blieb also klar hinter der Leistung der anderen Kameraden zurück. Die verspotteten mich und feixten. Auch in den folgenden Tagen konnte ich meine Norm nicht erfüllen. Abends saß ich perplex auf meiner Pritsche. Ich hatte auch den Eindruck, dass viele nicht mehr mit mir sprachen. Und wenn, dann antworteten sie kurz oder verhöhnten mich.

Edgar nahm mich schließlich beiseite und sagte: «Das hast du dir selbst zuzuschreiben. Hoffentlich wird dir das eine Lehre sein!» Ich wollte wissen, was ich nur falsch gemacht hatte, denn ich war mir keiner Schuld bewusst. Edgar sagte: «Durch deinen Übereifer hast du die Kameraden geschädigt und die Norm unnötig hochgetrieben. Hoffentlich ist es noch nicht zu spät, und die Kameraden müssen wegen dir nicht mehr schuften. Übrigens habe ich Angst, falls du nicht vernünftig wirst, dass dir während der Arbeit etwas passiert, nennen wir es mal einen Unfall. Du verstehst doch, was ich meine?» Edgar meinte noch, ich solle dem Brigadier dankbar sein, dass er dafür gesorgt hatte, dass ich auf dem Teppich blieb. «Ich werde mal mit ihm und den Leuten dort reden», versprach er.

Und das zeitigte Wirkung. Von da an passte ich mich dem Arbeitsrhythmus an, blieb oft weit unter der Norm, sodass der eine oder andere mir sogar half. Nach und nach waren die Kameraden wieder nett zu mir. Ich war glücklich, als ich wieder mit «Bubi» und nicht mehr knapp mit «Lucks» angesprochen wurde. Ich hatte meine Lektion gelernt. Vor allem wusste ich jetzt, was es heißt, sich solidarisch zu verhalten. Edgar grinste. «Na also, warum denn nicht gleich so», sagte er. Tatsächlich hätte niemand vom Übereifer eines Einzelnen profitiert. Im Gegenteil, die Kameraden hätten bis ans Ende unserer Gefangenschaft mehr leisten müssen. Und höhere Normen waren genau das, was wir im dritten Jahr unserer Kriegsgefangenschaft nicht brauchten.

In einer der Lagerhallen auf dem Gelände waren die meisten Gefangenen untergebracht, in der anderen richteten wir in Eigenregie einen Theatersaal ein, mit einer großen Bühne. Die Theatergruppe existierte bereits, als ich in das Lager kam. Ebenso ein «Orchester», bestehend aus einem Trompeter, zwei Posaunisten, einem Bassgeiger, zwei Gitarristen, zwei Streichern sowie zwei Klarinettisten. Stets in der Mitte sitzend, bildete der Sachse Gerhard Moog mit seinem 24-bässigen Akkordeon das Herz unseres Orchesters. Gerhard war ein begnadeter Musiker. Vor dem Krieg war er ein Mitglied des Radio-, Tanz- und Unterhaltungsorchesters Leipzig unter der Leitung von Werner Krumbein gewesen. Diese Tanzkapelle existierte nach dem Krieg beim ostdeutschen Sender Leipzig weiter.

Unser Kapellmeister oder «Bandleader» hieß Albert Thoden und stammte aus Rotenburg bei Bremen, wo er Inhaber eines Feinkostgeschäftes war. Albert war im Lager auch der Küchenchef und leitete das Verpflegungslager – unter uns Gefangenen war er damit von zentraler Bedeutung. Er komponierte, arran-

Oben das Lagerorchester 1947: In der Mitte sitzend mit Krawatte Kapellmeister Albert Thoden, am Akkordeon Gerhard Moog. Unten das Lagerorchester 1949: In der Mitte unten am Akkordeon Albert Piller, links stehend Beschützer Edgar Goretzko, der das Orchester neu gründete.

gierte und dirigierte. Seiner Leitung war es zu verdanken, dass unser Orchester die herrlichste Musik zauberte, trotz schwieriger Bedingungen.

Dass ich der Kulturgruppe beitrat, verdankte ich einem Hamburger: Helmut Prestin. Er «besah» sich die Neuzugänge und fragte, ob jemand aus Hamburg dabei sei. Ich meldete mich, und wir kamen ins Gespräch. Als ich ihm erzählte, dass ich aus dem Stadtteil Horn stamme, freute er sich und sagte, er sei dort jedes Jahr zum Pferderennen gewesen. Ich erzählte, dass ich «musisch» vorbelastet sei, und er schlug mir vor, der Theatergruppe beizutreten. Er sei dort Bühnenausstatter und wolle mich dem Leiter, Albert Thoden, vorstellen. Heute würde man das wohl «Casting» nennen.

Mir war vor allem wichtig, etwas Ablenkung vom Gefangenenalltag zu bekommen. Ich ging also zum Kapellmeister Thoden, der mich an Albert Piller verwies, welcher zumeist Regie führte. Er saß an einem wackligen Tisch hinter der Bühne und schrieb auf grauem Schreibpapier an einem Textbuch. Ohne aufzublicken sagte er: «Setz dich.» Nur wohin? Es war kein weiterer Stuhl da, und so setzte ich mich auf den Fußboden und lehnte mich an die Wand. Nach einer Weile musterte er mich und sagte: «Du siehst kindlich aus und hast sicher noch keinen Stimmbruch gehabt. Sing doch mal was!» Ich begann mit «Man müsste Klavier spielen können», einem damals populären Schlager von Johannes Heesters. Albert brummte etwas und fragte mich, ob ich wie eine Frau singen könne. Das war mir peinlich, aber ich wollte ja in die Gruppe und begann: «Es klopft mein Herz bumm bumm.» Das war eine nicht minder bekannte Schnulze. «Gut, du Sängerknabe», unterbrach mich Albert, «wir müssen eine Frauenrolle besetzen. Ich bereite da etwas frei arrangiert ein Stück von Emmerich Kálmán vor, du sollst unsere ‹Csárdásfürstin› sein …» Und so kam es dann auch.

Das kulturelle Leben wurde zum Quell, aus dem wir Kraft,

Zuversicht, den Willen zum Weiterleben schöpften. Das klingt wahrscheinlich schwülstig, war aber so, denn noch immer hatten wir keine Ahnung, wann und ob unsere Leidenszeit überhaupt irgendwann einmal enden würde. Die kulturelle Freizeitarbeit brachte Abwechslung und Spaß in das sonst so trostlose Gefangenendasein. Und es war eine große Genugtuung, die Kameraden, die uns zusahen, aufzuheitern, so etwas wie ein Lachen in ihre Gesichter zu zaubern. Oft waren auch wir mutlos und niedergeschlagen. Aber sobald ein neues Theaterstück vorbereitet wurde, gingen wir mit viel Elan zur Sache und tankten auf diese Weise Zuversicht.

Natürlich konnten die Laiendarsteller keine großen Dramen aufführen, aber kleine Lustspiele oder politisch motivierte Stücke gehörten durchaus zum Repertoire. Die Textbücher und selbst die musikalischen Arrangements stammten alle aus den Federn von Kriegsgefangenen des Lagers. Neben der «Csárdásfürstin» stand später auch «Die lustige Witwe» von Franz Lehár auf dem Spielplan. Es gab noch zwei andere junge Gefangene, die mein Schicksal teilten und zumeist Frauenrollen übernehmen mussten.

Zwei Tage nach dem «Casting» erhielt ich ein Textbuch und musste büffeln. Vor der Aufführung bekam ich Frauenkleidung und eine Frauenperücke. Zunächst wollte ich vor Scham nicht auf die Bühne gehen, rang mich dann aber doch dazu durch. Als dann, noch bevor ich etwas sagen oder singen konnte, Jubel und Applaus aufbrandeten, fasste ich Mut. Im Lauf der Zeit schlich sich so etwas wie Routine ein, oft wurden meine Auftritte von stürmischem Applaus begleitet. Mitunter saßen in den ersten Reihen russische Offiziere als Gäste. Eines Tages kam der Politmajor hinter die Bühne und verlangte, umgehend die Frauen hinauszuwerfen. Denn dies sei schließlich ein Lager für männliche Gefangene! Ich hatte mich inzwischen umgezogen, die Frauenkleidung lag neben mir. Nach einer peinlichen Kontrolle – zunächst wirkte er völlig perplex – begann er schallend zu lachen. Mir gab er den gutgemeinten Rat, vorsichtig zu sein, denn es gäbe sicher auch schwule Kameraden unter uns. Doch wem sagte er das? Wir alle litten sehr unter Liebesentzug, jeder auf seine Weise.

Stolz war ich, als ich von Heinz Rintschenk, der aus dem Banat stammte und ziemlich umfassend gebildet war, die Grundregeln des Notenschreibens lernte. Bei ihm nahm ich auch Gitarrenunterricht. Im Lager hatte ich eine wunderschöne Gitarre mit sechs Saiten, russische Instrumente hatten zumeist sieben Saiten. Nach kurzer Zeit konnte ich schon einigermaßen auf diesem Instrument spielen und zumindest einige Akkorde greifen. Ich war bald weit genug, ihn, der auch Akkordeon spielte, beim Largo von Georg Friedrich Händel auf der Gitarre begleiten zu dürfen.

Ich hatte bereits als Kind erste Erfahrungen mit Theater und Gesang sammeln können. Denn der bekannte Schauspieler Otto Lüthje vom Hamburger Ohnsorgtheater war in der Schule unser Lehrer gewesen, unter anderem auch für die Fächer Mathematik und Musik. Er war sehr musikalisch, spielte Geige und Klavier. In der Schule hatte ich im Musikunterricht stets eine Eins gehabt. Mein Bruder Hermann und ich mussten immer die zweite Stimme singen. Einmal spielte Otto Lüthje das Lied «Lütt Matten de Has». Ich sang dazu – und war dabei pantomimisch so gut, dass der Lehrer sagte: «Junge, Mensch, du bist ja das männliche Pendant zu Shirley Temple.» «Nein», erwiderte ich, «ich bin der ‹Goschoi›» – das war als Kind mein Spitzname – «der große Künstler.» «Na ja», sagte Lüthje, «zum Rechenkünstler reicht das aber noch nicht.»

Texte lernte ich leicht, ich hatte auch kaum Versprecher. Auch nicht, wie man das in Theaterkreisen nennt, sogenannte Hänger, wenn plötzlich im Kopf die große Leere herrscht. Für den Fall hatten wir jedoch einen Souffleur, der in seinem Kasten vor der

Bühne hockte. Wir hatten sehr talentierte Darsteller. Da war der Schauspieler und Sänger Fritz Paas aus Berlin-Wilmersdorf, der in vielen Tonlagen singen konnte. Dann unser lyrischer Tenor Hans Kaspar, der sich auch auf das Darbieten von Volksliedern sehr gut verstand. Der Star aber war der Heldentenor Karl Bauermeister, er sang das hohe C mühelos, schmetterte aber auch Western-Songs wie «Oh Susanna».

Unser Bühnenbildner, der bereits erwähnte Helmut Prestin aus Hamburg, dem ich meinen Eintritt in die Theatergruppe verdankte, war auch im Zivilleben Dekorateur. Helmut zauberte mit bescheidenen Mitteln die schönsten Kulissen für unsere Aufführungen. Unser Maskenbildner war eigentlich Friseur von Beruf und kam aus Lahr in Baden. Er hieß Erich Hüller und war schon 1941 als Panzerfahrer vor Moskau in Gefangenschaft geraten. Geleitet wurde das Theater von unserem «Theaterchef», dem bereits erwähnten Albert Thoden aus Rotenburg bei Bremen. Unsere Kostüme wurden von den Spezialisten in den Schneider- und Schuhmacherwerkstätten des Lagers maßgeschneidert.

Unsere Theaterproben fanden in der Freizeit statt. Natürlich mussten wir, wie alle anderen Gefangenen auch, arbeiten. Die einzige Vergünstigung für uns Theaterleute bestand darin, dass uns die Lagerleitung vor den Aufführungen zeitweise in der Tischlerei innerhalb des Lagers arbeiten ließ. Einige hatten ohnehin Funktionen im Lager selbst – in der Küche, als Friseure oder als Banja-Leute (Banja = Bad). Vor einer unserer «Premieren» durfte ich 14 Tage lang in Alberts Küche arbeiten und hatte in einem separaten Raum russischen Offizieren das Essen zu servieren. Einige waren sehr freundlich und schenkten mir ein paar Zigaretten der Edelsorte «Kasbek». Ich wunderte mich, hier Offiziere zu sehen, die ich im Lager zuvor noch nie gesehen hatte. Vermutlich futterten sie sich auf unsere Kosten durch, denn im ganzen Land herrschte immer noch Mangel. Einige der Herren

Genossen mit den «ziegelsteingroßen Schulterstücken» waren auch missgünstig: Liegen gebliebene Bratenstücke übergossen sie, bevor sie das Kasino verließen, mit Teeresten. Um so zu verhindern, dass wir sie aßen.

Von den einstigen Verbündeten Deutschlands bereicherten die Ungarn im Lager das Kulturleben am meisten. Sie hatten eine Streichergruppe, vier Geiger und einen Primas. «Zigeuner» nannten wir sie, weil sie so temperamentvoll waren. Sie spielten feurige ungarische Weisen, mit viel mehr Pfiff als die von uns dargebotene Musik. Sie rissen uns vor Begeisterung von den Sitzen. Eine Gruppe Sänger gehörte zum ungarischen Ensemble. Und auch deren Darbietungen waren erstklassig. Nie vergessen werde ich ihre Version des amerikanischen Jazz-Stückes «Dipsy Doodle», das sie – in einer ungarischen Fassung – einfach umwerfend präsentierten. Heinz Rintschenk, der aus dem Banat stammte, sprach neben Deutsch auch Ungarisch, Rumänisch und ein wenig Russisch. Er erklärte mir, warum es zwischen den Ungarn und den ebenfalls in Tuschino gefangenen Rumänen zu einer dauerhaften Fehde kam. Es ging um die Transsilvanienfrage. Im Wiener Schiedsspruch von 1940 war diese zweisprachige Karpatenregion Ungarn zugeschlagen worden. Die Rumänen empfanden dies als große Schmach. «Wir holen es uns zurück!», skandierten die Rumänen. «Nem, nem, shoha!», lautete die ungarische Antwort – «Nein, nein, niemals!» Stalin entschied im Krieg, dass die Region wieder zu Rumänien gehören sollte, was schließlich in der Nachkriegszeit umgesetzt wurde und bis heute gültiger Status ist. Das wiederum erzürnte die Ungarn im Lager.

Im Unterschied zu den Rumänen, zu denen wir kaum Kontakt hatten, waren die Ungarn waschechte Organisationstalente: In ihrem Barackenteil des Lagers waren Tische zusammengestellt, die bildeten einen Markt. Darauf lagen Waren, geklaute Filzstiefel zum Beispiel oder nagelneue Fußlappen, auch glasweise

Machorka und sogar Kartoffelpuffer, hergestellt aus geriebenen Kartoffelschalen.

Für die meisten unserer ehemaligen Verbündeten ging die Leidenszeit in der Gefangenschaft allmählich zu Ende. 1948 wurden die Rumänen entlassen, etwas später folgten die Ungarn. Mit den Ungarn hatten wir uns nicht zuletzt auch viele sportliche Wettkämpfe geliefert, Boxkämpfe zum Beispiel. Dazu war eigens ein provisorischer Ring aus Holzbrettern gezimmert worden, eine ungarische und deutsche Mannschaft duellierte sich dort. Dazu kam sogar einmal ein sowjetischer Zeitungsreporter, der, wohl aus Propagandagründen, Aufnahmen machte. Einige Fotos bekamen wir ausgehändigt, doch leider gingen sie im Laufe meiner Zeit im Lager verloren. Einer unserer besten Boxer war Heinrich (Hein) Müller aus St. Pauli. Ich traf ihn 1950 im Hamburger Hafen wieder, als er dem Anlegen des Passagierschiffs «Washington» zusah, was damals in Hamburg für viel Aufsehen sorgte.

Koordiniert wurde die Kulturarbeit im Lager von Thilo Ruppel, dem Kulturleiter. Thilo stammte aus Trier. Er kam aus kleinbürgerlichen Verhältnissen und leitete auch die sogenannte Antifa-Gruppe, die aber winzig war. Sein Wissen über Marx, Engels und Lenin hatte er sich selbst angelesen. Thilo hatte sich zum Ziel gesetzt, den Nazimüll aus unseren Köpfen zu entsorgen. Und das war eine Sisyphusarbeit! Das Interesse an seinen ideologischen Schulungen war unter den Gefangenen gering – die meisten Kameraden hatten andere Probleme, sie wollten nach Hause. Außerdem misstrauten sie der stalinistischen Propaganda, zumal in den meisten Köpfen noch eine gehörige Portion NS-Überzeugung schlummerte.

Ich aber trat Thilos Antifa-Gruppe bei. Einerseits empfand ich die Diskussionen dort als befreiend. Außerdem erfuhren wir viel Neues, was wir so in der Nazizeit noch nie gehört hatten. Ich hungerte nach Informationen, egal welcher ideologischer

Einfärbung. Thilo war ruhig und erklärte alles geduldig. Vor allem nahm er es einem nicht übel, wenn man eine andere Ansicht vertrat. Zumindest anfangs war das so. Und ich war oft anderer Meinung, fand richtig Spaß daran, kontrovers zu diskutieren. Endlich konnte ich die Diskussionen führen, die in meinem kommunistischen Elternhaus aufgrund meiner Jugend nicht möglich gewesen waren. Und die ich später als getreuer Hitlerjunge mied. Vermutlich waren diese Gefangenenlager die einzigen Flecken in Stalins Riesenreich, in denen es so etwas wie Pluralismus, freie Meinungsäußerung, Wettstreit der Ideen gab. Das war für uns, die Kinder der NS-Diktatur, natürlich etwas ganz Neues. Diskussion ersetzte Agitation. Begierig verschlang ich die Informationen. Erstmals hörte ich von der «Endlösung der Judenfrage», der «Wannseekonferenz» und anderen Details über den Holocaust. Damals blieb ich diesen unglaublichen Geschichten gegenüber zunächst skeptisch, zumal uns die Sowjetunion zugleich als «Paradies auf Erden» beschrieben wurde. In meiner Wahrnehmung war sie in vielerlei Hinsicht eher eine Art Gegenstück zum NS-Unrechtsstaat, mit ähnlicher Struktur unter umgekehrten Vorzeichen.

Die uns gewährte Meinungsfreiheit – sie stieß jedoch bald an ihre Grenzen. Und das drosselte meine anfänglich ungetrübte Freude am Diskutieren. Wir hatten eines Tages eine Besprechung über das Buch eines gewissen John Reed – «Zehn Tage, die die Welt erschütterten» hieß es, ein sozialistischer Klassiker, der zum Kanon der kommunistischen Pflichtlektüre jeder Schule gehörte. Reed war ein US-Journalist, der 1917 zum Augenzeugen der revolutionären Veränderungen in Russland wurde. Im Verlauf der Russischen Revolution wandelte sich Reed vom Chronisten zum Kommunisten, er wurde ein Parteigänger Lenins, den er auch persönlich kennen und schätzen lernte. Das Buch, dutzendfach aufgelegt und jeweils dem neusten ideologischen Schwenk angepasst, wurde zum Standardwerk der Kommunisten, später auch in der DDR. Als Zeuge der Geburt des Sowjetreichs wurde Reed zu einer Art Apostel Lenins, sein Buch zu einer Art Evangelium der Sowjetgeschichte – die Parallele dieser Ideologie zur Religion war offensichtlich. Und weil Reed, der Amerikaner, aus dem Epizentrum des Kapitalismus stammte, schien er als Kronzeuge obendrein besonders glaubwürdig zu sein – so die Logik. Bis heute ist er übrigens der einzige Ausländer, dem die Ehre zuteilwurde, an der Kremlmauer bestattet zu werden – neben den vielen «Helden der Sowjetunion».

Auf mich hatte Reeds Werk Eindruck gemacht. Als ich nach der Besprechung in meine Unterkunft ging, sprach ich darüber mit einem älteren Kameraden. Er meinte, es stimme im Wesentlichen, was im Buch stehe. Doch dann fragte er, ob denn in unserer Runde auch über Leo Trotzki gesprochen worden sei, den Begründer der Roten Armee. Der habe nämlich die entscheidende Rolle in der Revolution gespielt, sei eine Art Regisseur des Umsturzes gewesen. Trotzki kam in der damals verbreiteten Reed-Ausgabe nur am Rande vor – als ein ganz übler Kerl, ein Schädling und Revolutionsverräter. In den ersten Auflagen des Buches indes, als Trotzki noch zur bolschewistischen Avantgarde gehörte, war ihm noch ein Denkmal gesetzt worden – gleichrangig neben Gottvater Lenin. Doch bekanntermaßen lieferte sich Trotzki einen Machtkampf mit Stalin, den Letztgenannter gewann. Trotzki wurde verjagt und 1940 in Mexiko von Stalins Schergen erschlagen. In Stalins Sowjetunion galt Trotzki als ein größerer Verbrecher als Hitler, obwohl die Sowjetunion ohne Trotzki vermutlich nie entstanden wäre.

Ich fragte den älteren Kameraden, woher er das denn alles wüsste. Er meinte, er sei früher ein Mitglied des kommunistischen Jugendverbandes gewesen, bevor er sich dann «umorientiert» hätte. «Warst du denn auch in der NSDAP?», fragte ich ihn. «Ach, lass mich in Ruhe», war seine Antwort. Ich wollte mehr über die Geschichte Trotzkis wissen und fragte den normalerweise so entspannten Thilo, der mich plötzlich anbrüllte und regelrecht ausrastete: «Hör auf, davon zu reden, das war ein verbrecherischer antisowjetischer Agent!» Ich bekam einen Schreck und nahm mir vor, nicht mehr darüber zu sprechen. Doch Trotzki tauchte in den Diskussionen öfter auf und wurde stets mit üblen Prädikaten bedacht – als verbrecherischer kapitalistischer Agent. Vielleicht hätte aus mir damals ein Kommunist werden können, denn viele der Ansichten, mit denen ich im Gefangenenlager erstmals konfrontiert wurde – die Befreiung der Arbeiterschaft von Ausbeutung und Unterdrückung, internationale Solidarität statt nationalem Chauvinismus – überzeugten mich. Doch allein die Tatsache, wie kommunistische Agitatoren auf Widersprüche, Kontroversen, Kritik reagierten, verschreckte mich. Denn das war wie der Ungeist des Totalitarismus, der mir aus Deutschland noch gut in Erinnerung war.

Hin und wieder wurden politische Versammlungen abgehalten, abseits der erwähnten Antifa-Gruppe, die für alle verbindlich waren. Wir wurden über die Lage in Deutschland informiert, wenn auch einseitig. Für die Russen war der SPD-Vorsitzende Kurt Schumacher ein schlimmer Bösewicht, sie nannten ihn einen «Spaltpilz der Arbeiterklasse». Den meisten Gefangenen waren diese Veranstaltungen ziemlich egal, sie gingen zumeist, ohne an der Diskussion teilgenommen zu haben, anschließend zurück in ihre Unterkünfte. Nur Dr. Immig steigerte sich in lebhafte Debatten mit den Vortragenden, widersprach vehement und verteidigte Schumacher gegen diese Verleumdungen. Offensichtlich war es in einem sowjetischen Lager der Stalinzeit eine größere Sünde, sozialdemokratische Positionen zu vertreten, als ein unbelehrbarer Nazi zu sein – denn davon gab es unter uns noch viele. Jedenfalls wurde der Doktor eines Tages abgeholt und verschwand spurlos. Wir konnten es nicht glauben und gingen vom schlimmsten Fall aus. Offensichtlich war seine sozialdemokratische Gesinnung als Provokation empfunden worden, und er musste entfernt werden, um uns, die Jugend, nicht zu verderben. Wie freuten wir uns, als ein Kamerad einige Zeit später einen Brief von Immig erhielt – ein Gruß aus der deutschen Heimat! Er wünschte uns alles Gute, eine baldige Heimkehr und versicherte uns, dass es ihm gutgehe.

Bald wurden solche großen politischen Zusammenkünfte nicht mehr per Beschluss arrangiert. Offensichtlich sah man ein, dass verordnete Gehirnwäsche nicht den erhofften Erfolg zeitigte. Denn die frustrierten Soldaten einer Armee, die einst mit dem Habitus des «Herrenmenschen» angetreten waren, um die Welt zu erobern, wurden nicht über Nacht zu Parteigängern des Stalinismus – zumal nicht in der Lage, in der sie sich befanden. Irgendwann ersetzte bei den ideologischen Schulungen Freiwilligkeit den Zwang. Wer wollte, durfte sogenannte Zirkel besuchen, eben die von Mitgefangenen organisierten Antifa-Gruppen, wobei «Antifa» für Antifaschismus stand.

Um meinen Wissensdurst zu stillen, ging ich auch oft in die Bibliothek des Lagers, die aber nur etwa 300 Bände umfasste. Die Bücherei wurde nur von wenigen Kameraden in Anspruch genommen, denn der Bücherauswahl haftete der Ruf an, ideologisch einseitig zu sein. Ich kann das nur bedingt bestätigen, mit ein bisschen gutem Willen fand man dort so manche Perle. So las ich Leo Tolstois «Krieg und Frieden», die lustigen Erzählungen des «Dr. Doolittle» und «Pickwick Papers» von Charles Dickens, allerdings nur in der englischen Originalversion. Die Tiergeschichten konnte ich mir einigermaßen zusammenreimen, aber Dickens ohne Wörterbuch? Von den Kameraden sprach kaum jemand Englisch, schon gar nicht verstand sich jemand auf das Hochenglisch des 19. Jahrhunderts Dickens'. Ich nahm mir fest vor, das Buch zu Hause in deutscher Übersetzung zu lesen. Ich lieh es mir öfters aus und blätterte sehnsüchtig darin herum, bekam aber vom Inhalt nur Bruchstücke mit. Und natürlich las ich stalinistische Machwerke wie den Heldenschinken «Wolokolamsker Chaussee» von Alexander Bek, eine Verherrlichung des Kampfes der Roten Armee. Aber auch Werke russischer und deutscher Klassiker fand ich dort, Gogol, Dostojewski, Leo und Alexej Tolstoi, Heinrich Heine. Und es gab Bücher von Thomas und Heinrich Mann, Erich Maria Remarque sowie anderen von den Nazis verfolgten deutschen Autoren.

Die meisten Gefangenen beteiligten sich an keinerlei Aktivitäten, die im Lager angeboten wurden. Sie trotteten morgens zur Arbeit und verfielen abends in Apathie. Andere perfektionierten ihre handwerklichen Fähigkeiten und verdienten so nebenbei Tauschwaren, später auch Geld. Im großen Hauptgebäude des Gefangenenlagers Tuschino befanden sich ja Schuhmacher- und Schneiderwerkstätten. Deutsche Kriegsgefangene aus diesen Berufsgruppen arbeiteten dort. Keine Ahnung, für wen sie etwas herstellten oder ausbesserten, wahrscheinlich für das sowjetische Militär. Wenn wir ihnen Brot oder später Geld gaben, schneiderten sie auch für uns zivile Garderobe, sogar Schuhe, die aus Lederresten per Hand genäht wurden. In den Wehrmachtswintermänteln befand sich ein sehr festes, schwarzes Innenfutter. Daraus ließen sich herrliche Zivilhosen schneidern. Aus Stoffresten stellten diese Schneider sogar Oberhemden mit bunten Kragen her – das war in Tuschino der letzte Schrei! Nach und nach haben sich viele von uns solche Kleidungsstücke organisiert. Vor allem wir jungen Leute hungerten nach Farbe, nach etwas Eleganz, nach Alternativen zum Gefangenen-Grau. Es war wie ein Schrei nach Leben, und es gab uns unsere Würde zurück. Die Russen hatten irgendwann nichts mehr dagegen. «Nitschewo» (egal) und «skorra domoi» wurden zu den meistzitierten Satzwendungen. Allmählich bildeten Edgar, unser Rundum-Organisator, Thilo Ruppel, der Leiter des Antifa-Aktivs, und Albert Thoden, Theaterleiter und als Küchenchef für die Verpflegung zuständig, eine Art provisorische Lagerleitung, die zwar offiziell nichts zu entscheiden hatte, aber kraft ihrer durch uns verliehenen Autorität das Lagerleben organisierte. Vor allem, als der deutsche Lagerleiter, eine unbedeutende Person, Mitte 1948 sehr krank wurde und in ein Moskauer Krankenhaus eingeliefert werden musste. Die sowjetische Lagerkommandantur zog natürlich hinter den Kulissen die Fäden. Und von Zeit zu Zeit gab es auch Rückfälle in brutalere Zeiten, dann hieß es: «Robotate lutschje, atto chleb njet budjet!» (Arbeitet besser, sonst gibt es kein Brot!)

Im Norden unseres Lagergeländes gab es ein großes Areal, das mit Flugzeugtrümmern deutscher und sowjetischer Herkunft übersät war. Wir nutzten das Trümmerfeld als Ersatzteilreservoir und bauten aus, was wir benötigten, um unseren Lageralltag lebenswerter zu machen. So bastelten wir uns Elektrokocher aus verschiedenen Kleinteilen. Wir verwandelten Drähte in eine Art Tauchsieder, um damit Tee oder Ersatzkaffee zu brühen. Aluminiumteile wurden zu Essgeschirr, hoch im Kurs standen selbstgefertigte Zigarettenetuis. Die kompliziertesten technischen Geräte, die unsere Spezialisten zustande brachten, waren kleine Detektor-Radios, die mit Kopfhörern aus den Flugzeugen versehen wurden – eine Art «Vorläufer» der später so populären Walkmen, Discmen oder MP3-Player. Als Antenne benutzten wir kleine Metallbesen. Die akustische Qualität war gewöhnungsbedürftig, denn es gab viele unangenehme Nebengeräusche – Knacken und Rauschen. Mitunter verschwand der angepeilte Sender auch plötzlich wieder. Ich ging oft zu diesen Kameraden, denn es gab bei Radio Moskau – übrigens der einzige Sender, den wir auf diesem Weg empfangen konnten – sehr schöne Nachmittagskonzerte. Vor allem der Gesang des damals sehr populären Startenors Iwan Koslowski beeindruckte mich. Koslowski gehörte auch zum direkten Umfeld von Diktator Stalin, der sich gern mit Künstlern umgab. Weil ich oft dazwischen die Nachrichten hörte, lernte ich ganz beiläufig den nasalen Ton eines dieser Sprecher zu imitieren. Eine Fähigkeit, die mir später einmal zugutekommen sollte.

Als wir erstmals Post empfangen durften, Ende 1947, bildete sich im Lager ein «Club der entthronten Ehemänner». Es war eine Art Selbsthilfegruppe, die sich um Soldaten kümmerte, deren Frauen sich hatten scheiden lassen. Das war überlebensnotwendig, denn diese Männer waren akut suizidgefährdet. Viele meiner Kameraden hatten nur überlebt, hatten Demütigungen, Strapazen und Entbehrungen überstanden, weil der Gedanke an Frau, Kind und Heim ihnen Halt gab, sie stark machte. Erreichte solche Kameraden dann die Nachricht vom Ende ihrer Ehe, so kam das einem mentalen K.-o.-Schlag gleich. Es muss sich angefühlt haben, als hätte ihnen jemand den Boden unter den Füßen weggezogen. Denn Heim und Familie – das war der einzig verbliebene Rest ihrer ehemals intakten Welt. Die Heimat war zerstört, der Staat hatte sich aufgelöst, die Armee geund zerschlagen, viele Freunde und Verwandte tot. Blieb also nur noch die Familie, ohnehin der wichtigste Teil im Leben. Zerbrach diese nun, dann fragten sich viele Kameraden, wofür es sich noch lohnte, weiterzuleben. Sie waren verzweifelt, und man musste sie wieder aufrichten. Psychologisches Fingerspitzengefühl war gefragt.

Insgesamt war das Verhältnis der Gefangenen untereinander freundschaftlich und sogar von einer gewissen Rücksichtnahme geprägt, zumindest überwiegend, denn schließlich teilten wir alle das gleiche Schicksal. Vielleicht lag es auch daran, dass wir einer Generation entstammten, in der das «Ich»-Gefühl, das Ego, nicht sehr ausgeprägt war. Im Vergleich zur heutigen Jugend hatten wir von Kindesbeinen an viel nachhaltiger gelernt, eigene Bedürfnisse, Wünsche, Forderungen zurückzustellen. Die Nation, schwülstig auch mit «Volksgemeinschaft» umschrieben, war alles, der Einzelne nicht viel. Und so nahmen wir auch im Gefangenenalltag Rücksicht, beim Verteilen von

Essen oder Gebrauchsgegenständen ging es überwiegend fair zu, größere Konflikte blieben so weitgehend aus.

Am Anfang unserer Kriegsgefangenenzeit indessen hatte es durchaus auch Differenzen zwischen den Kameraden gegeben, und dafür gab es verschiedene Gründe. Zum Beispiel fühlten sich nur jene Soldaten, die während Kampfhandlungen in Gefangenschaft geraten waren, als «richtige Kriegsgefangene». Wir anderen, die wir erst nach Kriegsende in die sowjetischen Lager kamen, waren in ihren Augen «Kapitulanten». Doch diese Frotzeleien hörten alsbald auf, schließlich waren wir alle nur ein armseliger Haufen «Plennys». Und wir alle hatten nur ein Ziel: zu überleben und wieder nach Hause zu kommen. Ich glaube auch, dass solche Spannungen in der Anfangszeit mit dem enormen psychischen Druck zu tun hatten, dem wir ausgesetzt waren. Der Tod war unser ständiger Begleiter, und das weckte in vielen einen «tierischen Überlebensinstinkt». Mit der Verbesserung unserer Situation gab sich das jedoch. Kleine Sticheleien unter den Gefangenen gab es zwar auch später noch, beispielsweise landsmännische Rivalitäten von uns Norddeutschen mit den Bayern. Aber das waren eher harmlose Spielchen, die mit wenig Ernst und viel Humor ausgetragen wurden.

Wieder einmal rückte Weihnachten näher, meine dritte Weihnacht in Kriegsgefangenschaft. Wir schrieben Dezember 1947. Der Gefangenenalltag war noch immer schwer. Das Essen war knapp, die Arbeit zumeist hart, das Verhältnis der Russen zu uns noch immer frostig, oft feindlich. Einige Gefangene gingen am Heiligabend in die Theaterhalle und sangen begleitet von Gitarren Weihnachtslieder. Ich hatte endlich eine Postkarte von meiner Mutter erhalten, warf mich auf meine Pritsche und las die 25 Worte – wieder und wieder. Die Russen hatten kein Verständnis für unser Weihnachten, wir mussten arbeiten wie an jedem gewöhnlichen Arbeitstag. Kameraden erzählten mir, dass die Russen an der Ostfront an den Weihnachtstagen besonders aktiv die deutschen Linien attackiert hatten. Vermuteten sie doch, dass die Deutschen an diesen Tagen wehmütig und mit den Gedanken bei ihren Familien waren – also das Gegenteil von abwehrbereit.

Um die Jahreswende 1947/48 erhielt ich auch Post von meinem Großvater. Er hatte mir kurz vor seinem Tod geschrieben, wie ich dann erst später erfuhr. Er tröstete mich, indem er mir mitteilte, dass in Hamburg Hunger und Kälte herrschte, während ich wahrscheinlich immerhin regelmäßig zu essen bekäme. Er betonte, er habe seine stramm sozialistische Überzeugung nicht aufgegeben, tadelte die Sowjetunion aber dafür, dass solche «unbescholtenen Jungens» wie ich so lange in Gefangenschaft schmoren mussten. Im Brief schilderte er nochmals seine politischen Aktivitäten im Dienste des Klassenkampfes: So habe er beispielsweise oft genug für die Hamburger Arbeiter Hosen und Anzüge kostenlos ausgebessert. Adolf Schill, der Schneidermeister, hatte als Linkssozialist beziehungsweise Kommunist in den späten 20er Jahren viele bürgerliche Kunden verloren. Dafür schneiderte er umso mehr für seine sozialistischen Parteifreunde, von denen es dann zwar viel Dankbarkeit, aber nur selten Geld gab, denn sie waren ja zumeist bettelarm. Großvater riet mir, den Brief dem Kommandanten zu zeigen. Er glaubte wirklich, ein paar lose zu Papier gebrachte Schilderungen aus dem Arbeitsleben eines deutschen Alt-Sozialisten wären ausreichend, um stalinistische Parteifunktionäre davon zu überzeugen, mich nach Hause zu entlassen. Immerhin kam die Botschaft bei denen, die sie erreichen sollte, an, denn der Brief ist mir nie ausgehändigt worden.

Dafür wurde ich zum Lagerkommandanten bestellt, der ihn mir vorlas, aber nicht gab, auch später nicht. «SS-Angehörige werden vorerst nicht entlassen», rechtfertigte er die gängige Praxis nochmals, als er den Brief zu Ende gelesen hatte. Ich hatte aber das Gefühl, dass der Brief meines Großvaters ihn doch ein wenig beeindruckt hatte, denn er schlug mir vor, mich auf eine sowjetische Antifa-Schule zu schicken. Wenn ich schon aus einer sozialistisch geprägten Familie stamme, so könnte ich mir doch bei Professor Nikolai Janzen das nötige theoretische Rüstzeug aneignen, welches für eine sozialistische Kaderlaufbahn notwendig sei – so sein Rat.

Dieser Lehrer war offenbar eine Kapazität in marxistischer Schulung. Ich hörte seinen Namen auch später von Kameraden, die diese Schule besucht haben. Das Schulungslager war in Ogre bei Riga gegründet worden. Und zwar in jenem «Erholungslager», welches ich 1946 durchlaufen hatte. Professor Janzen hielt dort zusammen mit dem deutschstämmigen Gelehrten Robert Naumann, einem späteren Professor der Ostberliner Humboldt-Universität, eine Art Marxismus-Seminar ab. Ihre Antifa-Schule hatte zum Ziel, aus ehemaligen Hitlerjungen Kommunisten und getreue Parteigänger der Sowjetunion zu machen. Thilo hatte Ende 1948 eine ähnliche Schule in Krasnogorsk besucht, um sich, wie er das nannte, das nötige «Rüstzeug» für die sozialistische Ideologie zu beschaffen.

Lange dachte ich über die Offerte des Lagerkommandanten nicht nach, denn ein Besuch der Antifa-Schule kam für mich nicht in Frage. Ich lehnte ab. Ich wollte mir nichts mehr eintrichtern lassen – nicht von Nazis, aber auch nicht von Kommunisten. Alles, was den Anschein ideologischer Schwarzweißmalerei erweckte, widerte mich zunehmend an. Ich hatte mir fest vorgenommen, in meinem neuen Leben meine eigenen Erfahrungen zu sammeln. Frei und unabhängig wollte ich mich informieren und mich eventuell später politisch engagieren. Die Rechts-links-Streitereien innerhalb unserer Familie und die Erfahrungen in HJ und Waffen-SS hatten in mir seelische Narben hinterlassen. Dass es bei der Organisation des gesellschaftlichen Miteinanders auch Lösungen jenseits von sozialistischer und nationalsozialistischer Ideologie geben musste – eine auf Demokratie basierende pluralistische Gesellschaft zum Beispiel – das kam mir damals allerdings noch nicht in den Sinn. Mein Freund Edgar sprach gelegentlich über Demokratie und freie Wahlen, aber ich konnte damit noch nicht viel anfangen. Schließlich hatten wir alle unsere Jugend in einem Staat verlebt, in dem es nur eine Partei, einen Führer, eine vorherrschende Meinung gab. Der freie Wettstreit von politischen Parteien, von Ideen oder Kandidaten – für uns war diese Vorstellung noch sehr abstrakt.

Ende 1947 hörten wir vom nahegelegenen Flugplatz ungewöhnliche Motorengeräusche. Wir sahen zwei eigenartige, ziemlich kleine Flugzeuge mit schrägen Tragflächen über uns hinwegrauschen. Eigentlich lebten wir ja ständig mit dem Lärm von Flugzeugmotoren – aber das, was wir da sahen und hörten, war etwas völlig Neues! Und wir waren einiges gewohnt – Hochrufe, Marschmusik, Kunst- und Formationsflüge. Wieder hatte der Tag mit Marschmusik begonnen, mit Lobpreisungen, dem «Gruß an Marschall Berija», gewidmet dem berüchtigten Chef des NKWD, der Geheimpolizei. Und dann schossen diese Maschinen heulend und pfeilschnell in den Himmel. Ein Luftwaffenkamerad, der früher in Rechlin stationiert war, der einstigen Erprobungsstelle der deutschen Luftwaffe, fühlte sich an den deutschen Strahlenjäger Messerschmidt ME 262 erinnert. Er mutmaßte, es könnte sich bei diesen Maschinen um die Weiterentwicklung eines russischen Jakowlew-Jagdbombers handeln. Aber dafür war dieses Ding zu klein und eigentlich auch zu schnell. Der Kamerad schlussfolgerte, das Geräusch lasse auf ein Flugzeug mit Düsenantrieb schließen, womit er letztlich auch recht behalten sollte. Heute weiß ich, dass es sich um die legendäre MIG-15 (Mikojan) gehandelt hat. Wahrscheinlich waren wir Augenzeugen des offiziellen Erstfluges dieser fliegenden Legende, der am 30. Dezember 1947 stattfand. Erst ein Jahr später wurde die MIG-15 offiziell an die sowjetische Luftwaffe ausgeliefert. 1950, nach meiner Rückkehr, wurde ich darüber von den Engländern sehr detailliert befragt. Wie sie genau aussahen, wollte man wissen, auch wie die Tragflächen angeordnet waren. Ich sagte nicht viel, denn ich befand mich in einem Gewissenskonflikt, hatte auch etwas Angst vor einer möglichen Rache der Sowjets.

Oft hörten wir Flugzeuge starten, anlässlich von Flugschauen oder an Feiertagen drangen auch Lautsprecherdurchsagen und Marschmusik bis zu uns. Erst als ich wieder in Deutschland war, erfuhr ich, dass zu diesem Zeitpunkt in Tuschino auch deutsche Spezialisten mit ihren Familien wohnten und arbeiteten – natürlich nicht als Kriegsgefangene, sondern als «Gastarbeiter», allerdings unter arrestähnlichen Umständen, doch mit allem versorgt, wovon wir und die Russen nur träumen konnten. Es handelte sich dabei um zwei Gruppen. Die erste arbeitete von 1946 bis 1950 an der Entwicklung von Flugzeugmotoren, die zweite entwickelte ab 1950 bis 1955 Lenkungssysteme für Flugabwehrraketen und Flugzeuge. Besonders hoch her ging es auf dem benachbarten Flugplatz, wenn Stalins zweiter Sohn Wasili, ein Fliegeroffizier, die Anlage besuchte. Enthusiastisch ließ sich dieser dann feiern, seinem fliegerischen Können wurde endlos Beifall gezollt. Erst später erfuhr man, dass er ein alkoholkranker Mann war und letztendlich auch 1962 am Suff zugrunde ging.

Ich musste in Moskau arbeiten, zumeist auf Baustellen, so wie alle Gefangenen, die im Lager als «Spezialist» keine Aufgaben hatten. Die Sowjetunion durchlebte damals, ideologisch gestärkt durch den Sieg über Nazideutschland, eine Phase des Aufbruchs. Überall wurde gebaut, was ja auch nötig war, denn der Westen des Landes war zu einem Großteil zerstört. Der von den Deutschen nicht besetzte Teil hatte in den schweren Jahren des Krieges die Hauptlast des Widerstandes zu tragen gehabt. Außerdem war Moskau oft bombardiert worden. Das Land war wirtschaftlich ausgeblutet, aber zum Wiederaufbau entschlossen.

Wir waren ein Teil dieses Wiederaufbauprogramms, das

Humankapital. Der Weg zu den meisten Baustellen begann für uns mit einem Fußmarsch zur Straßenbahnstation. Weiter ging es mit der «Tram», einer speziell für uns zuständigen klapprigen Straßenbahn mit Anhänger, zu verschiedenen Zielen, am Ende zu Fuß bis zur jeweiligen Arbeitsstelle. Gefahren wurde die Bahn von einem Bahnpensionär und einer alten, gebeugten Frau, die den Klingelzug bediente.

Wir stiegen ein, die Wachposten ebenso, und das alte Mütterchen rief mit krächzender, kaum hörbarer Stimme: «Pajecheli» – «Abfahren!» Oft wechselten wir die Baustellen. Abends wussten wir nie, wo wir am nächsten Tag zum Einsatz kamen, es war immer eine Art Lotteriespiel. Doch wir kamen auch gar nicht auf die Idee, zu fragen. Wir waren wie ein Heer von Sklaven, das sich geduldig verschieben ließ. Später war alles etwas legerer; weil wir eingearbeitet waren, verblieben wir länger an ein und demselben Einsatzort. Wenn wir mit der Tram gefahren wurden, ging die Reise zumeist fünf Kilometer weit bis zur Metrostation Sokol. Dort ging es leider nicht mit der Metro weiter, das wäre für uns ein großes Erlebnis gewesen. Aus Hamburg kannte ich zwar so ein Verkehrsmittel, aber unsere Hochbahn, wie wir unsere U-Bahn nannten, die über weite Strecken auf Stelzen über der Erde fährt, war längst nicht so pompös wie ihr Moskauer Pendant. Wir wurden an der Metrostation vielmehr auf die Ladefläche eines Lastkraftwagens gesetzt. Wenn wir auf dem Weg zu unserer Arbeit in Moskau mit der Straßenbahn durch die Vorstädte fuhren, begegneten wir oft anderen Kriegsgefangenen. So sahen wir auch Lastautos mit Japanern, am Heck des Fahrzeugs flatterte die japanische Fahne.

«Spezialisten» nannten sich bei uns die Dreher, Schlosser und die sogenannten Drücker. In einer der Werkshallen auf dem Lagerareal wurden aus Aluminiummilchkannen hergestellt. Die «Drücker» mussten Aluminiumscheiben über eine sich drehende Form unter Zuhilfenahme eines Stahlknüppels zur Kanne formen – hierbei war enormer Körpereinsatz gefragt. Das Ganze geschah im Akkord. Die Folge waren schmerzhafte Stellen im Bereich der Rippen, denn die «Drücker» stemmten die Knüppel mit ihren Oberkörpern gegen die Form. Die Metaller erfüllten aber immer ihre Norm. Und als es später Geld gab, konnten sie sich über einen ganz netten Nebenverdienst freuen und sich dafür einiges leisten. Uns, dem schaffenden Rest, gelang es meist nicht, die hohen Normen zu erfüllen.

In einer anderen Halle unseres Lagers wurden die fertigen Milchkannen gelagert – ebenso Textilien. Als ich diese Halle entdeckte, grübelte ich über Möglichkeiten nach, damit Geschäfte zu machen. Ein Unrechtsbewusstsein, möglicherweise derartige Dinge zu stehlen, empfand ich damals nicht. Ich fand es ungerecht, jahrelang in der Sowjetunion festgehalten zu werden, obwohl ich als Teenager nur ein paar Wochen lang «Krieg gespielt» hatte. Und weil die Zustände in den Lagern schlimm waren, sah ich jede Handlung, die geeignet schien, meine oder unsere Situation zu verbessern, als ein legitimes Verhalten an. Eine Art Notstandsrecht.

Doch das sich nun anbahnende «Hosen-Geschäft» hätte mir um ein Haar 25 Jahre Lagerhaft eingebracht. Offensichtlich fehlte mir für solche Gaunereien die kriminelle Abgebrühtheit, ich war nicht routiniert genug. Meine kurze Karriere als Händler von geklauten Textilien begann noch recht verheißungsvoll: Ein in dem Lager beschäftigter Kamerad übergab mir Hosen mit der Maßgabe, diese außerhalb des Lagers zu verhökern. Bei den eingelagerten Textilien handelte es sich um blaue Arbeitshosen und -jacken. Im Falle einer Kontrolle sollte ich sagen, dass ich die Sachen gestohlen hätte – allerdings als einmaligen Fehlgriff. Er wollte in einem solchen Fall mit Hilfe eines Seilzuges einige Bretter der Lagerwand lösen, sodass die Hosen dann dort für jedermann sichtbar daliegen würden, gewissermaßen geradezu eine Einladung zum Klauen für Passanten wie mich.

Er gab mir fünf Hosen. Als wir das Tor passierten, trug ich die Essgeschirre von fünf Kameraden. Diese hatte ich kurz zuvor eingesammelt. Die Leute waren froh, einen Doofen gefunden zu haben, der die klappernden Dosen für sie schleppte. In jedes Gefäß stopfte ich eine Hose. Die russischen Posten am Tor lachten und sagten, meine Kameraden seien skrupellose Ausbeuter, und ich sollte mich mal dagegen wehren. Auf der Baustelle gab es ein Materiallager, dessen Verwalter, er hieß Risjeppow, Arbeitsgeräte ausgab. Der sollte meine Hosen kaufen. Ich wartete, bis er allein war, dann übergab ich ihm die Ware und erhielt 25 Rubel pro Stück. 20 Rubel davon musste ich dem Lagerarbeiter geben, fünf Rubel durfte ich behalten. Gemessen an der Verteilung des Risikos – das ausschließlich ich zu tragen hatte – war es ein schlechtes Geschäft. Doch durch diesen Nebenverdienst konnte ich mir erstmals einige Dinge leisten. Beispielsweise gab es gegenüber unserer Baustelle ein Brotmagazin, so wurden Geschäfte genannt, in denen Backwaren verkauft wurden. Dort gab es auch Kuchen. Ich ließ mir von den russischen Maurern hin und wieder «Pjaroschki» mitbringen, ein Gebäck vergleichbar mit unseren Berlinern oder Krapfen. Übrigens hieß jedes Geschäft, in dem Lebensmittel verkauft wurde, Magazin, die Russen sprachen es «Magasin» aus.

Eine Zeitlang liefen meine Nebengeschäfte gut, dann flog die Sache auf! Am Tor wurde ich gefilzt, die Hosen wurden gefunden, doch jetzt griff unser Notfallplan. Der Kamerad löste zwei Bretter, ließ eine Hose noch dort liegen. Wir mussten nur noch abwarten. Bei der anschließenden Vernehmung sagte ich, dass ich am Vortag die losen Bretter bemerkt und nur die fünf Hosen genommen hätte. Das Verhör leitete ein alter Bekannter, Leutnant Schubin. Darüber war ich sehr froh, denn er war im Grunde ein gutmütiger Mann, der mich auch mochte. «Na, na – wolltest Reibach machen? Scheene Schlamassel! Willst nach Sever (nördliche Polargegend)?», fragte er mich. Meiner

Darstellung vom einmaligen Diebstahl schenkte er offensichtlich keinen Glauben, aber er gab auch keinen Bericht an den Politmajor weiter. Andernfalls wäre es wohl schlimm ausgegangen. So aber erkannte er auf versuchten Kameradendiebstahl und verurteilte mich zu 25 Tagen «Karzer».

Natürlich hatte ich den Kameraden nichts geklaut, war aber froh, so glimpflich davongekommen zu sein. Der Karzer, Schubin nannte ihn so, denn eigentlich hieß das offiziell Arrest, war ein mit Holzbalken verkleidetes, etwa fünf Quadratmeter kleines Erdloch. Drinnen gab es zwei Holzpritschen, und wenn mehr als zwei Personen darin eingesperrt waren, war es ziemlich eng. Eine Holzbohlentür, in welche eine kleine Klappe eingebaut war, bildete den Eingang. Ein Soldat mit aufgepflanztem Seitengewehr stand draußen Posten und begleitete uns, wenn wir austreten mussten, zur Latrine. Ich weiß nicht, ob alle Arrestwachen so waren, aber der Typ, der mich bewachte, war jedenfalls ein gutmütiger, gemütlicher Mensch. Er wollte vor allem unterhalten werden, denn er langweilte sich schrecklich. Wenn ihm danach war, ließ er die Klappe herunter und rief: «Ej, lutje, kak djela?» (Hallo, Leute, wie geht es?) Er reichte uns auch alles durch, was uns die Kameraden brachten, vorausgesetzt, es handelte sich um etwas zu essen oder Tabak.

Im Karzer saß schon ein Mann. Er hieß Peter Schaurig, stammte aus Hamburg und war dort vor seinem Fronteinsatz Polizeibeamter gewesen. In Russland, so munkelte man, hatte er einen dieser schrecklichen Gaswagen gefahren. In solche busähnlichen Fahrzeuge wurden Häftlinge gepfercht, unterwegs leitete man die Abgase in den Fahrgastraum, die Insassen starben anschließend qualvoll. Kam der Wagen am Bestimmungsort an, wurden die Leichen in vorbereitete Gruben geworfen. Von diesen Dingen erzählte mir Peter Schaurig nichts. Doch wir sprachen viel über unsere Heimatstadt Hamburg. Er wurde bald abgeholt. Was aus ihm geworden ist, weiß ich nicht.

Als ich aus dem Bunker entlassen wurde, erfuhr ich, dass es Transporte in die Heimat gegeben hatte. Einige Kameraden waren nicht mehr da, aber mein Freundeskreis war noch vollzählig.

Dafür waren neue Leute zu uns gestoßen. Zumeist kamen sie aus Lagern, die aufgelöst worden waren. Zeitweise stieg die Zahl der Insassen unseres Lagers auf über 500 an. Einer, den ich in Tuschino wiedertraf, war Willy Lankees aus Köln-Kalk, den ich zuvor im Ausbildungslager Luhatschowitz kennengelernt hatte. Ich hatte ihn während der Ausbildung freilich nur flüchtig kennengelernt. 16-jährig und stigmatisiert mit der SS-Blutgruppentätowierung, war auch er auf eine lange Reise durch verschiedene Gefangenenlager geschickt worden.

VERBESSERUNGEN

Anfang 1948 forderte uns der russische Lagerkommandant auf, zwei «Parikmacher» zu benennen. So nannten die Russen Friseure. Immerhin konnten wir unseren Maskenbildner Erich Hüller im «Salon» unterbringen, er war ja ohnehin Friseur von Beruf. Für ihn war damit glücklicherweise die Beschäftigung auf Baustellen vorbei. Bis zu diesem Zeitpunkt hatten wir uns gegenseitig die Haare geschnitten, zumeist so kurz, wie wir das auch bei den Russen sahen. Von nun an sollten unsere neuen Friseure «hauptamtlich» Haare schneiden und zu diesem Zweck einen «Salon» einrichten, was natürlich begrifflich eine maßlose Übertreibung war. Begründet wurde dieses Ansinnen damit, dass wir ungepflegt aussähen, «nix Kultura» hätten, wie sich das Wachpersonal ausdrückte. Und das müsse sich eben umgehend ändern.

Der «Salon» entstand in einem eigens dafür abgetrennten Raum der Baracke. Darin standen zwei Holztische, worauf sich je eine Waschschüssel aus Blech befand, zwei Stühle davor – mehr Luxus war im Salon nicht vorgesehen. Jeder der Friseure erhielt einen mit Handdruck betriebenen Haarschneider, Rasierpinsel, Handrasierer für die Nassrasur, Seife und ein paar Handtücher. Spiegel gab es nicht, man war also blind dem Gusto der «Parikmacher» ausgeliefert. Ohnehin blieb Einheitskurzhaarschnitt angesagt, Variationsmöglichkeiten waren nicht vorgesehen. Und dennoch war der Gang zum Friseur für uns der reinste Luxus. Wir konnten uns verwöhnen lassen und mussten nicht einmal dafür bezahlen. Ganz nebenbei steigerte es auch unser Wohlbefinden und gab uns Würde zurück, denn äußere Nachlässigkeit geht oft mit Niedergeschlagenheit und Verzweiflung einher.

Ab 1948 wurde uns erlaubt, regelmäßig Briefe zu schreiben. Natürlich wurden sie zensiert. In der Praxis geschah das aber zumeist sehr flüchtig, und ich vermute, es lag daran, dass der Zensuroffizier nur mangelhafte Deutschkenntnisse hatte. Einmal bestellte er mich ein und sagte, indem er auf eine markierte, aber völlig belanglose Stelle meines Briefes zeigte: «Das dürfen Sie so nicht schreiben!» Ich wunderte mich und dachte bei mir, warum beanstandet er denn ausgerechnet solche Banalitäten, wo es doch mutmaßlich strittigere Stellen in meinem Schreiben gab? Ich vermutete, er verstand von dem, was wir schrieben, nicht allzu viel, hatte aber das Gefühl, von Zeit zu Zeit etwas beanstanden zu müssen – um sich bei uns Respekt zu verschaffen.

Auch die ärztliche Versorgung wurde besser. Eine mobile Röntgenanlage wurde für kurze Zeit ins Lager Tuschino gebracht. Ich erhoffte mir Hilfe für die immer noch schmerzenden Splitter in meinem Arm. Die Ärztin stellte fest, dass sich tatsächlich ein sehr kleiner Splitter im Gelenk verkapselt hatte, der mich in meinen Bewegungen einschränkte. Mit Hilfe von Evipan, chemisch Hexobarbital, eines damals gebräuchlichen Injektionsnarkotikums, wurde ich in Vollnarkose versetzt. Der Splitter wurde entfernt, und fortan hatte ich keinerlei Schmerzen mehr. Doch auch nach diesem Eingriff verblieben drei kleine Splitter in meinem Arm, die allerdings nicht schmerzten und erst 1950 nach meiner Rückkehr in Hamburg entfernt wurden.

Ende August 1948 starb das Politbüromitglied Andrei Alexandrowitsch Schdanow an einem Herzinfarkt. Moskaus Straßen wurden tagelang mit Trauermusik beschallt, überall hing sein mit schwarzem Trauerflor umrandetes Konterfei. Leutnant Schubin rief unsere Kulturgruppe zusammen. Er sprach von einem schlimmen Schlamassel und «großem Unglig». Wir sollten die Musikbaracke herrichten. Unser «Bandleader» musste ihm ein tragendes, schwermütiges Musikstück vorschlagen, welches in zwei Tagen einstudiert und vorgetragen werden sollte. Albert schlug Edward Grieg und einige Passagen aus Aases Tod vor. Als Leutnant Schubin den Titel des Musikstücks vernahm, sah ich, wie es in ihm arbeitete. Er überlegte, sah Albert scheel an, stieß dann einen russischen – den schrecklichsten je gehörten – Fluch aus, sagte alles ab und rannte raus. Er hatte verstanden, «das Aas ist tot», wusste aber nicht, ob das eine Provokation oder ein Missverständnis war. Albert Thoden verriet mir später, dass er ganz bewusst auf die Ähnlichkeit der Worte hatte anspielen wollen.

Ein anderes Mal war ich es, der sich Scherereien einhandelte, und dabei ging es wirklich um ein sprachliches Missverständnis. Es war Feiertag, wir mussten nicht arbeiten und bummelten im Lager umher. Um nicht ganz zu verblöden, hatte ich mir einen russischen Sprachführer ausgeliehen. Ich wollte die russische Sprache lernen und gleichzeitig mehr über das Land erfahren – wenn ich schon gegen meinen Willen in der Sowjetunion festgehalten wurde. Vor allem stellte ich fest, dass es zwischen den slawischen Sprachen Russisch und Tschechisch ziemlich viele Übereinstimmungen gibt. Ich saß also herum, schlug die Zeit tot, da kam der Politmajor des Weges. Er fragte mich, nicht unfreundlich, ob ich denn wüsste, was für ein Tag heute sei. Stolz antwortete ich auf Russisch: «Heute ist der Tag der Roten Armee», russisch «Kraasnaja Armia». Völlig unerwartet änderte sich plötzlich sein Gesichtsausdruck, er wurde stinksauer. «Du hast die Sowjetunion beleidigt», schrie er mich an, «dafür gibt es drei Tage Arrest!» Was war geschehen? Ich hatte im Wort «kraasnaja» das «a» zu kurz betont, sodass es wie «dreckige Armee» («grässnaja Armia») klang. Richtig war indes «kraasnaja», was rot und ganz beiläufig auch schön heißt. Heute glaube ich, der Offizier war sauer, weil er am Feiertag arbeiten musste und nicht daheim Wodka trinken konnte, wie allgemein üblich. Vermutlich suchte er deshalb einen Grund, sich an jemandem abzureagieren, und da schien ich ein willkommenes Opfer zu sein.

Er blieb sehr hartnäckig, was die angedrohten Sanktionen gegen mich betraf. Er schrieb einen Bericht. Leutnant Schubin wurde als Zeuge zur Unterschrift herbeizitiert. Schubin gab sich redlich Mühe, die Wogen zu glätten und den Fall etwas tiefer zu hängen. Soviel ich verstehen konnte, meinte er, dass ich doch noch ein junger Hüpfer und alles andere als niederträchtig sei. Außerdem spräche ich doch nur unzureichend Russisch, was mich wiederum etwas ärgerte, weil ich mir doch stets solche Mühe gab, die Sprache zu erlernen. Schubin fuhr fort, das alles sei wohl ein Missverständnis gewesen. Doch so leicht gab der Offizier nicht nach und meinte zu mir gewandt: «Den kenne ich genau, der kann ganz gut Russisch sprechen, ‹schortu sznaiet›, weiß der Teufel, der hat uns verspottet.» Die hitzige Diskussion ging weiter, und am Ende hieß es: «Drei Tage Karzer wegen Respektlosigkeit gegenüber einem sowjetischen Offizier!»

Vor dem Karzer stand wieder der gemütliche Soldat mit dem aufgepflanzten Seitengewehr, der unterhalten werden wollte, gelegentlich die Klappe herunterriss und rief: «Ej, lutje, kak djela?» (Hallo, Leute, wie geht es?) Wieder reichte er alles an Essbarem durch, was die Kameraden brachten.

An normalen Tagen war nach der Arbeit nichts los, die Mehrheit der Leute saß herum, man erzählte sich dies und das, tatsächliche oder angebliche Heldentaten, gern auch mal lustige Begebenheiten. Die meisten Geschichten waren wohl maßlos übertrieben. Ein Kamerad erzählte, dass er einem Spähtrupp angehörte und sich entschlossen hatte, zu den Russen überzulaufen. Russen wie Deutsche ließen beim Gegner oft «Passierscheine» verteilen, die es den Soldaten ermöglichen sollten, auf die andere Seite überzuwechseln. Das war natürlich lebensgefährlich, denn im Zweifel feuerten Russen wie Deutsche auch auf die Inhaber von Passierscheinen. Und wenn einen die eigenen Leute mit einem solchen «Passierschein» erwischten, wurde kurzer Prozess gemacht. Mit so einem sowjetischen Passierschein wollte dieser Soldat also bei den Russen gewesen sein, um sich ein Bild zu verschaffen, was ihn dort als Gefangenen erwarte. Uns erzählte er, dass es ihm aber dort nicht gefallen habe, weil die gemachten Versprechen nicht eingehalten worden seien. Also ging er am nächsten Tag wieder zurück zu seiner Einheit. Wir glaubten ihm sein souveränes Pendeln zwischen den Fronten nicht. Ein anderer Kamerad berichtete von Heldentaten, für die er das Eiserne Kreuz bekam. Und wieder einer wollte gleich drei Panzer abgeschossen haben.

Zu unserer Runde gehörte auch ein waschechter Berliner, der äußerst witzig und schlagfertig war, eben das, was man eine echte «Berliner Schnauze» nennt. Seinen Namen weiß ich nicht mehr, wir nannten ihn damals nur «Knolle». Seine geistreichen und brüllend komischen Zwischenbemerkungen waren berühmt. Knolle saß dabei, hatte sich die Heldenmärchen der anderen angehört und lange Zeit nichts gesagt. Als fast jeder seinen Mix aus Dichtung und Wahrheit zum Besten gegeben hatte, wurde Knolle gefragt, was er denn im Krieg so erlebt hätte, schließlich sei er doch auch lange Zeit Soldat gewesen. «Ne, eijentlich nichts», meinte er, «oder doch», fügte er schließlich hinzu. «Ick war in Berlin uff Heimaturlaub und jeriet in einen Fliejerangriff. Det Haus wurde zerstört, und ick lach unter de Trümmer bejraben. Nur meene Stiefel haben noch rausjekiekt. Eene Frau sagte: Oh, der arme Soldat! Ick rief, wat heest hier armer Soldat, helfen se ma doch, ick habe die Herdringe von fünf Etagen um den Hals.» Zum Thema Heldenmut und Tapferkeit hatte Knolle seine eigene Meinung: «Bei die Tapferkeit hab ick ma stets zurückjehalten. Denn erst kriegst de een eisernet Jreuz. Und denn kriegst de Eisen ins Jreuz. Ne, lass ma!»

Von Zeit zu Zeit hörten wir gerüchteweise, dass drüben im

Werk mal wieder ein «Transport» zusammengestellt wurde. All unser Sehnen und Hoffen verband sich mit diesen Transporten, sie waren der Weg nach Hause, die Karawane in die Freiheit. Und es gab kein System, keine Logik, nach der sie funktionierten. Wir wussten nicht, warum dieser oder jener Kamerad plötzlich auf Transport ging und andere nicht. Das einzige Prinzip, welches die Russen konsequent verfolgten und welches bis zur Auflösung des Lagers nie gebrochen wurde: Kein Angehöriger der SS wurde auf Transport geschickt. Und je mehr mir das bewusst wurde, desto mehr sank meine Zuversicht.

Und dann, im Dezember 1948, verschlug es mir komplett die Sprache, als es beim Morgenappell plötzlich hieß: «Lucks mit Gepäck ans Tor!» Mein Herz hämmerte. Ich packte mit zittrigen Händen meine paar Sachen ein. Pünktlich um zehn Uhr traf ich am Tor ein. Wir, insgesamt 20 Leute, gingen über die Straße zum Hauptwerk. Dort stand der «Transport», bestehend aus zwei Waggons. Technisch lief das folgendermaßen ab: Der Name des Heimkehrers wurde verlesen, dann durfte der Glückliche in einen der Waggons steigen. «Domoi», hieß es, nach Hause – jetzt gab es keinen Zweifel mehr. Das war das begehrte, erträumte Ticket in die Heimat – nur eben nicht für mich! Denn am Ende der Aufrufungsprozedur stand nur noch ich da. Der Offizier sah in seine Liste und sagte: «Ljugs, Gjunter, German? Ah, du SS, dawai nassad!» (Los zurück!) Ich musste also wieder ins Lager. An jenem Abend konnte ich nichts essen und erlitt einen heftigen Weinkrampf. Zurückgeschickt zu werden war schlimmer, als gar nicht erst für einen Transport aufgerufen zu werden. Oh, dieses verfluchte Blutgruppenmerkmal!

Edgar tröstete mich: «Das alles wird sich eines Tages beruhigen, bald kommen auch SS-Angehörige frei, du wirst schon sehen. Ich bin ja schließlich auch noch da und war nie bei der SS. Komm mit zu den Ungarn, die haben neue Musik in ihrem Repertoire.» Tatsächlich waren die Ungarn in bester Stimmung.

Doch der Grund dafür versetzte mir den nächsten Tiefschlag: Auch sie durften am nächsten Tag heimkehren, sie feierten Abschied. Edgar hatte das nicht gewusst, was ihm später ein bisschen peinlich war. Wieder musste ich an meinen gefallenen Gruppenführer denken und sagte, schrie es vielmehr heraus: «Gelobt sei, was uns hart macht!» «Ist schon gut», sagte Edgar, «nun übertreibe nicht gleich.»

Schon Anfang Dezember 1948 war uns angekündigt worden, dass wir demnächst sogar Pakete aus der Heimat empfangen dürften. Doch bis zu den Weihnachtstagen wurde daraus nichts, wir warteten vergeblich. Am 24. Dezember 1948 schmückten wir festlich, soweit wir dazu die Mittel hatten, unseren Kultursaal. Der Hamburger Helmut Prestin, unser «Chef-Ausstatter», bastelte aus Holz und Pappe eine Art Tannenbaum. Eine gehörige Portion Vorstellungskraft war nötig, um den Weihnachtsbaum als solchen zu erkennen. Im Kultursaal wurden Weihnachtslieder gesungen. Ich verließ irgendwann unsere Weihnachtsfeier und ging zu unserer kleinen, von Thilo Ruppel geleiteten Antifa-Gruppe. Ruppel lehnte Weihnachtsrituale als religiösen Blödsinn mit folgender Begründung ab: «Die Religion ist der angeblich rettende Strohhalm der gequälten und ausgebeuteten Menschen im Kapitalismus.» Und dann zitierte er Lenins Buch «Sozialismus und Religion»: «Wer aber von fremder Hände Arbeit lebt, den lehrt die Religion Wohltätigkeit hienieden; sie bietet ihm eine wohlfeile Rechtfertigung für sein Ausbeuterdasein und verkauft zu billigen Preisen Eintrittskarten zur himmlischen Seligkeit. Die Religion ist das Opium für das Volk.»

Wir stritten darüber, ob es sich für eine Familie von überzeugten Sozialisten ziemt, das Weihnachtsfest zu feiern. Ich berichtete, dass wir zu Hause, obwohl ich aus einer Arbeiterfamilie stammte, stets einen Weihnachtsbaum gehabt hatten. Und zwar so weit ich zurückdenken konnte. Als ich noch sehr klein war, wohnten wir in einem baufälligen Altbau in der Greifswalder Straße im Hamburger Stadtteil St. Georg, einem ganz typischen Arbeiterviertel. Uns gegenüber, in der Langen Reihe, befand sich die Schlachterei Albers, wo wir, falls wir etwas Geld hatten, ein wenig Fleisch kauften. Weihnachten zum Beispiel. Der Sohn des Fleischers war da bereits ein sehr berühmter Mann: Es war die Schauspiellegende Hans Albers.

Ich erinnerte mich an ein Foto aus diesen Kindheitstagen, auf dem meine Eltern mit ihren beiden damals vier- und fünfjährigen Söhnen zu sehen waren – mein Bruder Hermann und ich. Im Hintergrund sah man ein Poster mit Hammer und Sichel, daneben stand ein geschmückter Tannenbaum. Mein Vater schwitzte Blut und Wasser, als er abends mit dem Baum nach Hause schlich, weil er sich fürchtete, von einem seiner Genossen des Rotfrontkämpferbundes gesehen zu werden, die diesen kleinbürgerlichen Firlefanz garantiert verurteilt hätten. Ruppel, der Leiter der Antifa-Gruppe, warf ein, genau das sei das Problem – mein Vater sei offenbar politisch nicht gefestigt gewesen. Das wiederum machte mich wütend. «Was weißt du denn schon», warf ich ihm an den Kopf.

Denn ein paar Tage nach Weihnachten wurde mein Vater bei einem der Rotfrontkämpferbund-Umzüge, wie man damals die Demonstrationen nannte, von der Polizei ins Bein geschossen. Für seine «nicht gefestigte» Überzeugung, über die Ruppel hier spekulierte, hätte er beinahe mit seinem Leben bezahlt. Ein Wachtmeister war hinzugesprungen, hatte meinen Vater in einen Hauseingang gezogen und die dortigen Anwohner aufgefordert, für ihn zu sorgen, denn er müsse weiter seinem Dienst nachgehen. Der Wachtmeister war ein SPD-Mitglied mit einem «großen proletarischen Herzen», der uns auch später oft besuchte. Wir Kinder nannten ihn «Onkel Friel». Ich habe Friel nach meiner Heimkehr aus der Gefangenschaft im Gebäude der Versicherung «Deutscher Ring», wo das Polizeipräsidium untergebracht war, besucht. Er war dort in den 50er Jahren der Leiter der Einstellungsabteilung für die Hamburger Polizei und schaffte es dann bis zum Inspektor. Einige Zeit später wurde er versetzt und leitete bis zu seiner Pensionierung die Polizeiwache in Hamburg-Billstedt. An jenem Weihnachtstag 1948 verließ ich wütend unsere Gruppe und konnte in dieser Nacht lange nicht einschlafen. Traurig stimmte mich auch, dass am nächsten Tag gearbeitet wurde – was war daran schon weihnachtlich?

Vielleicht waren es solche dogmatischen Ansichten, die es uns jungen Menschen schwermachten, uns mit den sozialistischen Ideen anzufreunden. Denn in diesem Arbeiterparadies, welches uns diese kommunistischen Agitatoren da verhießen, dominierte das Einheitsgrau. Das Wort Freude kam abseits der organisierten Festivitäten nicht vor. Ich dachte, eine Ideologie, die uns die schönste Zeit des Jahres nehmen will, kann mir gestohlen bleiben. Doch selbst die ostdeutschen Kommunisten schafften es später nicht, ihrer Bevölkerung das Weihnachts- und Osterfest zu verbieten – trotz der klar antireligiösen Ausrichtung des politischen Systems. Sie blieben auch in der sozialistischen DDR gesetzliche Feiertage, obwohl es anfangs Ideen gab, dem sowjetischen Vorbild zu folgen und die christlichen Feiertage abzuschaffen. Und der Weihnachtsbaum stand selbst in den meisten Wohnzimmern überzeugter Genossen. Später erzählte mir meine Mutter, dass mein Vater noch 1932, es war das letzte Weihnachten vor der Machtergreifung der Nazis, ernsthaft mit dem Gedanken gespielt hatte, auf den geliebten Weihnachtsbaum zu verzichten. Meine Mutter aber kochte ihn schließlich weich: «Klar, ich bin im roten Mädchen- und Frauenbund. Aber einen Tannenbaum will ich haben, und die Jungens wollen das auch! Genossin Irmgard Herder hat auch schon einen! Und obendrein einen hübschen silbernen Engel, den sie daranhängen will.» Sie ist sogar richtig laut geworden: «Ich will auch so einen …!», schrie sie und sagte dann etwas maßvoller: «Ja, ja, ich bin ja schon ruhig. Aber nun geh und hol den Baum. Beim St.-Georgs-Kirchhof gibt es welche.»

«Ausgerechnet da», fluchte mein Vater, bevor er die Treppe herunterpolterte, denn der Verkaufsplatz befand sich im Schatten der Dreieinigkeitskirche, eines Gotteshauses. Meine Mutter nahm uns Kindern derweil die kleinen roten Papierfähnchen mit Hammer und Sichel weg, mit denen wir gerade spielten, und sagte: «Die bekommt ihr bald wieder.» An Weihnachten hatte die Revolution eben Pause.

Am ersten Weihnachtstag kam der Bruder meines Vaters, wir nannten ihn nur Onkel Walter, zu Besuch und brachte Geschenke für uns Kinder mit. Walter war Metteur, auch Schriftsetzer genannt, bei der sozialdemokratischen Zeitung «Hamburger Echo». Und er war aktiv im republiktreuen, SPD-nahen Kampfbund «Reichsbanner Schwarz-Rot-Gold», wobei er stolz die drei eisernen Pfeile am Revers trug. Ärger war also vorprogrammiert, denn kommunistischer «Rotfrontkämpferbund» und sozialdemokratisches «Reichsbanner» waren sich spinnefeind. Beim Eintreten sprach Walter meinen Vater gleich auf den Baum an: «Sieh da, Hermann, singt man im Sowjetparadies nun auch schon ‹Oh du fröhliche …?›» Mein Vater polterte zurück: «Halt doch das Maul, du Sozialfaschist!» Es ging eine ganze Weile hin und her, bis meiner Mutter der Geduldsfaden riss und sie dazwischenrief: «Schluss jetzt mit den Streitigkeiten! Hört auf und kloppt euch nächste Woche weiter, jetzt wollen wir Weihnachten feiern. Kommt, Kinder, wir singen jetzt ‹Oh Tannenbaum›!» Und dann sangen wir. Meine Mutter hatte eine wunderschöne Stimme. Als wir mit dem Weihnachtslied fertig waren, riefen wir Kleinen aufgeregt «Ho Font, ho Font». Das sollte eigentlich «Rot Front» bedeuten, der Slogan der KPD, denn meine Mutter hatte uns Kinder oft mit zu den Umzügen genommen. Und dort wurden gemeinsame Gesänge stets mit dem Ruf «Rot Front» abgerundet.

Was im Übrigen den standhaften Thilo Ruppel anbelangt, der meinem Vater eine «nicht gefestigte» kommunistische Einstellung unterstellte, so schwärmte er mir Jahre später, nachdem wir beide längst entlassen waren, in einem Brief vom «christlichen weihnachtlichen Lichterglanz» vor. Seine kommunistische Überzeugung hatte der Absolvent der Antifa-Schule von Krasnogorsk nach seiner Heimkehr schnell abgelegt.

Im Januar 1949 wurde ich erneut einer schweren Prüfung unterzogen. Wieder einmal wurde ich beim Morgenappell aufgerufen, durfte zum Tor und anschließend zum Hauptwerk gehen – die Heimreise lockte. Doch anders als beim ersten Mal war ich ein gebranntes Kind und von Beginn an misstrauisch. Um in mir dann doch so etwas wie Hoffnung aufkeimen zu lassen, hatte sich das Schicksal einen neuen Dreh einfallen lassen: Anders als beim ersten Mal durfte ich dieses Mal sogar in den Waggon einsteigen. Eine ewig währende Wartezeit schloss sich an, zwei Stunden später saßen wir immer noch in dem stehenden Waggon, und ich dachte: «Wann bewegt sich dieser blöde Zug endlich?» Es kam dann, wie es kommen musste: Zwei Kameraden mussten wieder aussteigen – und ich auch. Geteiltes Leid ist halbes Leid, dachte ich. Ich erfuhr von diesen beiden, dass sie auch Mitglieder der Waffen-SS gewesen waren. Edgars Kommentar anschließend: «Auch so etwas kann man Russisch Roulette nennen.»

Ab dem Frühjahr verbesserten sich die Verhältnisse im Lager zusehends. In der Sowjetunion gab es eine Währungsreform, analog zu denen in beiden Teilen Deutschlands. Erstmals kamen auch wir ganz offiziell in den Besitz von Geld, für die Übererfüllung der Normen zum Beispiel. Wir hatten keine Ahnung, warum es plötzlich Erleichterungen gab. Und es war uns auch egal. Wir genossen sie und freuten uns, plötzlich Pakete zu bekommen und so viele Briefe schreiben zu dürfen, wie wir wollten, Geld zu verdienen, um uns einige bescheidene Wünsche zu erfüllen. In Tuschino eröffnete ein kleines «Lagermagazin», in dem wir einkaufen konnten. Allerdings mussten wir, um Geld zu bekommen, die Norm erfüllen – das war die Voraussetzung. Und weil das nur unsere «Spezialisten» auf ehrliche Weise schafften, mussten wir nachhelfen. Wir fälschten und verschönten unsere Arbeitsergebnisse, wo wir nur konnten. Diesen Mogeleien war es zu verdanken, dass auch ich ab und zu etwas Geld bekam. Das Angebot im Lagermagazin war allerdings sehr begrenzt: Zigaretten, Parfum, Machorkatabak, Bonbons und Kekse. Als denkbare Geschenke für zu Hause kamen lediglich die Zigaretten und das – übel süßlich riechende – Parfum in Frage. Hätten wir geahnt, dass sich das Konsumverhalten in Westdeutschland unmittelbar nach der Währungsreform zunehmend qualitätsbewusst und anspruchsvoll gestaltete, so hätten wir nicht einmal das Parfum als Geschenk in Betracht gezogen. Auch Schreibpapier und Bleistifte konnten im Magazin gekauft werden. Letztere waren allerdings von schlechter Qualität. Bei der geringsten Berührung brachen die Minen ab. So mussten wir uns Tinte und Federhalter bei der Lagerleitung ausleihen.

Auch das Verhältnis zwischen den russischen Zivilisten und uns Kriegsgefangenen entkrampfte sich deutlich. Immer öfter fanden freundliche Gespräche statt. In den Jahren, in denen wir sehr gelitten hatten, war uns nicht entgangen, dass es auch den Russen «da draußen» sehr schlecht ging. Noch Jahre nach Ende des Krieges herrschten Hunger und Not im ganzen Sowjetreich. Die Menschen sahen elend aus und waren schlecht gekleidet. Wir sahen Bettler auf unserem Weg zur Arbeit. Wenn wir nach Arbeitsschluss mit unserer klapprigen Sondertram an der Endstation Tuschino ankamen, hatten wir einen Fußmarsch von etwa einem Kilometer bis zum Flugzeugwerk zurückzulegen, wo sich unser Lager befand. Die Posten schlenderten lustlos neben uns her, sie trugen nicht mehr Maschinenpistolen, sondern schlanke «Wintowka»-Gewehre mit angeklappten, etwa 50 Zentimeter langen und dünnen, dreikantigen Seitengewehren. Wer etwas Russisch verstand, unterhielt sich mit den Posten, es wurde auch gelegentlich geflachst.

Auf dem Weg vom Lager zur Straßenbahnhaltestelle ging es an einem Kanal entlang. Hier erwarteten uns immer einige Juden mit ihren Bauchläden. Sie sprachen uns an und warben mit drolligen, freundlichen Worten um uns Käufer: «Keefen Se Kemmes und dann, was keefen Se noch?» Sie hatten einiges, was wir gut gebrauchen konnten. Wenn man bedenkt, was wir den Juden angetan hatten, so irritierte mich ihre Freundlichkeit doch ziemlich. Als sie mich freundschaftlich mit «deitscher Kamerod» ansprachen, fühlte ich tiefe Scham. Denn ich hatte im Lager inzwischen schon viel über den Holocaust, die Vernichtung der europäischen Juden durch die Nazis, erfahren.

Als Teenager habe ich in Hamburg von der Verfolgung der jüdischen Mitbürger, ihrer allmählichen Ausgrenzung und dem Abtransport in die Vernichtungslager nichts mitbekommen. Das ist eine häufig benutzte Entschuldigungsfloskel meiner Generation. Aber es war in unserem Fall tatsächlich so. Zwar wussten wir, was Konzentrationslager waren. Zum Beispiel witzelten wir, «wenn du Ärger machst, kommst du ins Konzentrationslager». In unserem Verständnis waren das aber Lager, in welche der kriminelle Abschaum des Reiches geschafft wurde.

Antisemitismus, Hass auf Juden, habe ich in meinem familiären und privaten Umfeld nicht wahrgenommen. Vielleicht gab es ihn. Natürlich wurden wir in der Schule antisemitisch indoktriniert, aber ich würde rückblickend behaupten, wir waren nicht sehr empfänglich dafür. Als 13-Jähriger machte ich gelegentlich Botendienste für Otto Willeke, den Eigentümer der Bärenapotheke im Hamburger Stadtteil Wandsbek. Im Krieg wurde sie ausgebombt, erstand jedoch später wieder und existiert noch heute an gleicher Stelle, aber mit anderem Namen.

Für etwas Kleingeld belieferte ich damals oft Krankenhäuser mit Vitamalz, Tee oder Medikamenten. Eines der Krankenhäuser befand sich in der Johnsallee im Hamburger Bezirk Rotherbaum. Eines Tages kam ich dort an und sah, dass alle Ärzte und Schwestern den Judenstern am Kittel trugen. Mir fiel fast die Kinnlade herunter, denn in der Schule war mir immer gesagt worden, dass die Juden schlimme Verbrecher und Diebe seien. Die Ärzte und Schwestern dieses israelitischen Krankenhauses waren aber die nettesten Menschen, die ich kannte. Nicht erst in diesem Moment hegte ich arge Zweifel an den Gräuelmärchen meiner Lehrer.

Auf unserem Weg durch Moskau blieben wir bei den jüdischen Händlern mit ihren Bauchläden also oft länger stehen, um mit ihnen zu feilschen. Dauerte es zu lange, riefen die Posten: «Chwadit, dawai domoi». (Es reicht, los, nach Hause.) Mir fiel damals auf, dass die Russen die Juden sehr schlecht behandelten. «Jewriji», Jude, war ein gängiges, oft benutztes Schimpfwort. Eines Tages schubste ein verärgerter Begleitsoldat einen jüdischen Händler, der mit uns Geschäfte machen wollte, derart brutal weg, dass dieser rücklings zu Boden fiel. Dabei fluchte er: «Idi na chui, Jewreiji» (sinngemäß: Geh zum Teufel, Jude). Der Gescholtene wirkte sehr eingeschüchtert. Ich fand das gemein und protestierte: «Schto takoi?» (Was soll denn das?) Der Soldat stieß mich weg und sagte: «Weitergehen!» Erst später habe ich erfahren, dass Stalins Politik von tiefer Skepsis bis zu offener Feindschaft gegen die Juden geprägt war. In der Sowjetunion standen Juden unter Generalverdacht. Die Feindschaft fußte jedoch nicht auf einem rassischen Überlegenheitsdünkel, vielmehr wurde den Juden aufgrund ihrer vielen internationalen Kontakte misstraut. Man unterstellte ihnen, sie seien Agenten des «internationalen Finanzkapitals» oder der sozialistischen Heimat feindlich gesinnte Zionisten. Kurz vor Stalins Tod 1953 fegte dann ein antisemitischer Orkan durch alle Ostblockstaaten, einhergehend mit Schauprozessen gegen jüdische KP-Mitglieder wie Rudolf Slánsky in der Tschechoslowakei, Laszlo Rajk in Ungarn, Stalins Kremlärzte in Moskau und andere. Was wir da auf Moskaus Straßen erlebten, waren vielleicht Vorboten.

Auch gingen Zivilisten oft neben uns her und unterhielten sich mit uns, wo sie nur konnten. Einer riet mir ernstlich, den Kommandanten zu fragen, ob ich ihn besuchen könnte, denn er hätte gesehen, dass wir auch Ausgang hätten. Er wollte mir den in der Nähe gelegenen Personenhafen Chimki zeigen, gelegen an der nordwestlichen Stadtgrenze Moskaus am Moskau-Wolga-Kanal. Das war natürlich naiv, verdeutlichte aber, dass uns die Russen jetzt in der Mehrzahl freundlicher gesinnt waren. Eine Frau aus der Wolgadeutschen Republik kam und sprach uns in hartem, holprigem Deutsch an, sang dann sogar: «Immerzen derr Baur die Rohslein einspann!»

Auf der Straße steckte mir eine Frau ein Exemplar der Tageszeitung «Iswestija» mit der Bemerkung zu, darin könnten wir etwas sehr Interessantes lesen. Im Lager las ich dann, neben den obligatorischen Erfolgsberichten von den Arbeitsbrigaden, den Meldungen über Erfüllung und Übererfüllung der Norm, den Segnungen des Stalin'schen «pjati let», des Fünfjahresplanes, eine winzig kleine Meldung. Da stand, dass von nun an die Kriegsgefangenen schubweise entlassen würden. Wir schöpften wieder einmal Hoffnung, blieben aber auch skeptisch, denn schon zu oft waren wir enttäuscht worden. Und ich dachte an meinen ganz speziellen Fall. Würden sie uns «jungfaschistische SS-Maltschik», wie ich manchmal beschimpft wurde, auch nach Hause schicken?

Immer mehr Kameraden trugen jetzt zivile Kleidung, zumindest eine zivile Variante einstiger Uniformen. Unsere Freunde in den Schneider- und Schuhmacherwerkstätten machten gute Geschäfte, wir alle wollten die zerschlissenen Wehrmachtsuniformen loswerden und bezahlten dafür in Rubel. Und seit wir nicht mehr hungerten, wuchs das Interesse an Unterhaltung und Spaß jeder Art.

Ein Kamerad, der Tanzlehrer von Beruf war, bot Kurse an. Er wollte uns die angesagten Tänze beziehungsweise Schritte beibringen. Natürlich hatten wir keine Ahnung, welche musikalische Stilrichtung im Schlepptau der amerikanischen Befreier gerade über den deutschen Westen schwappte – Swing und Jazz, Duke Ellington, Benny Goodman oder Count Basie. Für uns waren Walzer, Tango und Foxtrott schon ziemlich modern, und der Kamerad besorgte die entsprechenden Platten. Auch ich war neugierig und ging hin. Es wurde zu einem einschneidenden Erlebnis. Denn die Teilnehmer wollten immer wieder, dass ich die Damenrolle übernahm. Zwar hatte ich die entsprechenden Schritte schnell begriffen, aber nach kurzer Zeit auch gründlich die Nase voll. Wenn ich so weitermache, werde ich noch zur Lagertunte, befürchtete ich. Und dazu fehlte mir jegliche Neigung. Außerdem kratzte es an meinem Stolz. Bubi zu sein, der Halbwüchsige, damit hatte ich mich abgefunden. Ich war ja tatsächlich immer der Jüngste, denn «neue Generationen» von Gefangenen rückten nicht nach. Dagegen war also kein Kraut gewachsen. Aber das «Mädchen der Kompanie» zu spielen – das kam für mich nicht in Frage. Ich nahm mir also vor, hier eine klare Linie zu ziehen. Abrupt verließ ich den Kurs und nahm von da an auch keine weiblichen Rollen in Theaterstücken mehr an.

Auch in einem anderen Fall musste ich Durchsetzungsvermögen unter Beweis stellen: Auf einer Baustelle gab es einen russischen Zimmermann, der konnte es nicht lassen, mich ständig zu hänseln und zu verspotten. Immer sagte er: «Ej ti, Faschist,

Cheil Chitler (Heil Hitler).» Mir ging das auf Dauer so auf die Nerven, dass ich eines Tages zu antworten begann: «Strastwuitsche Bolschewist, Slava Stalina!» (Grüß dich, Bolschewist, Heil Stalin!) Mit einem obszönen russischen Fluch ging er schließlich weg, und von da an hatte ich meine Ruhe. Ein anderes Mal erlaubte ich mir einen etwas groben Scherz mit einer der Wachen – Ausdruck eines beinahe schon unverkrampften Miteinanders. Ich saß im Lager vor unserer Halle herum, es war nach Arbeitsschluss und ein lauer Abend. Er fragte mich, ob ich Machorka hätte. Ich bejahte. Dann forderte er mich auf, ihm eine Zigarette zu drehen. Die Selbstverständlichkeit, mit der er meinen Tabak schnorrte, weckte den Schalk in mir. Ich wickelte einen dicken Regenwurm in das Papier und zwar dort, wo das lange Mundstück aus gefaltetem Papier begann. Darauf streute ich Tabak. Nachdem ich ihm die Zigarette gegeben hatte, machte ich mich schleunigst davon. Aus der Ferne hörte ich dann seinen Fluch, denn nach dem Entzünden der Zigarette hatte der Wurm offensichtlich einen Fluchtweg gesucht – in Richtung Mund. Glücklicherweise hatte der Soldat bereits Minuten später vergessen, wer ihm diesen Streich gespielt hatte. Vermutlich waren wir in den Augen einiger Russen eine graue Masse, in der Individuen nur schwer zu identifizieren waren.

Ab Frühjahr 1949 arbeitete ich auf der Baustelle des Posilok-Werkes «Dom stieri» – «Haus vier», einer Arbeiterneubausiedlung, den auf der grünen Wiese errichteten Arbeitersiedlungen in der späteren DDR vergleichbar. Nur dass es die Plattenbauweise natürlich damals noch nicht gab. Für «Dom stieri» wurden vierstöckige Wohnhäuser gebaut – auf traditionelle Weise gemauert, Stein auf Stein. Und zwar im sogenannten Schnellbausystem: Links stand ein Maurer, rechts stand ein Maurer, jeder zog eine Ziegelsteinecke hoch. Dazwischen hatte ich Steine und angerührten Zement bereitzustellen. Eine Schicht Ziegelsteine bildete die Grundlage, darauf wurde ein sogenannter Schlackeblock gesetzt. Diese waren 50 Zentimeter lang und etwa 25 Zentimeter hoch und ebenso tief. Sie bestanden aus gepressten Resten, die bei der Stahlveredelung anfielen. Gearbeitet wurde innerhalb des Neubaus, dazu wurden im Rohbau Holzplanken verlegt, auf denen ich mit meiner Schubkarre Zement vom außerhalb des Gebäudes angebrachten «Poitjomnik» holte, einem wackligen Aufzug. Wir waren zunächst 25, später 50 Kameraden, die auf die Baustelle geschickt wurden. Umgeben war sie von einem Maschendrahtzaun, eher eine Art Bauzaun.

Mein Job bestand also darin, die Steinreihe zu legen, den Zement (Speis) in die Holzwanne zu schütten und auf die gemauerten Steine zu klatschen. Die Maurer legten nur die Steine drauf und klopften sie, mehr oder weniger, zumeist weniger, gerade. Mussten wir Eisenträger ziehen, wurde kommandiert: «Ras, dwa salli, ischtscho salli, ischtscho ras.» (Eins, zwei hoppla, nochmals hoppla, nochmals eins usw.) Nach getaner Arbeit ging es dann am Abend, die bereits erwähnten Transportmittel in umgekehrter Reihenfolge nutzend, zurück.

Auf dem Weg zur Baustelle begleiteten uns stets russische Wachposten, die sich aber innerhalb des Baugeländes kaum zeigten. Zumeist gingen sie in die Stadt, liefen nur hin und wieder am Zaun entlang. Einer von ihnen war ein junger Usbeke, den sie immer Jorka riefen. Mit ihm freundete ich mich an. Er war ungefähr im gleichen Alter wie ich. Ich freute mich immer, wenn er Dienst hatte, und wir alberten viel herum. Er forderte mich einmal sogar zu einem Ringkampf heraus. Er war stärker als ich. In Siegerlaune führte er einen dieser typischen Kosakentänze auf, mit verschränkten Armen in der Hocke. Dabei fiel er rückwärts in eine Baugrube. Ich half ihm heraus, und er schimpfte wie ein Rohrspatz, das sei «wieder einer dieser üblen faschistischen Tricks» von mir gewesen, wahrscheinlich gönne ich ihm seinen Triumph nicht. Mir fiel auf, dass die Russen auch ihre asiatisch aussehenden Kameraden oft schlecht behandelten, sie zum Verrichten niederer Arbeiten nötigten, sie hänselten oder anschrien. «Schlitzauge» war dabei noch eine harmlose Bezeichnung. Ich hatte in der späten Phase unserer Gefangenschaft sogar das Gefühl, die «europäischen» Russen verhielten sich uns gegenüber respektvoller, sogar kameradschaftlicher, als im Umgang mit ihren asiatischen Landsleuten. Dabei waren die Usbeken, Kirgisen oder Tadschiken, die ich kennenlernte, stets nette und freundliche Kerle. So wie Jorka eben.

An einem dieser Vormittage auf der Posilok-Baustelle im Frühjahr 1949 traf ein alter Mann in einer schmuddeligen Wattejacke ein, an der ein großer Sowjetstern baumelte. Er fuhr in einem Panjewagen vor, das waren kleine, von niedrigen, aber kräftigen Pferden gezogene Gefährte. Er brachte einige Bauteile, vor allem die von uns benötigten Nägel. Es gab die guten Nägel, die waren gebraucht und mussten von uns zunächst einmal gerade gehämmert werden. Aber sie waren dennoch begehrt. Und es gab neue Nägel, die waren aus Blech und für nichts zu gebrauchen, denn sie verbogen sich beim ersten Hammerschlag. Unser Natschalnik, wie der Chef genannt wurde, befahl mir, dem Alten beim Ausladen zu helfen. Der Alte selbst aber zog sich hinter eine sonnengeschützte Häuserwand zurück und machte ein Nickerchen. Also blieb die ganze Arbeit an mir hängen. Jorka kam daher und schaute mir zu. Dann zog er seine Handschuhe an und schlug mit der Faust einen acht Zoll großen Nagel in das fünf Zentimeter dicke Bodenbrett des Wagens. Das machte ihm Vergnügen, und er trieb auf diese Weise überall, auch an der Seite des Wagens, Nägel ins Holz. «Hör auf mit dem Quatsch», sagte ich, «das gibt Ärger.» Als der Alte erwachte und seinen Wagen sah, der plötzlich mit langen Nägeln gespickt war, fluchte er laut, nannte mich einen hinterhältigen Hitleristen und drohte, mich zu melden, dann käme ich nach «Sibir». Jorka war rücksichtsvoll genug, den Alten zu beschwichtigen, indem er ihm sagte, er werde mich beim Kommandanten vorführen, sodass ich eine gerechte Strafe bekäme. Später bog er sich vor Lachen. Ich fand das gar nicht witzig. Doch es war nur ein Vorgeschmack auf die Art von Scherzen, mit denen mir Jorka noch so manchen Ärger bescheren sollte. Denn der Kerl hatte nur Unsinn im Kopf.

Besonders angetan hatten es ihm diese kräftigen russischen Stuckateurinnen, stämmige, breitschultrige Frauenzimmer. Diese Koren – sie sahen wirklich aus wie diese gebälktragenden Frauenfiguren an alten Fassaden – hatten im Schnellverfahren auszubessern, was die Handwerker an schiefen Mauern im Akkord hochgezogen hatten. Die Maurer wollten stets viel Geld verdienen und waren deshalb daran interessiert, ihre Normen überzuerfüllen. Die Frauen trugen in der einen Hand eine Holzplatte, unter der ein Stielgriff befestigt war. Auf dieser Platte lag ein Haufen angerührter Zement, mindestens ein Eimer voll. Mit einer Kelle, die sie in der anderen Hand trugen, klatschten sie den Mörtel an die Wand und strichen diesen dann glatt. Zwischen zwei und fünf Zentimetern mussten sie auftragen, damit alles glatt und eben war.

Zu diesen Frauen schlich sich Jorka. Mir befahl er, in der Zeit seiner Abwesenheit seine «Wintowka» zu verwahren. Ich sollte ihn rufen, falls ein Offizier in Sicht war. Was er da von mir verlangte, war der absolute Wahnsinn! Ich litt Höllenqualen. Denn was hätten die Offiziere wohl gesagt, hätten sie mich, einen «Faschisten» und Kriegsgefangenen, mit einem Gewehr angetroffen? Es fühlte sich in meinen Händen an wie ein glühend heißes Eisen. Doch bei Jorka hatte das Hirn Pause, über so etwas dachte er jetzt nicht nach.

Schweißgebadet wartete ich im Treppenhaus, ängstlich in alle Richtungen schauend. Zum Glück hatten wir wieder einmal keine Steine, sodass die Arbeit auf dem Bau ruhte und ich nicht gebraucht wurde. Als Liebeslohn bezahlte Jorka gern mit einem nagelneuen Paar Waljenkis, wie die Filzstiefel genannt wurden.

Sie waren bei den Russen äußerst begehrt. Jorka gab der Angebeteten aber nur einen der Stiefel und behielt den anderen. Was garantierte, dass es ein nächstes Mal gab, denn mit nur einem Stiefel kann niemand etwas anfangen. Er kam also zurück, trug den einen Waljenki in der Hand und sagte mir augenzwinkernd, dass er mit dem das nächste Mal bezahlen würde. Ich kochte vor Wut, denn das hieß ja, dass ich mindestens noch einmal diesen Albtraum durchleben musste. «Nicht mit mir, deine Wintowka fasse ich nie wieder an. Ich will doch nicht in Sibirien enden, du elender Bolschewist», schrie ich. «Halt dein Maul, Faschist, und geh an die Arbeit, hast du nichts zu tun?», bekam ich zu hören. Zwischen uns war das ein ganz normaler, scherzhaft gemeinter Umgangston. «Und übrigens, die Schwarze, dass ist eine schöne ‹Ribjonka› (Fischlein)», begann er zu schwärmen. Und fragte freundlich: «Also, bist du morgen wieder dabei …?»

Ich konnte in der Nacht vor Angst kaum schlafen. Hätte man mich mit einer sowjetischen Waffe in der Hand erwischt, wären die Folgen fatal gewesen. Sogar die Erschießung hätte mir gedroht. Ich schwor mir: Nie wieder mache ich das! Am nächsten Tag weigerte ich mich hartnäckig und erfolgreich. Jorka überließ das Gewehr dem Magazinverwalter, dem er erzählte, dass er Durchfall habe und eine Weile aufs Klo müsse. Das war absolut unglaubwürdig, denn er war für sehr lange Zeit weg. Doch mir war das egal. Solange er mich aus seinen Plänen heraushielt, konnte er machen, was er wollte.

WALJA

Und dann traf ich Walja. Sie sollte mein Leben verändern. Walja war eine 16-jährige Komsomolzin, so hießen die Angehörigen des kommunistischen Jugendverbandes, dem in der Sowjetunion alle jungen Menschen angehörten. Es war Frühling, April 1949. Auf unserer Baustelle war nichts los, wieder einmal hatten wir keine Steine. Es regierte der sowjetische Schlendrian gepaart mit Mangelwirtschaft. Obwohl der Natschalnik uns mit den Worten scheuchte: «Dawai, robotatje» (los, arbeitet), drückten wir uns, wo wir nur konnten. Wir sollten Sand umschaufeln, Bretter umstapeln oder artverwandte Beschäftigungen ausführen, die alle etwas gemein hatten: Sie waren völlig nutzlos und hatten nur den Zweck, uns zu beschäftigen. Und weil der Natschalnik nicht überall sein konnte und selbst zum Müßiggang neigte, verlor er alsbald das Interesse an der Antreiberei und zog sich in sein Bretterbüro zurück.

Ich schlenderte auf dem umzäunten Baugelände umher und sah im Haus gegenüber ein Mädchen, das dort aus dem Fenster schaute. Sie war sehr hübsch, etwas pausbäckig, typisch russisch, wie ich damals fand. Unsere Blicke trafen sich in diesem Moment etwas länger, als sich Blicke treffen, die sich zufällig kreuzen. Mir wurde ganz heiß. So etwas hatte ich lange nicht erlebt! In diesem Augenblick war sie für mich das schönste Geschöpf auf der ganzen Welt. Aber sie schien unerreichbar. Denn uns trennte nicht nur ein schäbiger Bauzaun, wir lebten in verschiedenen Universen, in denen eine gegenseitige Kontaktaufnahme nicht vorgesehen war und einem Verstoß gegen Naturgesetze gleichkam. Gäbe es da nicht Gefühle, die stärker sind als alle Restriktionen dieser Welt …

Nun, winken kann ich ja mal, kam mir in den Sinn. Im schlimmsten Fall würde sie sich von «diesem Faschisten» abrupt abwenden. Doch genau das Gegenteil geschah, sie winkte zurück. Etwas verschämt zwar, aber eindeutig. Was für ein Hochgefühl! Ich hatte den Anblick von Mädchen jahrelang vermisst, sehnte mich nach so banalen Dingen wie einem Flirt, für Jugendliche meines Alters so wichtig wie die Luft zum Atmen.

Am nächsten Tag sah ich sie wieder am Fenster. Ich nahm all meinen Mut zusammen und rief ihr zu: «Dobry utrom» (Guten Morgen). Und tatsächlich, sie lächelte mir zu. Es funktionierte auch am darauffolgenden Tag. Ich wurde mutiger. Doch dann kam dummerweise eine neue Ladung Steine an. Die mussten verarbeitet werden, und ich hatte vorerst keine Zeit mehr, zum Zaun zu gehen. Inständig betete ich: «Dorogye Towarischy (teure Genossen), bitte verzögert die Lieferung neuer Steine, ihr könnt das doch sonst so gut!» Offensichtlich hatte der Schöpfer der realsozialistischen Welt Mitleid mit mir, denn kurze Zeit später ging uns der Zement aus. Klopfenden Herzens ging ich wieder zum Zaun. Das Mädchen hielt sich jetzt ganz in der Nähe auf, weil ihrer Familie direkt hinter dem Bauzaun ein kleiner Schrebergarten gehörte, in dessen Mitte eine kleine Laube stand. Hinter dem Gärtchen befand sich eine Straße mit vierstöckigen Wohnhäusern, in einem davon lebte sie. An jenem Tag hockte sie in dem Gärtchen und rupfte Unkraut zwischen Radieschen- und Möhrenbeeten.

Es waren nicht solche klar abgegrenzten Gemüsebeete, wie ich sie aus Deutschland kannte: hier Karotten, dort der Kopfsalat in einer exakten «Kasernenhofreihe». Alles wuchs wild durcheinander, sprichwörtlich Kraut und Rüben. Und auch die Laube verdiente den Namen nicht, es war eher ein baufälliger Holzschuppen, in dem Gerümpel herumlag, Gartengeräte und alte Decken verstaut wurden. Und doch wirkte alles so friedlich, so bürgerlich, strahlte eine biedere Normalität aus, die ich so sehr vermisste. Ich sprach sie jetzt direkt an, fand ihre Pflanzen «sehr schön», die mir natürlich in Wahrheit völlig egal waren. Ich muss ziemlich dummes Zeug geredet haben, versprach mich außerdem ständig. Meine Russischkenntnisse, die normalerweise ganz ordentlich waren, reichten nicht, um das auszudrücken, was ich diesem Mädchen gern sagen wollte. Sie half mir über diese Unsicherheit hinweg, indem sie das Wort ergriff und mir sehr resolut erklärte, dass ich ja eigentlich ein «faschistischer Okkupant» sei, mit dem man nicht reden darf. Aber sie wolle gnädigerweise mal eine Ausnahme machen und sich anhören, was ich zu sagen hätte. Das klang ziemlich süß, obwohl sie solche unschönen Wendungen gebrauchte. Ich hätte ihr am liebsten endlos lange zugehört. Am Ende fragte ich sie: «Darf ich mal deine Hände berühren?» Sie tat mir den Gefallen, trat an den Zaun, unsere Finger berührten sich. Es war ein wundervolles Gefühl, auch wenn es nur einen Wimpernschlag lang währte. Mir lief es eiskalt den Rücken herunter.

Dann sah ich sie wieder mehrere Tage lang nicht. Ich wurde schwermütig, ich vermisste sie. Ich war verliebt. Anatol, einer der russischen Maurer, merkte das wohl, denn ich war zerstreut, warf ihm die Steine vor die Füße, anstatt sie ordentlich zurechtzulegen. Um mich aufzumuntern, sagte er: «Ej ti (He du), gib mir etwas Geld, ich hole dir von drüben Pjaroschkis (Krapfen).» Ich hatte durch das Hosengeschäft, das ja zumindest kurze Zeit recht erfolgreich verlaufen war, noch etwas Geld übrig, sodass ich mir gelegentlich solchen Luxus leisten konnte. Er brachte dann die Pjaroschkis, eine hatte ich ihm spendiert, und wir aßen genüsslich. Sawtra (morgen) kaufe ich dann welche, meinte er. Natürlich kam es nie dazu. Immer dieses verfluchte «sawtra», dachte ich. «Sawtra budjet lutsche» (morgen wird es besser) –

wurde uns oft gesagt. Fragten wir nach Machorka, hieß es «sawtra» gäbe es welchen. In Wahrheit bedeutete «sawtra»: auf gar keinen Fall jetzt, irgendwann vielleicht, wahrscheinlich aber nie! Die Russen waren die Meister der unerfüllten Versprechen. Es dauerte eine gewisse Zeit, bis ich begriffen hatte, dass «sawtra» in Wahrheit meist «niemals» bedeutete.

Doch der Ärger über «sawtra» verflog in dem Augenblick, in dem Walja wieder auftauchte. Sie trug anfangs ein hochgeschlossenes, geblümtes Kleid. Ich erinnere mich aber auch, dass sie später einen schwarzen Rock trug, eine blaue Bluse und ein rotes Halstuch, denn sie war ja Komsomolzin. Und darauf war sie sehr stolz. «Komisch», meinte sie eines Tages, «dass ich, eine Komsomolzin, und du von der ‹Gitlerski malatjursa›, von der Hitlerjugend, sich so gut verstehen.» Ich sagte, ich «war» ein Hitlerjunge, sei es aber nicht mehr. «Ist ja gut», meinte sie darauf, «dann bist du eben nur mein kleiner Faschist.» Zunächst nannte sie mich Gennadi, was wohl im Russischen mit Günter vergleichbar ist. Später nannte sie mich Shenja, Günter konnte sie einfach nicht aussprechen. Sie versuchte es zwar, aber es gelang ihr nicht, und wir mussten beide lachen. Shenja war vermutlich eine Verkleinerungsform von Gennadi, die gern bei Kindern angewendet wird, so etwas wie «Günterchen».

Ihr Vater war «Kapitan», also Hauptmann bei der Miliz, wie die Polizei in der Sowjetunion hieß. Man kann sich ausmalen, dass Waljas Beziehung mit einem «Faschisten» bei ihm ein schweres Erdbeben ausgelöst hätte. Wenn wir uns trafen und ich sie fragte, ob sie Zeit für mich hätte, antwortete sie stets mit dem Komsomolzengruß «wsegda gotow» (Immer bereit!). Das sprach sie mitunter auch auf Deutsch aus, indem sie sagte «immer fertig». Wir berührten uns wieder mit den Händen durch den Maschendrahtzaun hindurch.

Und dann hatte ich eine Zeitlang einen Nebenbuhler, er hieß Hans Klar. Er war im selben Alter wie ich, hatte blonde Haare

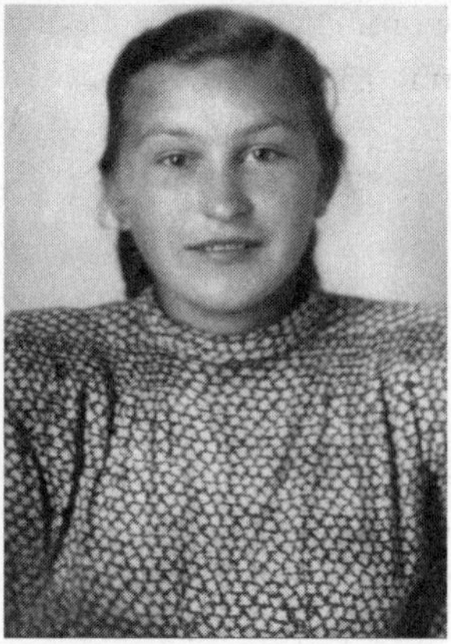

Walja

und war von Walja ebenfalls begeistert. «Du brauchst dir keine Hoffnung mehr zu machen», sagte er eines Tages ganz beiläufig zu mir. Das wollen wir doch erst einmal sehen, dachte ich, vor Eifersucht rasend. Etwas später traf ich sie am Zaun, stellte sie zur Rede. «Ach Shenja», sagte sie, «der andere, Wanja (Hans), interessiert mich doch gar nicht. Hier, ich schenke dir ein Bild von mir.» Das Foto besitze ich heute noch. Ich fühlte mich wie im siebten Himmel. In diesem Augenblick war ich nicht mehr Günter, ein armseliger Woijna Plenny (Kriegsgefangener), sondern Shenja, Waljas deutscher Angebeteter.

Ich wollte mehr als nur ihre Finger durch den Maschendrahtzaun berühren und weihte den Posten ein, meinen Freund Jorka. Er war sofort zur Hilfe bereit, bestand aber auf einer Bezahlung: «Gib mir fünf Rubel und ein Paket Machorka, und ich lass dich für zwei Stunden raus. Aber komm bloß wieder!» Natürlich dachte ich nicht daran, zu türmen, ich wollte ja nur mit Walja allein sein. Wir trafen uns in ihrem Geräteschuppen im Garten, kein Maschendrahtzaun trennte uns mehr, es war wunderschön. Wir wiederholten das des Öfteren. «Sag niemandem, was zwischen uns war, ich will dein Wort, schwöre es mir», bat sie mich. Ich gab ihr mein Wort und habe mich bis heute daran gehalten.

Natürlich war ich unendlich stolz auf meine «Eroberung», doch so frei von der Leber weg konnte ich unter Kameraden nicht darüber sprechen, geschweige denn, wie bei Jungen recht typisch, ein bisschen damit prahlen. Einige ältere Kameraden wussten davon und hatten großes Verständnis. Die jüngeren, wie der besagte Hans, waren eifersüchtig und versuchten, sie mir abspenstig zu machen. «Eure Beziehung hat doch sowieso keine Chance», sagten sie mir, «oder willst du in der Sowjetunion bleiben?» Aber ich hatte in diesen Wochen überhaupt keine Lust, mir mein Glück kaputtreden zu lassen – selbst wenn es stimmte und wir keine gemeinsame Zukunft hatten.

Walja war sehr vorsichtig und lief meistens weg, wenn andere kamen und mit ihr anbändeln wollten. Nicht zuletzt wegen ihres Vaters, der bei der Polizei war. Heute würde ich die Umstände unserer Beziehung als «stressig» bezeichnen, aber wer ist nicht bereit, ein wenig Stress für die ganz großen Gefühle zu investieren? Ich konnte nur zu Walja, wenn auf der Baustelle nichts zu tun war. Sie musste aufpassen, dass möglichst niemand in der Nähe war. Auch vor den Nachbarn ihres Mietshauses musste sie sich hüten, denn obwohl sich das Verhältnis der Sowjetbürger zu uns entspannt hatte, waren wir in den Augen vieler noch immer üble Faschisten. Und dieser Form der «Kollaboration» haftete ein denkbar schlechtes Image an. Unter den Kameraden habe ich auch aus dem Grund mit meiner Eroberung nicht angegeben, weil ich sehr eifersüchtig war und weil ich es schlimm gefunden hätte, wenn intime Details oder gar Anzüglichkeiten über uns die Runde gemacht hätten.

Jorka ließ mich schließlich auch raus, wenn ich mal kein Geld hatte. Er hatte großes Verständnis für meine Situation, hatte er doch selbst einschlägige Erfahrungen in Herzensangelegenheiten. Jorka war wirklich ein Klasse-Typ. Er dachte nicht ideologisch oder in nationalen Rastern, für ihn war ich ein Kumpel gleichen Alters, der gleiche Interessen hatte und mit dem er im Zweifel mehr gemein hatte als mit seinen Politoffizieren, Vorgesetzten oder Parteifunktionären.

Mir zuliebe versuchte Walja, etwas Deutsch zu lernen. Aber es fiel ihr schwer. Offensichtlich war ich auch kein guter Lehrer. Und so unterrichtete sie mich in Russisch. Ich sollte ihr nachsprechen: «Ja tibja ljublju.» Ich tat es, so gut ich konnte. Doch meine Lehrerin war nicht zufrieden mit mir. Ich versuchte es erneut. Ich hatte ja bereits Erfahrungen mit falschen Betonungen, die in der russischen Sprache schnell zu großen Missverständnissen führten. Und vor Walja wollte ich mir eine solche Peinlichkeit in jedem Fall ersparen. Ich versuchte es also nochmal. Nach ihrem Dafürhalten war es aber immer noch nicht perfekt genug ausgesprochen, also musste ich es wieder und wieder sagen. Ich wunderte mich etwas, weil ich der Meinung war, den Satz längst richtig ausgesprochen zu haben. Bis ich merkte, dass es ihr nur darum ging, eben jene magischen Worte möglichst oft aus meinem Mund zu hören: «Ja tibja ljublju», zu deutsch: Ich liebe dich.

Natürlich hatte ich, trotz des intensiven «Einzelunterrichts» bei meiner neuen Lehrerin, nach wie vor nur mäßige Russischkenntnisse. Das belustigte Walja, verärgerte sie aber auch manchmal. Ich hätte ihr gern so viel gesagt, hatte aber nur einen überschaubaren Wortschatz zur Verfügung, sodass ich stets aufs Neue an meine Grenzen stieß und vieles unausgesprochen blieb. Das wurmte mich. Mitunter schlichen sich in mein Russisch tschechische Begriffe ein, dazu kamen estnische Brocken. «Das war eben lustig, was war das?», fragte sie einmal. Ich erklärte ihr, dass ich soeben tschechisch gesprochen habe. «Wie chic, sag nochmal so etwas», meinte Walja daraufhin. «Ja was denn?», fragte ich. Und dann begann ich herumzublödeln und bildete ziemlich unsinnige Wortkombinationen, wie «Au ve, Táta dlouhe, Mama krátká, ditě jako Pimperlatka». Walja sagte daraufhin, sie hätte nur «ditě» verstanden, was im Russischen Kinder bedeutet, ob ich damit etwa auf unsere Zukunft anspielen wollte? Dabei hieß das nur: «Au weh, der Vater ist lang, die Mutter ist kurz, und die Kinder sind Zwerge», oder so ähnlich. Einmal in Fahrt, gab ich ihr nun tschechischen Sprachunterricht: «Proč dělate takový okolký?» – Warum machen Sie solche Umstände? «Ruku lib vam milostyva» – Küsse Ihre Hand, Gnädigste. «Co to znamená pro boha?» – Mein Gott, was soll das?

Obwohl mein Tschechisch sehr lückenhaft war, vor allem mit der Grammatik haperte es, was in Brünn oft für Gelächter gesorgt hatte, versuchte ich Walja mit dem Vers «tři sto tři a třizet» (333) ein wenig zu beeindrucken. Es war einer jener auch in der deutschen Sprache bekannten Zungenbrecher, er handelt von 333 silbernen Dächern, über welche 333 silberne Schwäne fliegen. Für Nichttschechen war dieser Vers schlicht unaussprechbar. Auch Walja gelang es nicht, und wir mussten beide herzlich lachen. Ich machte auch einen Fehler, aber einen mutwilligen: «332 Schwäne zogen dahin, der stolzeste aber flog direkt zu dir.» Da fing sie plötzlich an zu weinen, schluchzte «ach Shenja» und ging. Ich verstand nicht warum. Später im Lager konnte ich die ganze Nacht nicht schlafen, warf mich auf meiner Pritsche hin und her, überlegte, warum sie wohl so traurig gewesen sei. Und dann glaubte ich die Lösung gefunden zu haben: Wahrscheinlich unterstellte sie mir, ich hätte mit dem Vers angedeutet, irgendwann mit meinen «Artgenossen» weiterziehen zu wollen, dahin zurück, wo ich hergekommen war. Ich ärgerte mich über meinen blöden Spruch und wollte sofort zu ihr, um das Missverständnis aufzuklären. Doch da fiel mir ein, dass das gar nicht ging, weil ich ja in einem 300 mal 300 Meter großen Stacheldrahtverhau lebte.

Einmal sagte sie, dass die sowjetischen Soldaten die tapfersten Soldaten der Welt seien. Ich antwortete sinngemäß ja, ja, das hören wir täglich: «Die ruhmreiche Sowjetarmee, dagegen sind wir wahre Waschlappen.» Sie antwortete, sie meine das ernst, die Sowjetsoldaten seien die tapfersten der Welt, denn was hätten sie nicht alles erleiden müssen, wie viele Opfer hätten sie nicht bringen müssen, ehe sie mich, Shenja, eingefangen und zu ihr gebracht hätten. Ich musste lachen und war sehr glücklich über diese Vorstellung.

Eines Tages sprach ich sie auf ihre Kleidung an. Ich fragte sie, warum sie immer Socken oder Kniestrümpfe trug? «In Deutschland», so sagte ich, «tragen die Frauen Seidenstrümpfe.» Walja antwortete mir, dass sie das nicht glaube, ich meine wahrscheinlich einige wenige Kapitalistenfrauen. Ich erklärte, dass zum Beispiel meine Mutter eine Arbeiterfrau sei, die aber sehr wohl solche Strümpfe trüge. «Diese Strümpfe kann doch niemand tragen, die rutschen doch», entgegnete sie mir. Ich erläuterte, dass Frauen die Strümpfe rechts und links an die Beine «knöpften». Dass brachte das Fass zum Überlaufen: «Wie, an die Beine knöpfen? Das geht doch gar nicht! Hat man euren Frauen denn Knöpfe an die Beine genäht? Du meinst wohl, sie werden an das Hemd geknöpft», erwiderte sie. Jetzt kam auch ich ins Schleudern: «Hm, so genau weiß ich das auch nicht, wie das gemacht wird. Ich hab das mal bei meiner Mutter gesehen, sie hat ihren Rock kurz gehoben, dann links so einen Klipp befestigt, rechts dasselbe, und zack war es auch schon vorüber, sodass ich nichts sehen konnte …» Unsere Fachsimpelei in Sachen Strümpfe war damit noch nicht beendet. Ich wusste noch, dass diese Strümpfe hinten eine Naht hatten. «Was denn für eine Naht?», wollte Walja jetzt wissen. Ich wollte ihr das demonstrieren, fuhr ihr mit dem Finger am Bein hoch. Sie drehte sich daraufhin wie von der Tarantel gestochen um, schaute mich schmunzelnd, aber auch bemüht empört an und schimpfte: «Du, mach das nicht nochmal!» «Wirklich nicht?», fragte ich. Sie streckte mir die Zunge raus, lief weg – kam aber noch mehrere Male zurück.

Ich nannte sie immer «saitschik moi», das hieß «mein Häschen», und gab mir stets Mühe, ihr gegenüber ein gepflegtes Russisch an den Tag zu legen. Wenn ich mich bedanken wollte, benutzte ich nicht das gewöhnliche «spassiba», sondern «ja blagardaju tibja», was so viel bedeutete wie «ich bedanke mich bei dir». Auch wenn ich über ihren Papa sprach, nannte ich ihn stets «Gospodin», was übersetzt «Herr» heißt und eigentlich seit der kommunistischen Revolution als bürgerlich verpönt auf dem Sprachindex stand. Das lag daran, dass ich im Lager zu einem der eifrigsten Leser russischer Klassiker wie Tolstoi, Puschkin oder Dostojewski gehörte. Deren Sprache stammte nicht nur aus einer anderen Zeit, sondern war obendrein ein ziemlich elitäres Russisch. Die russische Revolution von 1917 hatte alle Bereiche ergriffen, auch die Sprache. Indem ich also versuchte, Walja mit meinem gepflegtem Aristokraten-Russisch zu beeindrucken, erreichte ich das Gegenteil. Irgendwann platzte ihr der Kragen, empört fuhr sie mich an: «Lass bitte diese feudalistisch-zaristischen Ausdrücke!» Doch dann schmunzelte sie. Heute glaube ich, ein bisschen hat ihr meine verbale Schaumschlägerei auch gefallen.

Nicht nur die Sprache lehrte mich Walja, sondern auch ein russisches Lied: «Tschorninki slawninki maltschik dolga stajal u warod» (ein hübscher, schwarzhaariger Junge stand lange wartend am Tor) – ein schwermütig melodisches Lied von Liebe, Schmerz, Trennung und so – typisch russisch eben. Stolz sang sie «Maskwa moja». Deutlich höre ich sie noch schmettern, untermalt von theatralischen, völlig übertriebenen, aber sehr niedlich wirkenden Gesten: «Moskwa moja, Moskwa moja, nikem nje pobjedimaja!» (Mein Moskau, mein Moskau, niemand kann dich besiegen). Ich revanchierte mich mit der Hamburg-Hymne:

«Stadt Hamburg an der Elbe Auen
Wie bist du stattlich anzuschauen!
Mit deinen Thürmen hoch und hehr
Hebst du dich schön und lieblich sehr!»

An einer anderen Stelle heißt es: «Mit deiner Türme hoch Gestalt. Und deiner Schiffe Mastenwald.» Ich versuchte es Walja zu übersetzen. Doch sie verstand nicht: «Wieso haben die Schiffe einen Wald?», fragte sie mich. «Und überhaupt: Warum gibt es denn in Hamburg noch so viele Segelschiffe?» Es war schwer, den Sinn des Liedes zu übersetzen. Als ich bei der Strophe ankam, in der es heißt «Heil über dir, Heil über dir, Hammonia, Hammonia!», sagte Walja: «Das ist ein schönes Lied, Shenja, aber du immer mit deinem Faschistengruß ‹Geil, geil Gitler› – muss denn das sein? Kannst du das denn nicht mal vergessen?»

Während wir auf der Baustelle «Dom stieri» nicht viel zu tun hatten und ich mit Walja turtelte, war auch Edgar nicht untätig. Er machte einer hübschen, schlanken Architektin den Hof – und er hatte offenbar Erfolg. Er erkundigte sich galant nach ihren Aufgaben, konnte sogar ihren bautechnischen Berechnungen folgen und bot ihr Hilfe an, wo es ihm möglich war. Scheinbar ganz und gar uneigennützig. Als beide dann in ihrem Holzbudenbüro verschwanden, dauerte es sehr lang, bis sie wieder auftauchten – ungewöhnlich lange. Es müssen wirklich komplizierte Berechnungen gewesen sein. Bei Arbeitsende, als ich neben ihm stand, schien es mir, als wehe da von Edgar ein Hauch von Eau de Cologne zu mir herüber. Denn so etwas registrierten unsere Nasen, nach vier Jahren Gefangenschaft nur unter Männern guter Düfte völlig entwöhnt, ganz unfehlbar.

Eines Tages schwärmte mir Walja von der aktuellen Mode in der Sowjetunion vor. Der letzte Schrei waren unter anderem gerade flache, weiße Pelzmützen mit einem roten Kreuz, wie sie die Kuban-Kosaken trugen, weswegen sie auch Kubanka hießen. Die seien gut und hielten warm, lobte sie. Ein richtiger «Muschik» (Mannsbild, Kerl) sähe am besten mit einer flott sitzenden «Kubanka» aus. Wer in Moskau eine solche Mütze trug, war «in», wie man heute sagen würde. Und weil ich ein eitler Gockel war und viel zu selten die Gelegenheit hatte, als solcher in Erscheinung zu treten, musste ich natürlich eine solche «Kubanka» haben. Ob sie mir wirklich gefiel, kann ich so genau nicht mehr sagen, in jedem Fall wollte ich damit Walja imponieren. Also fragte ich Jorka, dann unseren Schneider sowie den Lagerverwalter, ob sie mir eine solche Mütze besorgen könnten. Alle mussten passen. Erst die jüdischen Händler nahmen gegen Vorkasse in Höhe des halben Kaufpreises eine «Bestellung» auf. Wie viel ich bezahlt habe, weiß ich heute nicht mehr, aber es war für meine damaligen Verhältnisse ein kleines Vermögen. Nach drei Tagen gaben mir die jüdischen Händler die Mütze mit den Worten «siehste scheene Kappes».

Von April bis Herbst 1949 dauerte unsere Romanze, ich hatte das Gefühl, zu schweben. Ich dachte nicht mehr oft an die Rückkehr in die Heimat. Und wenn, dann eher mit etwas Bangen.

Vermutlich habe ich das Ende selbst verschuldet. Blind vor Liebe und grenzenlos naiv war ich zum sowjetischen Lagerkommandanten gegangen, hatte ihm die Geschichte erzählt und versichert, dass ich in der Sowjetunion bleiben und heiraten wolle. Er hörte mir zunächst mitfühlend und offensichtlich auch mitleidig zu, wurde dann aber zunehmend ungehalten. Offensichtlich war ihm im ersten Moment nicht klargeworden, dass hier etwas Ungeheuerliches passierte: denn zwischen einem Faschisten und einer Kommunistin durfte es keine Liebe geben. Also fuhr er mich an: «Schweigen Sie davon, das ist verboten! Solche Verbindungen mit faschistischen Deutschen sind nicht erlaubt! Ich will das alles nicht gehört haben.» Etwas später meinte er etwas milder: «Es tut mir leid, aber erst nach Ihrer Entlassung aus der Gefangenschaft können Sie wiederkommen, falls Sie das überhaupt wollen.»

Es geschah Anfang September. Wie stets fuhren wir zur Sammelstelle Sokol, um von dort auf die Baustellen verteilt zu werden. Aber diesmal ging es nicht zu Fuß weiter zur Baustelle «Dom stieri». Überraschend musste ich auf einen Lkw steigen, und ab ging die Fahrt in entgegengesetzte Richtung: zur Moskwa. Ganz in der Nähe des Flusses hatte ich Steine und Zement zu verladen, später entstand auch dort eine Baustelle. Am nächsten Tag das Gleiche – ich kam nie wieder auf die Baustelle «Dom stieri», ich sollte Walja nie wiedersehen. Der Lagerkommandant hatte offensichtlich meine sofortige Verlegung angeordnet. Ein Kamerad, Bernd Paul, der weiter auf «Dom stieri» zu tun hatte und Walja kannte, übergab mir einen Brief von ihr. «Lieber Shenja, ich muss auf die staatliche Oberschule zur Vorbereitung auf mein Ingenieurstudium. Es ist wohl das Ende vom Lied des ‹Maltschik›, der wartete. Ich liebe dich und muss weinen.»

Es war der Schlusspunkt. Ich kam nicht mehr dazu, mein Häschen als «trendiger» Muschik zu überraschen. Es war wie ein Faustschlag aus heiterem Himmel, der mich zu Boden streckte. Dabei war ja von Beginn an klar gewesen, dass es einmal so enden musste. Doch ich hatte, blind vor Liebe, jeden Gedanken daran ausgeklammert. Ich fiel mental in ein tiefes Loch. Bei allem Schmerz über die erzwungene Trennung von Walja – meine Kubanka trug ich sogar bei meiner Entlassung und noch lange Zeit danach, bis sie mir eines Tages in Hamburg gestohlen wurde.

Wochenlang durchlitt ich höllische Seelenqualen. Jede Sekunde dachte ich an Walja, entwickelte die abenteuerlichsten Fluchtphantasien, wollte gar ein Protestschreiben aufsetzen. Hatte das nicht in Klin 1947 auch etwas gebracht? Kameraden rieten mir aber dringend davon ab.

Edgar fiel irgendwann auf, dass ich mich sehr intensiv mit sozialistischer Ideologie befasste. Ich las gerade ein Buch von Friedrich Engels, auch Lenins «Was tun» lag neben mir. Und als messerscharfer Psychoanalytiker glaubte er auch umgehend den Auslöser meiner Zuwendung zum Kommunismus ausgemacht zu haben. «Günter, du musst Walja vergessen, du kannst nicht zu ihr. Und da nützt es auch nichts, wenn du dich ‹ideologisch› neu orientierst. Übrigens, das sagt doch alles ...», und er zeigte auf das Lenin-Buch. Ja, was tun?, fragte ich mich nun selbst. «Weißt du, ich bin aus einem Milieu, welches man hier als ‹bürgerliches Lager› bezeichnet. Ich weiß, was ich machen werde. Aber ich glaube, du hast ein viel tiefgreifenderes Problem. Die Nazizeit hat dich geprägt, und nun wendest du dich wieder, wie deine Eltern, dem Sozialismus zu. Alternativen dazu kennst du offenbar nicht. Ich bitte dich, fahr erst nach Hause, sieh dir an, was es mit der Demokratie auf sich hat. Falls du dich dann immer noch mit Politik befassen willst, diskutiere frei, streite meinetwegen, nimm an Wahlen teil. Doch lass jetzt und hier die Finger von der Politik! Ich bringe die Bücher zurück. Und außerdem habe ich mir sagen lassen, dass es auch in Hamburg schöne Mädchen gibt. Also, vergiss Walja!»

Er drehte sich noch einmal um, gab mir ein sauberes Handtuch mit den Worten: «Hab zwei im Magazin gekauft, damit kann man auch ganz gut seine Augen trocknen. Du bist kein Hitlerjunge mehr. Hart wie Kruppstahl – das war einmal. Weine dich ruhig aus, das wirkt Wunder ...» «Charascho (gut)», sagte ich, «danke, Edgar.» «O nein, wir sagen gut», war seine Antwort. Es ärgerte mich, dass ich so hoffnungslos vor mich hin litt und Edgar das alles durchschaut hatte. Ich nahm mir vor, das Ganze künftig abgeklärter zu handhaben und sprach leise vor mich hin: «... Gelobt sei, was uns ...» Doch dann besann ich mich: Alles, bloß dieser doofe Spruch von damals nicht wieder!

LAGERLEBEN

So litt ich also im Herbst 1949 seelische Qualen. Unsere Situation als Kriegsgefangene jedoch hatte sich inzwischen deutlich verbessert. Viereinhalb Jahre war ich nun schon in Gefangenschaft. Rückblickend lässt sich die Zeit, die ich in sowjetischer Gefangenschaft zugebracht habe, in vier Phasen unterteilen, in denen wir Kriegsgefangenen unterschiedlichen Bedingungen ausgesetzt waren. Die Phase vom Kriegsende bis in den Sommer 1945 war sehr hart, unmenschlich und in vielerlei Hinsicht lebensgefährlich. Brutale Übergriffe waren an der Tagesordnung, hinzu kamen Hunger, Krankheiten und Kälte. Ab Mitte 1947 wurde die Behandlung etwas besser, war aber immer noch rüde. Unsere Versorgung war nach wie vor unzureichend. Erst 1948 trat eine deutliche Verbesserung der Zustände ein. Die Beschimpfungen durch unsere Bewacher, zuvor gang und gäbe, hörten auf; stattdessen wurden wir mehr und mehr als «Kamerad» angesprochen, oft mit dem Zusatz: «Skorra domoi!» (Bald nach Hause.) Ab Mitte 1949 würde ich die Behandlung sogar als gut bezeichnen. Uns wurde ein regelmäßiger Schriftverkehr mit der Heimat gestattet. Wir erhielten Pakete von unseren Angehörigen. Diese Phasen lassen sich freilich nicht verallgemeinern. Kriegsgefangene, die in Workuta oder auf der Halbinsel Kola festgehalten wurden, machten andere Erfahrungen: Sie waren bis zum Ende harten Bedingungen ausgesetzt.

Zu Beginn der Gefangenschaft waren wir noch mit unseren Wehrmachtsuniformen bekleidet. «Der Winter» begann für uns Gefangene mit der Verteilung von warmer Kleidung am 1. Oktober, egal ob es kalt war oder nicht. Unser Winterzeug bestand aus gebrauchten Filzstiefeln, die auf einen Haufen geworfen wurden, aus dem man diejenigen herausklaubte, die einem ungefähr passten. Vervollständigt wurde unsere Winterausrüstung mit gebrauchten Wattehosen, Wattejacken und Pelzmützen mit herunterklappbarem Ohrenschutz, der auch den Nacken wärmte. Wäsche wurde nicht immer und nicht überall regelmäßig zugeteilt. Waschen musste man seine Sachen, falls das möglich war, irgendwie selbst.

Ständig suchten wir eine Lösung für ein anderes Problem: Wie verhinderte man, dass die Hose rutschte? Wir waren durch die Bank mager; die schweren, grobgearbeiteten und zumeist weitgeschnittenen Hosen folgten stets dem Gesetz der Schwerkraft. In der ersten Zeit der Gefangenschaft hatten wir ja noch unsere Koppelriemen mit den Schlössern. Auf den Wehrmachtsschlössern stand: «Gott mit uns.» Das spendete Trost, war vor allem unverfänglich. Anders als bei uns SS-Leuten. «Meine Ehre heißt Treue», stand da, was uns sofort als SS-Mann identifizierte. Also verschwanden diese Lederriemen sehr schnell, und man band sich die Hosen mit Stricken fest. Manch einer bohrte sich aber auch Löcher vorn in den Hosenbund, fädelte einen Strick hindurch, der dann die Hose festhielt. Einige Kameraden hatten sogar noch Hosenträger mit vorn und hinten gespreizten Lederschlaufen.

Immer, wenn ich irgendwo einen Knopf fand, verwahrte ich ihn. Auch beim Kleidersortieren in Pisek schnitt ich manch guten Knopf ab und hob ihn auf. Ich hatte bald eine schöne Sammlung, die ich wie meinen Augapfel hütete, ebenso mein Nähzeug. Die Nadeln musste ich bei Filzungen in der Kleidung verstecken. Über meine Knopfsammelei machten sich die Kameraden lustig, oft musste ich mir anhören: «Der Bubi braucht eben sein Spielzeug.» Aber sobald jemand einen Knopf angenäht haben wollte, hieß es plötzlich: «Bubi, kannst du mal …» Bei meinem Großvater, dem Schneider, hatte ich die Grundzüge des Nähens gelernt, ebenso des Sockenstopfens. Da ich in Gefangenschaft keinen Stopfpilz hatte, zog ich die Socken, die zu stopfen waren, über die Faust. Zunächst beim Militär und später auch noch in Tallinn bat mich so mancher Offizier: «Kamerad, können Sie mir im Tausch gegen 200 Gramm Brot einen Knopf befestigen?» Wir, das normale Fußvolk, hatten in Gefangenschaft keine Socken mehr, sondern Fußlappen. Erst Ende 1949 tauchten die ersten Strümpfe wieder auf, die teuer gehandelt wurden.

Die Verpflegung war unterschiedlich. Offiziell gab es eine Verordnung des sowjetischen Innenministeriums, welches für Kriegsgefangene zuständig war. Sie sah folgende Richtsätze vor: 650 Gramm Brot pro Tag, dazu Suppe oder Brei (Kascha) – warmes Essen also. Außerdem gab es Ersatzkaffee oder Tee (Tschai), fünf Zigaretten oder die entsprechende Menge Machorkatabak. Vorgesehen waren auch sogenannte Supplemente, 70 Gramm Zucker zum Beispiel oder etwas Fisch. Zur Verteilung von «Supplementen» oder Zigaretten kam es aber äußerst selten. Die Sätze für Offiziere waren wesentlich höher.

Brot und Suppe wurden meistens verteilt, aber eben nicht immer. Aufgeteilt waren wir, wie beschrieben, in Brigaden, zumeist zehn bis 20 Gefangene umfassend. Zwei Gefangene holten täglich in großen Holzbottichen die Suppe. Einer hatte die Aufgabe, mit einem großen Holzrundstück die Suppe ständig umzurühren, damit sich Kartoffeln und Fleischstücke nicht absetzten und jeder beim Verteilen eine ähnlich «gehaltvolle» Portion erhielt. Der andere Essenverteiler tauchte die Kelle in den Bottich und füllte den Inhalt in das ihm hingehaltene Essgeschirr des Empfängers. Die Kellen bestanden oft aus Blechdosen, die an einem Stock befestigt waren. Am besten dazu eigneten sich die bereits beschriebenen amerikanischen Weißblechdosen, die aus den Hilfslieferungen der USA an die Sowjetarmee stammten. Unmengen dieser Dosen, zumeist mit der Aufschrift «Oscar

Meyer – Chicago», lagen überall verstreut herum. Oft benutzten wir sie auch als Essgeschirr. War noch Suppe übrig, dann gab es, streng nach Reihenfolge, einen Nachschlag. Manchmal ließen wir Hölzchen ziehen, in welcher Reihenfolge der Nachschlag in Empfang genommen werden durfte, dazu wurden Nummern verteilt. Wer in einem Durchgang nichts abbekommen hatte, war dann beim nächsten Mal als Erster dran. So kam jeder mal in den Genuss, als Erster Nachschlag zu erhalten.

Alle Lager, die ich durchlief, hatten unterschiedliche Praktiken bei der Verteilung des täglichen Brots. Entweder bekamen wir es portionsweise – jeder erhielt das ihm zustehende Stück. Oder es wurde in Laiben verabreicht. Dann lag das Problem der gerechten Verteilung bei uns. Da wir kein Messer haben durften, zerschnitten wir das Brot mit Blechscheiben oder Drähten. Messer organisierten wir uns im Laufe der Zeit trotz des Verbots. Fast alle waren noch im Besitz des sogenannten Wehrmachtsbestecks, zusammenklappbaren Blechgabeln und Löffel. Wir brachen sie auseinander und schleiften die Handgriffe an geeigneten Steinen so lange, bis sie scharf wurden und Messerschneiden glichen. Damit konnten wir das Brot gut zerteilen. Überraschend war, dass wir sie bei Filzungen behalten durften. Ich glaube, die Russen haben nicht bemerkt, dass es sich um provisorische Messer handelte.

650 Gramm Brot pro Person – das mag sich nach viel anhören. Doch es handelte sich um matschiges, wässriges Roggen- oder Maisbrot. Und da es sehr schwer war, waren die Stücke ziemlich klein. Die Endstücke, die Kanten, waren äußerst unbeliebt. Manchmal wurden kleine Extrastücke als Ausgleich dafür gewährt. Wenn die Stücke unter den Kameraden verteilt wurden, geschah das mit Hilfe des berühmten Streichholzziehens. Wer das längste Hölzchen zog, gewann und durfte zuerst wählen. All das mag sich heute lächerlich, ja vielleicht kindisch anhören. Aber es war nötig, um Streit vorzubeugen, denn wir

litten großen Hunger, und der Streit ums Essen war für uns eine Überlebensfrage.

In den großen Lagern gab es nur primitive, stets ungenügende Waschmöglichkeiten. Es waren lange Holzrinnen, entlang derer ein Wasserrohr verlief. Etwa so, wie man das von Viehtränken kennt. Im Abstand existierten Abflussvorrichtungen. Das Wasser lief, falls überhaupt, nur sehr spärlich. Es tröpfelte mehr oder weniger. Hin und wieder bekamen wir ein hartes Stück Kernseife, von dem sich aber, selbst nach härtestem Scheuern, kaum Schaum gewinnen ließ. Dennoch war es stets ein großes Glück, wenn wir diese Seife erhielten.

Zahnbürsten hatten größten Seltenheitswert. Der eine oder andere hatte noch seine Militärzahnbürste dabei. Bei Filzungen wurden diese nicht konfisziert, Hygieneartikel durften wir in der Regel behalten. Ich hatte allerdings keine Zahnbürste. Als ich verwundet worden war, hatte ich nur meine Uniformjacke an – sonst besaß ich nichts. Wenn es möglich war, spülte ich mir den Mund mit Wasser aus. An Zahnhygiene, die diesen Namen auch verdiente, war aber nicht zu denken. Dass unsere Zähne im Laufe der Gefangenschaft nicht größere Schäden nahmen, lag vermutlich auch daran, dass wir kaum Fleisch zu essen bekamen, welches sich in Zahnlücken hätte festsetzen können. Von Süßigkeiten ganz zu schweigen. Zahnpasta in den heutigen Geschmacksrichtungen hätten wir wahrscheinlich als Süßigkeiten verschlungen. Die damals gängige Zahnpasta, Chlorodont aus der Vorkriegszeit, war geschmacklos und erinnerte eher an Schlämmkreide. Überwiegend hatten wir gute Zähne, auch Skorbut kannten wir nicht, denn es gab ja «Kapussta» – als Gemüse, als Suppe oder in anderer Form. Es handelte sich dabei um eine Art Sauerkraut. Zuletzt fand ich das so widerlich, dass ich noch Jahre nach meiner Entlassung Sauerkraut weder sehen noch riechen, geschweige denn essen konnte. Hatte jemand Zahnschmerzen, dann hieß es «Zähne zusammenbeißen»,

Schmerz ertragen, bis es eine Möglichkeit gab, den Zahn zu ziehen. Oft halfen wir uns gegenseitig. Der Zahn wurde mit Garn umwickelt, ein Kamerad zog ihn heraus.

Brillenträger hüteten ihre Sehhilfen wie einen wertvollen Schatz, denn bei Verlust war an einen Ersatz nicht zu denken. Meinem Empfinden nach gab es aber damals viel weniger Brillenträger als heute. Wer einen Sehfehler hatte, trug zumeist eine primitive Nickelbrille, deren Drahtgestell relativ leicht zu flicken war. Zerbrachen die Gläser, welche damals aus ungehärtetem, einfachen Glas bestanden, so waren sie unersetzlich. Es gab Kameraden, deren Brillen hatten einen Sprung. Ihnen blieb nichts anderes übrig, als fortan die Welt durch kaputte Gläser zu betrachten, offensichtlich gewöhnt sich das Auge daran. Zerbrach die Brille irgendwann vollständig, war der Träger in großer Not, denn dann tappte er kurz- oder weitsichtig durch den Gefangenenalltag. Doch zum Glück betraf mich das nicht.

Extrem waren die Zustände, in denen wir unsere Notdurft zu verrichten hatten. In den Lagern waren an entlegenen Stellen Gruben ausgehoben worden, etwa drei Meter tief. Darüber wurden Bohlen gelegt, in Abständen von 30 bis 50 Zentimetern. Das waren unsere Toiletten. Waren sie voll, wurden sie mit Erde zugeschüttet, und an anderer Stelle wurde neu gegraben. Gefährlich war die Toilettenbenutzung im Winter. Weil auch auf die Bohlen gepinkelt wurde, bildete sich dort schnell eine dicke, gelbliche Eisschicht, auf der man, wenn man es eilig hatte, ausrutschen konnte. Im schlimmsten Fall endete die Rutschpartie in dieser widerlichen Grube – ein Albtraum.

Oft hockten mehrere Kameraden gleichzeitig auf dem Balken nebeneinander und unterhielten sich. Es war ein Ort, an dem man relativ ungestört war. Hier entstanden dann auch die sogenannten Latrinenparolen, Gerüchte und Spekulationen. Dabei ging es um unsere Zukunft, die baldige Heimkehr oder global-politische Fragen. Solche «Latrinenparolen» verbreiteten sich oft in Windeseile im Lager, und manch einer klammerte sich an solche Hoffnungen, die aus der «Notdurft» geboren waren. Im Unterschied zu so manchem Kameraden hielt es mich auf dem «Donnerbalken» nie lange. Mich stießen auch die derben Redensarten ab, welche die Kameraden zum Besten gaben.

Während unserer wochenlangen Fahrt im Viehwaggon durch Osteuropa konnten wir uns gar nicht waschen. Sicher stanken wir atemberaubend, aber das merkten wir ja glücklicherweise selbst nicht. Einer von uns war so schmierig wie der andere. Wenn der Zug etwas länger hielt und wir rausdurften, rieb ich mir so oft es ging das Gesicht mit Schnee ab. An intensivere Reinigungsmaßnahmen war nicht zu denken. Es gab ja auch keine Möglichkeit, sich abzutrocknen.

Auch im ersten Auffanglager in Tallinn bestand tagelang keine Waschmöglichkeit. Erst nach und nach wurden Waschrinnen installiert. Falls das Wasser nicht einfror, konnten wir uns immerhin «benetzen». Erst in der Tallinner Möbelfabrik am 1. Weihnachtstag 1945 zeigte mir ein Kamerad im Heizungskeller eine Dusche. Die Gefangenen hatten einfach das Warmwasserrohr angezapft und eine Siebdusche daraufmontiert. Hier gab es auch Handwaschpaste, und ich wusch mir den Dreck von Monaten herunter.

Zu einem ähnlich großen Problem entwickelte sich während der Gefangenschaft die Frage der Rasur – nur eben nicht für mich. Das Schicksal meinte es gut mit mir, ich blieb optisch ein Kind. Ich bekam einfach keinen Bartwuchs und interessierte mich somit auch nicht für die Organisierung von Rasierklingen. Einmal fand ich einen Handrasierer, warf ihn aber wieder weg, weil ich mit ihm nichts anfangen konnte. Seltsamerweise sah ich aber in all den Jahren nur wenige Kameraden mit Vollbärten. Zwar erlaubten die Russen prinzipiell den Besitz von Rasierzeug, Scheren allerdings überstanden die Filzungen zumeist nicht. Gelang es jemandem, eine Schere zu retten, dann ging diese von

Hand zu Hand, um Finger-, Fußnägel und wohl auch Bärte zu stutzen. Erst 1948 in Tuschino hatten wir einen Friseurraum, in dem zwei Kameraden beschäftigt wurden.

Wie in allen Lagern oder Gefängnissen, in denen Menschen unter mangelnden hygienischen Bedingungen einsitzen, litten auch wir sehr unter Insekten. In allen Lagern und zu allen Zeiten waren diese Quälgeister präsent, trotz häufiger Entlausungsaktionen. Erst Mitte 1949, als wir bessere Möglichkeiten bekamen, uns sauber zu halten, hörte diese Plage allmählich auf. Es waren hauptsächlich drei Insektenarten, die uns quälten. Da waren zunächst die Flöhe, die eigentlich seltener waren. Man sah sie nicht oft, konnte sie nur auf weißen Stoffen entdecken. Sie konnten 50 bis 70 Zentimeter weit springen. Man musste schon ziemlich schnell sein und etwas Glück haben, um sie zu erwischen.

Nerviger waren die Wanzen, rötliche bis gelbe Biester, die zumeist nachts aktiv waren. Sie hielten sich gern zwischen den Etagenpritschen auf und ließen sich auf ihre Opfer fallen, um Blut zu saugen. Wer nachts das Licht anknipste, konnte sie in Formation an den Holzwänden der Baracke hochmarschieren sehen. Zerquetscht stanken sie fürchterlich und hinterließen größere Blutflecken auf dem Stoff, welche von ihren Mahlzeiten stammten.

Am penetrantesten waren aber die Läuse. Es gab Kopf- und Kleiderläuse. Mit der letzten Art hatten wir es zumeist zu tun. Schon in unseren dreckigen Schützenlöchern hatten wir sehr unter ihnen gelitten. Wir nannten sie «Partisanen», denn sie waren ein hartnäckiger Feind, dem nicht beizukommen war. Vornehmlich hielten sie sich in Kleidernähten auf, wo sie auch ihre Eier, die Nissen, ablegten. Die vielen Entlausungen, denen wir unterzogen wurden, halfen dagegen nur bedingt. Zumeist wurden wir mit heißem Dampf entlaust, was natürlich kaum den gewünschten Erfolg brachte. Gelegentlich wurden wir aber mit einem amerikanischem Körperpulver eingestäubt, welches aus Dokumentarfilmen dieser Zeit bekannt ist und das den aufgrund seiner Gesundheitsschädlichkeit später verbotenen Wirkstoff DDT enthielt.

Immer nach Arbeitsende zogen wir, zumeist noch vor dem dürftigen Essen, das Hemd aus, um nach diesen Tierchen zu suchen. Sie wurden dann zwischen den Daumennägeln zerquetscht. Sie waren auch für die Übertragung von Krankheiten verantwortlich, Fleckfieber zum Beispiel. Sauberkeit war das konsequenteste Mittel dagegen, doch dafür fehlten uns die Voraussetzungen.

Die Morgenzählungen liefen immer folgendermaßen ab: «Wnimanje, stanowis pa pjat», rief ein Sergeant, das hieß: «Achtung, antreten zu fünft!» Der Russe fing dann zu zählen an, indem er jeden gegen die Brust stieß und dabei sagte: «Ras, dwa, tri» usw. Danach nahm er diese Zahl mal fünf und beendete die Zählung mit «charascho» (gut oder okay, wie man heute sagen würde). Wir konnten dann wegtreten. Es fehlte ja sowieso nie jemand, das wussten die Wachen auch. Und stimmte die Zahl tatsächlich einmal nicht, dann gab es dafür nur zwei Gründe: Entweder war jemand krank geworden oder gestorben. Niemand dachte an Flucht, auch wenn darüber viel geschrieben und in Filmen berichtet wurde – erinnert sei an den Streifen «So weit die Füße tragen». Mir ist kein einziger Fall bekannt geworden, dass jemand aus einem der elf Lager, die ich durchlief, geflohen war. Ich kann mir auch nicht vorstellen, dass ernsthaft jemand solche Gedanken hegte. Wohin sollte man denn gehen, in Stalins totalitärem Riesenreich? Die Heimat war endlos weit entfernt, und der Weg dorthin führte durch eine Welt von Menschen, die uns feindlich gesinnt waren, deren Sprache man nicht oder nur unzureichend verstand. Dabei wäre uns die Flucht gar nicht schwergefallen, denn die Bewachung wurde im Laufe der Zeit immer lässiger. Und es gab viele Kameraden, die ortskundig waren. So traf ich in Lettland viele ehemalige Soldaten der Kurlandarmee. In Klin hörte ich ein Gespräch auf der Nachbarpritsche. Ein Kamerad beschrieb ziemlich detailliert die Umgebung der Stadt, die etwa 90 Kilometer nordwestlich von Moskau liegt, denn er hatte 1941, am Anfang des Krieges, an Kämpfen im Raum Klin teilgenommen, in einem Regiment von Militärmusikern.

Fast so heiß begehrt wie Nahrungsmittel waren bei uns «Plennys» Zeitungen jeder Art. Lesen konnten wir sie zwar nur bedingt, eben weil wir des Russischen nur unzureichend mächtig waren. Sie waren aber für andere Zwecke verwendbar. Als Klopapier zum Beispiel. Als leicht entflammbarer Feueranzünder sowieso. Vor allem aber als Zigarettenpapier. In der Not, und die war ja Normalzustand, benutzten wir die Tageszeitung «Iswestija» oder die satirische Zeitschrift «Krokodil». Am besten eignete sich tatsächlich die Parteizeitung «Prawda» (Wahrheit). Denn sie hatte herrlich weiches Papier. Von den Russen lernten wir, sie kunstvoll auf Skatkartengröße zu falten. Ein Stück davon wurde abgerissen und der Machorkatabak daraufgestreut. Das rollten wir zusammen, dann wurden die Enden nass gebissen und klebten dann – das hielt phantastisch. Einige Kameraden lernten von den Russen, wie man aus einem Stück Prawda eine Zigarette mit nur einer Hand drehte, und zwar ohne hinzuschauen in der Tasche der Uniformjacke. Diese Fingerfertigkeit war die höchste Schule des Machorkarauchens.

Aus mir, einem Nichtraucher, war zunächst in der Gefangenschaft ein Gelegenheits-, spätestens seit 1947 ein Raucher geworden, was eine neue Erschwernis mit sich brachte: das «Spitschki-Problem». Spitschki, das waren die Zündhölzer, die wir offiziell nicht besitzen durften. Auch das Entzünden eines Feuers auf andere Art war uns nicht erlaubt. Was sollten also die Raucher unter uns, die Mehrzahl der Kameraden, machen? Uns wurde Machorkatabak ausgegeben, auch Zeitungspapier zum

Einrollen des Tabaks war leicht zu beschaffen. Nur Feuer war stets begehrt. «Dai dlja sakurit!» – sinngemäß «gib mir Feuer» – forderten wir die Russen auf. In der Regel wurde dann mit der glimmenden Zigarette die Glut übertragen. Aber oft genug war kein Raucher in der Nähe. So manch einer hatte noch sein Feuerzeug. Wer sich geschickt anstellte, konnte es heil durch die Filzungen bringen. Die Kontrolleure nahmen es oft nicht so genau, denn als Raucher hatten sie für unser «Spitschki-Problem» durchaus Verständnis. Nur war eben für solch ein Feuerzeug von Zeit zu Zeit Benzin erforderlich, und das zu beschaffen, war nahezu unmöglich. Hatte man selbst dieses Wunder vollbracht, war irgendwann der Docht abgebrannt. Was also tun? Wir improvisierten auf unglaubliche Weise. Eine an der Unterseite aufgesägte Patronenhülse bildete das Gehäuse für ein Feuerzeug eigener Bauart. Eine Wollkordel wurde als Docht in das Gehäuse geschoben. Wir suchten geeignete Steine, die, aneinandergeschlagen, tatsächlich den Docht nach einiger Zeit zum Glimmen brachten. Jetzt musste nur noch kräftig gepustet und die Zigarette angezündet werden. Meistens funktionierte diese Methode. Eine andere Methode brachte die Wolle mit Hilfe von Brillengläsern zum Glimmen, die in die Sonne gehalten wurden. Das funktionierte natürlich nur im Sommer. Auch das Entfachen von Feuern perfektionierten wir so im Verlauf unserer Gefangenschaft. In den letzten beiden Jahren nahmen es die Russen nicht mehr so genau, Streichhölzer wurden kaum noch konfisziert. Das «Spitschki-Problem» gab es nicht mehr.

Die sogenannten Filzungen empfanden wir während der gesamten Gefangenschaft als wahrhafte Schikane. Diese Durchsuchungen fanden während der ersten Jahre sehr oft, ab Mitte 1948 aber kaum noch statt. Kam es zur Filzung, mussten wir antreten, uns dann oft genug auch komplett entkleiden. Unsere Habe hatten wir auf einer Wolldecke auszubreiten, die vor uns lag. Wer an der Reihe war, raffte die Decke zusammen und breitete sie vor dem durchsuchenden Soldaten aus. Die dort liegenden Habseligkeiten wurden durchwühlt, vieles wurde konfisziert. Fast alles wurde uns weggenommen: Messer, Scheren, Uhren und andere Wertgegenstände zum Beispiel. Die konfiszierten Gegenstände wurden achtlos auf einen Haufen geworfen. Familienbilder, Löffel und Essgefäße durften wir behalten. Da ich im Laufe meiner langen Gefangenschaft gezwungenermaßen häufig solchen Filzungen ausgesetzt war, hatte ich recht bald die Schwachstellen dieses Systems erkannt. Denn bevor es zu den Beschlagnahmungen kam, warfen viele Kameraden ihre geheimen Schätze weg – aus Trotz, aber auch, weil das Finden verbotener Gegenstände oft Strafe nach sich zog. Von den weggeworfenen Gegenständen nahm ich manche an mich. Während des Entleerens unserer Taschen und des Ausbreitens der Gegenstände auf der Decke war die Aufmerksamkeit der Kontrolleure noch nicht so hoch. Also legte ich die gefundenen Gegenstände unter die Decke. Wären sie gefunden worden, so hätte ich behauptet, es seien gar nicht meine. War die Durchsuchung beendet, ließ die Aufmerksamkeit der Soldaten wieder nach, und ich konnte in aller Ruhe meine Sachen zusammenpacken. Auf diese Weise trug ich allmählich eine schöne Sammlung von Schätzen zusammen: mehrere Messer, drei Scheren, eine Nagelfeile und – das war eine Sensation – eine schöne Taschenuhr mit Klappdeckel. Manches davon konnte ich gegen Brot eintauschen.

WALZER UND TANGO IM GORKI-PARK

Ich war jetzt auf einer anderen Moskauer Baustelle beschäftigt, hatte Walja aber nicht vergessen. Jeden Tag, nach getaner Arbeit, wenn wir in Richtung Straßenbahnhaltestelle liefen, kamen wir an einem großen Gebäude vorbei. Es war ein Mädchenpensionat, vielleicht auch eine Handelsschule, so genau haben wir das nie erfahren. Normalerweise waren wir etwa 60 Gefangene, die zumeist müde und teilnahmslos durch Moskaus Straßenschluchten schlurften. Wahrscheinlich gaben wir ein trostloses Bild ab, in unseren abgerissenen Arbeitssachen. Kamen wir jedoch an dem besagten Gebäude vorbei, formierten wir Jüngeren uns – ungefähr 15 Mann – und setzten uns an die Spitze des traurigen Zuges. Wir marschierten dann im Gleichschritt und sangen die bekannten Marschlieder: «Westerwald», «Schön blühn die Heckenrosen» und «Die Blauen Dragoner» zum Beispiel. Wir gaben uns Mühe, einen möglichst schneidigen Eindruck zu hinterlassen. Und es kam offenbar an. Denn die Mädchen sahen dann aus dem Fenster, winkten und riefen uns zu. Jeden Tag, an dem wir vorbeizogen, saßen die fröhlichen Mädchen bereits da, winkten. Und wir sangen, marschierten, winkten zurück – und blieben mit unseren Sehnsüchten allein. Es waren bunte Farbtupfer in einem monotonen Gefangenenalltag. Bei den russischen Soldaten hörten sich solche Marschformationen anders an. Zumeist ging ein Vorsänger voran, der im Allgemeinen recht melodisch zwei, drei Liedverse anstimmte, worauf die Truppe mit lautem Gebrüll einfiel. Das klang selten gut.

Wenn wir abends nach der Arbeit an der Metrostation «Sokol» auf die Straßenbahn warteten, die uns zurück ins Lager Tuschino bringen sollte, versammelten sich oft schaulustige Passanten am Straßenrand, die uns begafften. Einmal stand unter den Leuten ein Mönch oder Pope, mit einem sackartigen Mantel bekleidet, der mit einem Strick umgürtet war. Er trug einen langen Vollbart und redete auf die Umherstehenden ein, wobei er stets in unsere Richtung zeigte. Er wurde immer zorniger, hob einen alten Eimer auf, drohte uns mit der Faust, ließ den Eimer wieder fallen und trampelte auf ihm herum, sodass es schepperte. Immer wieder deutete er auf uns. Wir dachten, was hat er denn bloß? Ein Kamerad sank auf die Knie und stammelte, dass dies ein «heiliger Mann» sei, der uns soeben verflucht habe. «Nun werden wir alle sterben und nie mehr nach Hause kommen», wisperte er schlotternd. Selbst der Posten hatte jetzt Mitleid und tröstete unseren Kameraden, vertrieb anschließend den Alten.

An einem heißen Sommertag, wir warteten gegenüber der Metrostation Sokol, sah ich auf der anderen Seite der Straße einen Wagen, hinter dem eine Frau Speiseeis verkaufte. Die Frau rief auf Russisch: «Charoschoe, maloschnoje, maroschnoje!» (Schöne milchige Eiscreme.) Ich konnte nicht widerstehen und rief Jorka zu, dass ich mir eine Portion holen wolle. «Gut» (charascho), sagte er, «bring mir eine mit.» Ich musste die sechsspurige Straße überqueren und dabei sehr aufpassen, nicht überfahren zu werden. Einerseits war ich solchem Großstadtverkehr schlicht entwöhnt. Andererseits fuhren bereits damals in Moskau viele Autos – überwiegend Lkw, aber auch Personenwagen der Marke «Moskwitsch», die ein wenig an einen Opel erinnerten. Am gefährlichsten waren die Straßenkreuzer der Funktionäre, die sich an keine Verkehrsregeln hielten und auch von der Miliz nicht gemaßregelt wurden. Ich kam bis in die Mitte der Straße, da packte mich ein Milizmann am Arm. Jorka kam hinzu, aber es half nichts mehr, ich musste mit zur Wache, weil ich als deutscher Kriegsgefangener frei durch Moskau spaziert sei. Jorka trottete niedergeschlagen nebenher. Die anderen, das sahen wir, fuhren indes weiter nach Tuschino ins Lager.

Der Milizhauptmann auf der Wache stellte mir einige Fragen, zum Beispiel, ob ich weglaufen wollte («Trapp trapp» machen, sagte er). Doch er war nicht wirklich an der Aufdeckung eines «Fluchtplanes» interessiert, sondern war einfach nur neugierig. Er interessierte sich offenbar für das Leben in Deutschland. Er hatte nur eine Gelegenheit gesucht, seinen Wissensdurst zu stillen. Ob das Land schön sei, wollte er wissen. Er wollte gern mal dorthin fahren, verriet er so ganz nebenbei. So unterhielten wir uns noch eine Weile. Jorka im Nebenraum schimpfte und randalierte ein wenig, bis der Hauptmann sagte: «Also, haut endlich ab, ihr beiden!» Wir fuhren dann, dieses Mal mit der Straßenbahn für Zivilisten, nach Tuschino. Natürlich sollte ich den Fahrpreis bezahlen, Jorka drückte sich ums Bezahlen, wo es nur ging. Ich dachte gar nicht daran, ewig für ihn zu blechen. Da sah Jorka zwei kräftige Frauen im ersten Wagen, die ganz nach seinem Geschmack waren. Ich dachte: «Jetzt geht das schon wieder los.» Er stieg sofort zu ihnen in den vorderen Wagen und schubste mich in den zweiten Wagen, erklärte mir aber noch, falls der Schaffner zu mir käme, solle ich sagen: «Der Soldat im ersten Wagen hat alles unter Kontrolle.» Er meinte sich damit. Sein Gehirn hatte im Angesicht der Prachtweiber offenbar mal wieder Pause.

Und prompt kam auch der Schaffner. Er hatte den ersten Wagen bereits kontrolliert, Jorka hatte mit ihm irgendetwas besprochen, jetzt war der zweite Wagen dran, in dem ich mich befand. Ich war entspannt, weil ich davon ausging, dass Jorka die Situation geklärt hatte. Also richtete ich dem Schaffner aus, was mir Jorka aufgetragen hatte – dass der Soldat im ersten Wagen alles regelt. Doch Jorka hatte dem Schaffner gesagt, ich würde für beide bezahlen. Und weil ich eben nicht perfekt Russisch sprach und obendrein keinen Ärger wollte, vermied ich es, mich auf eine lange Diskussion einzulassen, denn das hätte mich womöglich als Ausländer enttarnt und die allgegenwärtige Miliz auf den Plan gerufen. Ich hatte Angst, erneut abgeführt zu werden, denn ich war ja ein Kriegsgefangener ohne Bewachung. Ich bezahlte also brav für mich und Jorka, was meine kleine Geldreserve erneut schrumpfen ließ. Alles ging gut, am Lagertor angelangt, konnte ich in meine Unterkunft gehen. Jorka aber musste zum Rapport, wegen der Sache mit dem Milizhauptmann. 20 Tage Karzer bekam er dafür, wie er mir später erzählte. «So ist das, wenn man sich mit solchen Faschisten wie dir einlässt!», sagte er. Doch dann beschäftigte ihn schon wieder ein ganz anderes, offenbar viel wichtigeres Problem: Ob ich wüsste, wo er neue Waljenkis (Filzstiefel) bekommen könne, fragte er mich. Offenbar hing die Frage mit den Damenbekanntschaften aus der Straßenbahn zusammen. Ich musste grinsen. Er war eben unverbesserlich!

Des Öfteren sah ich, während uns Jorka von oder zu einer Baustelle geleitete, Kolonnen mit müde und traurig dahinschlurfenden Sträflingen, «Saklutschonnijes» genannt, übersetzt hieß das «Eingeschlossene». Diese bedauernswerten Menschen wandten sich scheu ab, wenn sich unsere Blicke kreuzten, oder gingen schnell weiter. Es war strengstens verboten, Kontakt zu ihnen aufzunehmen, zumal für uns. Erst später erfuhr ich, dass es sich um Gefangene aus den sogenannten Gulags handelte, wobei Gulag für «Glawnoje uprawlenije Lagerej» stand, sinngemäß Hauptverwaltung der Lager. Ich fragte Jorka nach ihnen, aber der verfiel ganz plötzlich in den barschen Tonfall eines Apparatschiks und raunzte mich an: «Malaschi, dawai idi!» (Schweig, los, weiter geht's.) Es war einer der wenigen Momente, in denen mein Kumpel Jorka Pause hatte und der sowjetische Wachsoldat in ihm wach wurde.

Im Krieg mussten die Russen all ihre Rundfunkgeräte abgeben. Und selbst 1949, vier Jahre nach dem Krieg, besaß in der Sowjetunion noch kaum jemand ein Radio. Dafür hingen an vielen Straßen und auf allen öffentlichen Plätzen Lautsprecher, die den lieben langen Tag vor sich hin dudelten. Das empfanden wir oft als störend. Musik, auch wenn niemand sie hören wollte, hämmerte stets auf die Menschen ein. Laut hallte Klaviermusik durch die Straßen, unterbrochen von Anweisungen für verschiedene Übungen der Morgengymnastik. Verbreitet auf diesem Weg wurden auch Nachrichten und Lobeshymnen auf Stalin. Nachts um 24 Uhr verabschiedete sich das Propagandagetöse mit der sowjetischen Hymne, dann war Sendeschluss. Vor dem Krieg spielte der Rundfunk bei dieser Gelegenheit die Internationale, wurde uns berichtet. Später hörte diese Art der Beschallung allmählich auf, denn es gab wieder Rundfunkgeräte für Privatpersonen zu kaufen.

Weil im Verlauf des Jahres 1949 immer mehr Gefangene entlassen wurden, schrumpfte unser Lagerorchester allmählich, irgendwann hatten wir auch keinen Dirigenten mehr. Es wurde dann von einem Streicher geleitet. Von den ehemals 16 waren nur noch zwölf Musiker übrig. Entlassen aber wurden zunächst nur Kranke und Unterernährte. Eines Tages im Jahr 1949 kam eine Delegation französischer Offiziere, die in unseren Reihen zehn bis zwölf Elsässer ermittelte. Nach dem Besuch trugen diese Kameraden plötzlich Abzeichen mit der blau-weiß-roten Trikolore und gingen spürbar auf Distanz zu uns. Plötzlich sprachen sie nur noch französisch, mehr oder weniger gut. Das wirkte seltsam, war aber für uns verständlich. Denn jeder war froh, wenn er einen Weg gefunden hatte, alsbald entlassen zu werden. Hoffnung auf Veränderung ihrer Situation konnten sich auch unsere österreichischen Kameraden machen. Auch sie nähten sich ihre alten Nationalfarben – rot-weiß-rot – an die Jacken, mussten sich aber noch eine Weile gedulden, ehe sie nach Hause durften. Es begann eine Phase unter uns Kriegsgefangenen, in der jedermann, der nicht direkt aus dem «deutschen Kernland» stammte, seine nationale Herkunft dokumentierte und hervorhob, weil sie ihm eine schnellere Heimkehr verhieß. Ich hätte wahrscheinlich ähnlich gehandelt. Wer entlassen wurde, ging mit seinem Gepäck ins Hauptwerk. Dort stand dann ein «Transport». Und wenn man Glück hatte und nicht wieder aussortiert wurde, wie es mir ja schon zweimal widerfahren war, ging die Reise tatsächlich in Richtung Heimat.

Unter uns deutschen Gefangenen existierten nach Regionen getrennt drei Gruppen, die sich aber nicht als Gruppen verstanden oder separierten. Da gab es jene Kameraden aus den ehemaligen Ostgebieten, die jetzt Polen und der Sowjetunion angegliedert worden waren. Ganz allmählich und eigentlich erst am Ende unserer Gefangenschaft erreichten uns die Informationen, dass Ostpreußen und Schlesien wohl endgültig verloren waren. Unsere schlesischen und ostpreußischen Kameraden waren zunächst verunsichert, später zunehmend verzweifelt, denn sie bekamen so gut wie keine Post. Und natürlich sorgten sie sich um ihre Angehörigen, die aus ihrer Heimat zwangsweise ausgesiedelt wurden. Auch dachten sie an ihre eigene Zukunft, denn sie mussten sich eine neue Heimat suchen. Die Gefangenen aus der sowjetischen Besatzungszone, ab Herbst 1949 DDR, sorgten sich um die politische Zukunft ihrer Heimat. Nach vier Jahren Gefangenschaft in der Sowjetunion hatten wir recht lebhafte Vorstellungen, wie eine sozialistische Gesellschaftsordnung aussieht. Ich muss gestehen, dass mich selbst die Sorge um Deutschland, um seine künftigen Grenzen, seine Teilung in einen kommunistischen und westlichen Teil, kaum umtrieb. Da ich weder Frau noch Kinder hatte, war ich auch nicht so sehr in Sorge um meine Angehörigen. Ich vertraute darauf, dass meine Mutter und meine Geschwister Überlebenskünstler waren, die sich irgendwie durchbeißen würden. Und was wussten wir schon wirklich über die Verhältnisse in Deutschland? Nach wie vor hatte ich ein Problem, das mir viel näher lag – und das betraf meinen Status als Kriegsgefangener mit Zugehörigkeit zur Waffen-SS. Mein Hauptproblem war es, überhaupt in den Genuss der Heimreise zu kommen.

An einem Abend im Spätsommer 1949 saßen wir wieder einmal zusammen, um Maler Blau über den Unterschied zwischen naturalistischer und naiver Malerei sprechen zu hören. Er schwärmte sehr für Caspar David Friedrich, den großen deutschen Romantiker. Wir lauschten seinen interessanten Ausführungen. Bald ging es auch um ganz andere Themen, Schicksal, Bestimmung und Vorahnungen zum Beispiel. Maler Blau hatte zu allem etwas zu sagen, zumeist etwas Geistreiches. Auch über den Zufall sprachen wir, und ich erwähnte, dass ich hier im Lager «zufällig» den Kameraden Willy Lankees aus Köln getroffen hatte, mit dem ich im März 1945 das Reichsausbildungslager Luhatschowitz absolviert hatte. Maler Blau sah mich nachdenklich an und sagte nach einer Denkpause: «Junger Freund, es gibt keine Zufälle, es handelt sich stets um das Aufeinandertreffen von Notwendigkeiten!» Und er konstruierte einen Fall, der uns seine Theorie veranschaulichen sollte: «Herr A trifft an einer Straßenkreuzung seine Bekannte B. Kein Zufall, denn Herr A musste zu einer bestimmten Uhrzeit im Büro sein, und sein Weg führte zu einer bestimmten Zeit an diese Kreuzung. Zur selben Zeit war Frau B auf ein Amt bestellt worden und musste den Bekannten nun notwendigerweise genau um diese Uhrzeit an eben diesem Ort treffen. Kein Zufall also, sondern Notwendigkeit.» Und auch die Tatsache, dass beide just zu diesem Zeitpunkt dort zu sein hatten, begründete er mit Notwendigkeiten. Ich war sprachlos und wusste gar nicht, was ich darauf antworten sollte. Edgar meinte, dass dies wohl mit Einsteins Relativitätstheorie zusammenhänge. «Mein Gott, was Edgar nicht alles weiß», dachte ich, schwieg aber lieber, denn ich hatte keine Ahnung, wer dieser Einstein war. Um meine Unwissenheit nicht preiszugeben, hielt ich mich vornehm zurück. Während die anderen dann noch über Gandhi und Freud sprachen, welchen ich damals auch nicht kannte, nahm ich mir vor, meine Wissenslücken zu stopfen und etwas von Einstein und Freud zu lesen – sobald sich die Gelegenheit bot. Als wir eine Woche später erneut zum «jour fixe» mit dem Meister gehen wollten, war das Atelier verschlossen. Maler Blau war nicht mehr da. Keiner wusste etwas, und auf Anfrage bekamen wir keine Antwort – das war Lagernormalität. Meister Blaus Theorie über Zufall und Vorherbestimmung schien sich in seinem Fall zu seinen Gunsten bestätigt zu haben, man hatte ihn nach Hause geschickt. Edgar grinste und sprach ins Blaue hinein: «Komm gut und gesund zu Hause an, da brauchst du keine spielenden Bären im Wald mehr zu malen.»

Es gab viele Erleichterungen für uns, die letzten im Lager verbliebenen Gefangenen. Wurde die Norm erfüllt, dann durften etwa zehn Kameraden sonnabends in Begleitung eines Offiziers einen Rundgang durch Moskau machen. Zweimal war auch ich dabei. Wobei die Norm nur überboten worden war, weil wir trickreich nachgeholfen hatten. Zum Beispiel schrieb unser Brigadier auf, wir hätten 200 Steinplatten transportiert, 100 Meter per Hand zu einem anderen Ort auf der Baustelle. In Wahrheit hatten wir sie nur umgedreht, der Prüfer hat nach einem kurzen Blick die Erfüllung der Norm bestätigt. So einfach ging es.

Da wir inzwischen Geld für unsere Arbeit bekamen, konnten wir uns während des Ausfluges etwas kaufen. Das sowjetische Geld jener Zeit war ein Kuriosum. Auf den Banknoten waren die Wertangaben nicht von links nach rechts, sondern von oben nach unten aufgedruckt. Die Drei- und Fünfrubelscheine waren etwas größer als Spielkarten, man hielt sie auch praktischerweise so, oben links befanden sich die Zahlen drei oder fünf. Ich besichtigte eine Kirche nahe Sokol. Einige Russen beteten dort, und am Eingang stand eine Kasse. Auch wir entrichteten einen Obolus. Das schreckliche Scheppern der Münzen in der Kasse musste die Andächtigen gestört haben, aber niemand beschwerte sich. Anschließend fuhren wir mit der Metro, 40 Meter unter der Erde. Die Stationen waren wie Paläste ausgestattet, und die immer vollen Züge fuhren im Drei-Minuten-Takt. Wir waren beeindruckt. Auch über die Sauberkeit, die dort herrschte. Ich hatte mir eine Rolle Drops gekauft, etwas Papier abgerissen und einfach auf den Boden geworfen. Prompt schnappte mich ein Milizionär, zeigte auf einen Papierkorb und forderte fünf Rubel Strafe – was nicht nur für mich eine Menge Geld war. Wortlos zahlte ich, denn ich hatte große Angst, als «Plenny» identifiziert zu werden, und war froh, dass die Sache so glimpflich ablief.

Straßenbahnen verkehrten damals nur in den Moskauer Vororten. In der Stadt selbst fuhren damals die an zwei elektrischen Gelenkstangen geleiteten Trolleybusse, in Deutschland O-Busse oder Oberleitungsbusse genannt. Stolz verwies unser «Führungsoffizier» auf einen, der gerade vorbeifuhr. Wir fanden diese Busse etwas komisch, ein Kamerad bemerkte: «Mit der Deichsel auf dem Dach, der fährt ‹auf Teufel komm raus›.» Doch es gab diese elektrisch betriebenen Busse auch vereinzelt in Westdeutschland und häufiger noch in der späteren DDR.

Wir besuchten den Gorki-Park, den großen Vergnügungspark im Herzen Moskaus, es war spät im Oktober. Es gab Bier, Karussells und die obligatorischen «Palatkas», das waren Schnapsbuden. Wodka und «Semitschkis» (Sonnenblumenkerne) wurden im «Stakan» (Wasserglas) abgewogen und verkauft. Diese Kerne waren größer als jene, die wir von zu Hause kannten, sie wurden in den Mund geworfen, aufgebissen, die Schale anschließend ausgespuckt. Manche blieben auch an der Lippe hängen. Wurden es zu viele, wischte man sie mit der Zunge weg.

Wir blieben dicht beieinander, denn wir wussten nicht, wie die Russen reagieren würden, falls sie bemerkten, dass wir Deutsche waren. Doch spätestens, als wir mit ihnen sprachen, mussten sie es gemerkt haben. Und merkwürdigerweise nahmen die Moskauer nur wenig Notiz von der Tatsache, dass wir die Feinde von gestern waren. Es gab eine Tanzkapelle im Park. Sie spielte Walzer und Tango. Auf den Tanzflächen tanzten meist Frauen miteinander, die Männer tranken lieber Wodka und waren nach kurzer Zeit ohnehin nicht mehr imstande, die Damen zu führen. Als wir Frauen zum Tanzen aufforderten, waren sie freudig überrascht. Die Mädchen tanzten gern mit uns und waren wohl etwas erstaunt, weil wir sehr direkt den engen Körperkontakt suchten.

Meine Tanzpartnerin hielt mich für einen Litauer, meiner Sprache wegen. Eine andere junge Frau, die unsere Herkunft erriet, sagte, sie hätte gar nicht gewusst, dass es so nette Deutsche gibt. Wir unterhielten uns im gebrochenen Russisch. Wir hatten gewisse Hemmungen im Umgang mit den Damen, nach Jahren der Gefangenschaft ausschließlich unter Kerlen. Doch die Hormone übernahmen bei der erstbesten Gelegenheit die Regie, was nur allzu menschlich war, nach einer so langen Zeit ausschließlich in Männergesellschaft.

An einer der Schnapsbuden im Gorki-Park hielten mich zwei bereits etwas angetrunkene Russen fest und sagten: «Komm, Deutscher (Nemez), trink ein Glas mit uns!» Um sie nicht zu verärgern, nahm ich ein «Stakan» und trank einen Schluck davon. Es war der erste Alkoholgenuss seit vier Jahren. Das hochprozentige Getränk erwischte mich kalt, beinahe wäre ich ohnmächtig geworden. Der Wodka brannte wie Feuer. Einer der beiden lallte mich an, nuschelte: «Slusche (Hör mal!). Stalin skasal (hat gesagt) Gitler (Hitler) kommt, und das deutsche Volk kommt auch oder so», dann wusste er nicht mehr weiter und rief seinen Kumpel: «Hey, Andrej, was hat Stalin doch gleich gesagt?» Of-

Das Lagertheater 1948. Links als Clown Albert Piller, oben links sitzend als Frau Hans Klar, oben halbrechts stehend Bühnenbildner Helmut Prestin, seine Hand liegt auf Erich Hüller, dem Maskenbildner. Rechts oben Fritz Paas aus Berlin. Am Tisch sitzend in der Mitte Tenor Hans Kaspar. Die «Frau» rechts am Tisch bin ich.

fensichtlich meinte er Stalins berühmt gewordenen Ausspruch: «Die Hitlers kommen und gehen, das deutsche Volk, der deutsche Staat aber bleiben!» Sein Kumpel schimpfte kurz, spuckte seine Semitschkis aus und meinte: «Was weiß ich denn, was der gesagt hat. Komm, dawai ti pa pit! (Los, lass uns trinken.)» Meine Kameraden erlösten mich dann glücklicherweise aus der Gewalt der beiden Trunkenbolde. Das Geld reichte noch für ein Glas Bier, dann wurde es Zeit, aufzubrechen. Wir mussten pünktlich am Treffpunkt sein. Ich war sehr froh darüber, etwas über das Leben der Moskauer erfahren zu haben.

Einige Zeit später verhalf mir der Zufall zu dem zweiten Ausflug. Ein gutes Dutzend Bühnenarbeiter arbeitete unter Anleitung unseres Bühnenbildners Helmut Prestin am Umbau der Bühne im Theatersaal. Ich schaute mir das genau an, es gab ja sonst im Lager nicht viel zu tun. Plötzlich erschien der Politmajor in Begleitung einiger anderer Offiziere und verlangte von uns eine Probe unseres Könnens, eine spontane Vorstellung. Wahrscheinlich hatte er vor seinen Begleitern mit dem reichen Kulturleben im Lager geprahlt und wollte jetzt zeigen, was aus diesen ehemaligen Faschisten und Menschenschindern unter seinem Regiment für Kulturmenschen geworden waren. Wir fühlten uns etwas überrumpelt und wussten nicht so recht, was wir machen sollten. Keiner unserer Darsteller oder Sänger war anwesend, nur ich stand herum und beschloss, mich klammheimlich zu verdrücken, weil ich ahnte, dass Peinlichkeiten drohten. Meine werkelnden Kameraden ließen mich aber nicht weg. Sie argumentierten, irgendjemand müsse schließlich etwas darstellen, egal was. Und da ich der Einzige aus der Schauspielgruppe sei, müsse ich eben in den sauren Apfel beißen. An Flucht war jetzt nicht mehr zu denken.

Also bot ich einen Soloauftritt dar. Ich stellte mich auf die Bühne, fing an, einen Radiosprecher zu imitieren, sprach im nasalen Ton: «Radio Maskwa, maskowski wremije dwatzet schassow trizetpjat minut, wi schlutschitje und so weiter (Radio Moskau, 20.35 Uhr Moskauer Zeit, Sie hören jetzt usw.). Dann faselte ich etwas vom weisen «Drug i Utschitjel» (Freund und Lehrer) Stalin, und dass jetzt ein Beitrag aus dem Lager für deutsche Kriegsgefangene folgen würde. Skeptisch, aber nicht unhöflich, hörten die Russen zu. Ich überlegte krampfhaft, was ich spielen sollte.

Ich entschied dann kurz entschlossen, ein ziemlich blödes Gedicht von Ludwig Uhland vorzutragen:

«Als Kaiser Rotbart lobesam zum heil'gen Land gezogen kam,
da musst er mit dem frommen Heer durch ein Gebirge wüst und leer.»

Ich untermalte alle Strophen pantomimisch, Höhepunkt in der Mitte:

«... da sprengten plötzlich in die Quer fünfzig türkische Reiter daher,
die huben an auf ihn zu schießen, nach ihm zu werfen mit den Spießen ...»

Als ich mit dem Schlusssatz («Die Streiche sind bei uns im Schwank, sie sind bekannt im ganzen Reiche, man nennt sie halt nur Schwabenstreiche.») geendet hatte, gab es – ich traute meinen Ohren nicht – frenetischen Beifall und «Charascho»(Gut)-Rufe. Sie meinten, ich sei ein guter Artist. Und als «Artist» durfte ich beim nächsten Ausgang in die Moskauer City erneut teilnehmen – mein zweites Mal –, obwohl ich die geforderte Arbeitsnorm gar nicht geschafft hatte. Wie schon beim ersten Mal musste jeder der zehn Teilnehmer 25 Rubel vorweisen; der Betrag war für die unterwegs anfallenden Kosten vorgesehen. Der Begleitoffizier wich uns die ganze Zeit nicht von der Seite, hatte aber immerhin Zivilsachen an, sodass wir wie eine Gruppe Touristen aussahen, ein wenig abgerissene Touristen, zugegeben. «Kultura» sei das vordergründige Thema unseres Ausfluges, kündigte er uns vor Beginn des Ausflugs an. Der «Kultur»-Ausflug begann also mit der obligatorischen Metrofahrt. Dreimal mussten wir aussteigen und die palastartigen Stationen bewundern, die mich aber längst nicht so stark beeindruckten wie beim ersten Mal. Vermutlich kam der uns begleitende Offizier nicht aus Moskau und stand im Banne dieser technischen Wunderwerke. Die Fahrkarten mussten wir selbst bezahlen.

Dann schleuste er uns durch zwei Kirchen. Mich interessierte das alles nicht mehr. Ich dachte nur an Walja, die hier irgendwo in Nähe wohnte. Und es gab keine Möglichkeit, zu ihr zu kommen. Was gingen mich die hier arbeitenden Popen und all die orthodoxen Kirchen an. Während dieses Ausflugs kam eine kleine Horde Kinder auf mich zu und bettelte, «Kamerad Faschist, dai minje Zigarett (gib mir Zigaretten)». Ich hielt einem dieser Zwerge mein Etui hin, welches ich mir für wenig Geld von unserem «Spezialisten» hatte anfertigen lassen. Grapsch, grapsch waren alle Zigaretten, anschließend leider auch das Etui und selbstredend die Kinder blitzschnell verschwunden. In Moskau gab es damals viele dieser verwilderten Kinder. Erschien ein Milizionär, flohen sie in alle Richtungen, um nicht ins Heim gesteckt zu werden. Ich habe auch beobachtet, wie sie mit Stangen, an denen sich Haken befanden, von langsam fahrenden Lastkraftwagen Kohlköpfe und anderes mehr heruntergezogen haben. Man sagte mir, es seien Kriegskinder, deren Eltern gestorben oder verschollen seien. Vermutlich waren aber auch Kinder darunter, deren Eltern als «Volksschädlinge», wie Stalin seine politischen Gegner nannte, in Gulags oder Strafkompanien gefangen gehalten wurden. Fassungslos beobachteten wir, wie viele Bettler auf Moskaus Straßen unterwegs waren. Darunter waren sogar Einbeinige in Offiziersjacken voller Orden. Kam die Miliz oder Polizei, verschwanden sie blitzartig. Auf diesen Ausflügen wurde mir wieder einmal klar, dass nicht nur wir Kriegsgefangenen lange Zeit Hunger hatten leiden müssen, dass die gesamte Sowjetunion so kurz nach dem Krieg einem riesigen Armenhaus glich. Das Land hatte seinen Sieg über Deutschland teuer bezahlt.

Der versprochene Höhepunkt unseres «Kultur»-Ausflugs war ein Kinobesuch. Wir mussten in der letzten Reihe sitzen, was sich später für uns als großes Glück herausstellte. Gezeigt wurde ein Propagandafilm, und wir litten dabei Höllenqualen. Natürlich kannten auch wir solche Machwerke aus Goebbels' Filmstudios. Was wir hier sahen, war mindestens ebenbürtig, nur unter ideologisch umgekehrten Vorzeichen. Natürlich ging es um den «Großen Vaterländischen Krieg», wie die Russen den

Zweiten Weltkrieg nannten. Ständig dröhnte Marschmusik, abwechselnd mit Kriegslärm. Ängstliche deutsche Soldaten flohen vor heldenhaft vorwärtsstürmenden Rotarmisten. In einer anderen Szene waren pfannkuchengesichtige deutsche Offiziere zu sehen, die Frauen und Kinder erschossen und sich danach lachend in eine Hütte zurückzogen, um sich zu besaufen. Dabei sangen sie im grauenhaft russisch gefärbten Deutsch «Amaben auf därr Cheide» (Am Abend auf der Heide).

Das löste bei den Zuschauern helle Empörung aus, und wir spürten, wie sich bei den Zuschauern Hass aufbaute. So mancher Kinobesucher rief dazwischen: «Diese faschistischen Ungeheuer.» Und ich glaube, sie hätten uns gelyncht, hätten sie erfahren, dass ganz hinten in ihrem Kino waschechte «faschistische Ungeheuer» saßen. Wir rutschten immer tiefer in unsere Kinositze und zählten die Minuten, die uns vom Ende dieses Martyriums trennten. An diesem Tag war ich froh, wieder im Lager zu sein. Ich hatte genug von den Moskaubesuchen, zumindest vom Kulturprogramm. Der Leiter der Antifa-Gruppe beruhigte mich: «Du musst das verstehen, im Krieg geschehen oft grausame Dinge, und da kochen schon mal die Emotionen hoch.» Ich sagte: «Mensch, wir haben jetzt 1949, und der Krieg ist lange vorbei. Durch unsere Arbeit hier haben wir doch schon vieles zur Wiedergutmachung geleistet. In Deutschland besuchen die Menschen Theater- und Fußballveranstaltungen, und wir büßen hier immer noch, als hätten wir allein Schuld an diesem blöden Krieg.» Niedergeschlagen warf ich mich auf meine Pritsche und dachte daran, was Leutnant Schubin jetzt sagen würde: «Skorra budet lutsche.» Bald wird alles besser. Ich wollte einfach nur nach Hause, aber das würde wohl noch dauern.

Unsere Reihen lichteten sich. Albert Thoden, unser «Kapellmeister», sowie der Spitzenmusiker Gerhard Moog waren bereits nach Hause zurückgekehrt. Der unermüdliche Edgar arrangierte alles neu und stellte eine kleinere, aber gute Band zusammen. Theater wurde kaum noch gespielt, denn auch von den Darstellern fehlten inzwischen die meisten. Unser Bühnenausstatter Helmut Prestin wurde sehr krank und durfte ebenfalls zurück. Kurz nach seiner Ankunft in Hamburg starb er. Die künstlerische Leitung übernahm nun Albert Piller, ein hervorragender Humorist aus Köln. Er hatte schon zuvor die meisten Lieder und Texte geschrieben. Im Herbst, mit Beginn der Karnevalssession, der sogenannten fünften Jahreszeit, lief er zur Hochform auf und brachte selbst uns Nordlichter, denen die Natur das Karneval-Gen vorenthalten hat, mit seinem rheinischen Frohsinn zum Lachen. Er konnte uns aber auch zu Tränen rühren. In seinem rührseligen Heimkehrlied hieß es: «Lieber Freund, wir zählen schon die Tage, denn wir kehren bald zurück. Hör mir zu, was ich dir jetzt sage, nicht mehr weit ist dieses Glück.» Danach erfolgte der Refrain: «Dort im Sawod (Werk) steht ein Transport, sawtra (morgen) hinein, dawai, dawai domoi (los, los, nach Hause).» Den Refrain sangen wir oft unter Tränen mit. Neue künstlerische Inspiration bekamen wir, als sich einige Schellackplatten mit Boogie Woogie und Jazzstücken in unseren Besitz verirrten. Unser «Heldentenor» Karl Baumeister flippte vor Begeisterung beinahe aus und sang, begleitet von unserer geschrumpften Band, beinahe so gut wie Bing Crosby.

1949 war unser Jahr der Hoffnung. Tröpfchenweise erreichten uns Nachrichten auf dem Postweg aus Deutschland. Allmählich konnten wir uns ein realistisches Bild davon machen, was in Mitteleuropa passierte. Wir hatten bereits gehört, dass Deutschland in Zonen eingeteilt war und dass es in beiden Hälften Deutschlands – die DDR war am 7. Oktober 1949 gegründet worden – Währungsreformen gegeben hatte. Wir brannten darauf zu erfahren, wie das neue deutsche Geld wohl aussah. Und vor allem, ob es dafür auch etwas zu kaufen gab.

Im Herbst bekam ich mein erstes Paket. Zunächst musste ich zur Kommandantur. Dort wurde das Paket geöffnet, die Sachen dann einzeln besehen, erst danach durfte es mitgenommen werden. Anfangs teilten wir noch mit den Kameraden, die keine Pakete bekamen. Das ließ dann später nach. Vielleicht, weil nach und nach alle Kameraden in den Genuss von Paketen kamen. Es entwickelten sich aber auch Freundschaften, die unter anderem dazu führten, dass Pakete vorrangig mit den Freunden geteilt wurden. Tatsache ist aber auch, dass Selbstsucht und Egoismus zunahmen, je besser unsere Lage wurde. «Selbst essen macht fett», war ein Kommentar, der in den letzten Monaten unserer Gefangenschaft oft wiederholt wurde – wenn beispielsweise Kameraden zu offensichtlich nur an sich dachten. War Bohnenkaffee im Paket, dann brühten wir ihn auf und genossen ihn in gemütlicher Plauderrunde. Und schon damals gab es einen Unterschied zwischen den Paketen aus der Ostzone und denen aus dem Westen. In den Ostpaketen waren nur dürftige Sachen, in den Westpaketen amerikanische Zigaretten, Kaffee und Schokolade.

Bei mir war die Sache klar: Mit Zigaretten war ich freigiebig, denn ich war das, was man landläufig einen Gelegenheitsraucher nennt. Meine große Leidenschaft war aber «Cadbury»-Schokolade, von der mochte ich mich nicht trennen. Davon gab ich nichts ab. Nur mit Walja hätte ich diese Schokolade gern geteilt, aber ich war ja von ihr getrennt worden, bevor ich die erste Tafel geschickt bekam.

Auch Fotografen kamen ins Lager, und wir konnten Bilder nach Hause schicken. Es waren Presseleute, die für die deutschsprachige «Zeitung für Kriegsgefangene» arbeiteten. Wir erfuhren jetzt auch erstmals wieder Neuigkeiten vom Sport. Fußballspiele fanden wieder regelmäßig statt. Wir hörten auch, dass das Sportidol Max Schmeling wieder boxte, wenn auch nicht regelmäßig.

Ende 1949 bekam ich einen letzten Brief von Walja, den ein Mitgefangener von seinem Einsatz auf meiner alten Baustelle mitbrachte. Es klang sehr traurig, was sie schrieb. Sie vermisste mich. Demnächst wollte sie ein Ingenieurstudium aufnehmen, Architektur oder Brückenbau.

HEIMKEHR

Nachdem ich zweimal zum Heimtransport aufgerufen worden war und jedes Mal wieder zurück ins Lager musste, hatte ich mir geschworen: «Ein drittes Mal mache ich das nicht mit!» Diese dämlichen Transporte konnten mir gestohlen bleiben! «Lieber bleibe ich bis an das Ende meiner Tage in diesem verdammten russischen Lager, als mich dieser Demütigung nochmal auszusetzen», sagte ich zu meinen Kameraden. Und ich dachte daran, dass ich für das Unrecht, das mir widerfuhr, letztlich sogar entschädigt worden war: Denn hätte ich mich damals auf Heimreise begeben, hätte ich im Frühjahr 1949 Walja nicht getroffen. Noch immer spielte ich mit dem Gedanken, notfalls in Moskau zu bleiben, falls ich dann Walja wiedersehen könnte. Meine Freunde hielten mich deshalb für verrückt. Dieses Gefühl gehe irgendwann schon vorbei. So sei das eben mit der ersten Liebe.

Mitte Dezember 1949 waren wir im Lager nur noch etwa 100 Leute. Der doofe Rest, sozusagen. Man sagte uns, dass wir in den nächsten Tagen entlassen würden. Ich glaubte nicht so recht daran. Schließlich hatten wir eines gemeinsam: Wir waren die «problematischen Fälle», die stets hatten zusehen dürfen, wie andere gingen. Und wer wusste schon, was sich die Russen noch so alles würden einfallen lassen, um unsere Heimreise aufzuschieben. Doch war inzwischen klar, dass die Ungewissheit wohl nicht ewig dauern würde, irgendwann würde es zwangsläufig nach Hause gehen. Schließlich musste doch in diesem Nachkriegseuropa irgendwann wieder so etwas wie Normalität einkehren!

Vorstellungen davon, was uns in Deutschland erwartete, hatte ich nicht. Die Nachrichten in Moskau waren ziemlich eintönig: Im Westen war alles schlimm, Ostdeutschland das Paradies auf Erden. Nur die Briefe und Pakete, die uns aus der Heimat erreichten, sprachen eine andere Sprache.

Wieder einmal kam der 24. Dezember, mein fünftes Weihnachten in Kriegsgefangenschaft. Über die Straße am Hauptwerk standen Güterwagen. Es konnte keinen Zweifel geben, da wurde ein neuer Transport zusammengestellt – unser Transport! Dieses Mal musste es um uns, die «problematischen Fälle», gehen, denn andere Kameraden gab es ja kaum noch. Uns wurde befohlen, unsere Sachen zusammenzupacken. Wir taten es in Windeseile. Ich ging noch einmal, ein letztes Mal, durch unser Lager. Selbst hier, in Moskauer Gefangenschaft, spürte ich so etwas wie Abschiedsschmerz, empfand ich so etwas wie Wehmut. Zweieinhalb Jahre hatte ich in Tuschino verbracht. Vermutlich ging es keinem der Mitgefangenen so wie mir, doch schließlich hatte ich hier in Moskau etwas ganz Besonderes erlebt. Ich dachte an Walja. Demnächst würden uns Welten trennen – eine gefühlte Distanz wie zwischen zwei Planeten. Auch wir Plennys hatten mitbekommen, dass das Verhältnis zwischen Ost und West frostig geworden war. Wir befanden uns in der Mitte eines Jahrhunderts, in welchem die europäischen Völker bereits zwei Kriege gegeneinander geführt hatten. Die Wahrscheinlichkeit eines weiteren Krieges war damals eher groß. Walja und ich würden auf zwei unterschiedlichen Seiten des «Eisernen Vorhangs» leben, von dem der britische Premierminister Winston Churchill 1946 in Fulton erstmals gesprochen hatte und der im Westen bereits ein fester Bestandteil der Mediensprache war.

Ich durchstreifte die gähnend leeren Hallen, den Theatersaal, der ein trauriges Bild bot. Auf der Bühne richtete ich den umgekippten Stuhl auf, auf dem stets unser Starmusiker Gerhard Moog aus Sachsen gesessen hatte, und setzte mich darauf. Dann ging ich zum Hauptgebäude. Nur bei der Lagerleitung war noch jemand beschäftigt. Unten, in der großen Küche, war kein Mensch mehr zu sehen. Die beiden Kessel, in denen stets unsere Suppe gekocht worden war, waren erkaltet. Auf dem Ofenabzug lag unsere Katze, die mich schnurrend begrüßte. Die Katze war gehalten worden, um der Mäuseplage Herr zu werden. Was wohl aus ihr werden würde? Wahrscheinlich würde sie verwildern.

Und dann stellte ich erschrocken fest, dass sich bei mir wieder mal ein Fieberschub ankündigte. Mein Mitbringsel aus dem Waldlager bei Salaspils. Das versetzte mich leicht in Panik. Bloß nicht krank werden, dachte ich. Bereits heftig frierend wankte ich zurück zum Sammelplatz, wo sich nach und nach unser Häuflein einfand. Es waren nicht einmal 100 Männer, die, von einem russischen Sergeanten angeführt, über die Straße hin zum Hauptwerk gingen. Als wir das Lager verließen, passierten wir das bereits verlassene Tor der Wache. Zum letzten Mal lasen wir das große Schild: «Pod znamena Lenina, pod woditelstwom Stalina – w period k Kamuniisma!» (Unter dem Banner Lenins, unter der Führung Stalins – Vorwärts zum Kommunismus.) «Mag ja sein», kommentierte mein Freund Knolle aus Berlin, «aber erst mal jehn wa nach Haus, wa?»

Von meinen Freunden war – neben Knolle – nur noch Edgar dabei. Warum Edgar zu den Gefangenen gehörte, die wie ich bis zur Auflösung des Lagers in Tuschino bleiben mussten, weiß ich nicht. In der Waffen-SS war er nie gewesen. Vielleicht hatte ihn die russische Lagerleitung wegen seines Organisationstalents und seines hohen Ansehens unter uns Gefangenen für unentbehrlich gehalten.

Ohne Formalitäten stiegen wir in die beiden Waggons ein. Die Tür wurde von außen verriegelt. Wie damals, vor viereinhalb Jahren, dachte ich. Und es schlichen sich ein letztes Mal Zweifel ein: Was, wenn wir nur wieder innerhalb der Sowjetunion verschoben werden? Vielleicht wird ja nur das Lager aufgelöst. Vielleicht werden die «problematischen Fälle» aus allen Lagern irgendwo konzentriert? Vielleicht geht es ja am Ende doch noch nach Sibirien. Dunkelheit, Kälte, weihnachtliche Schwermut taten ihr Übriges, unser Misstrauen zu füttern. Ein letztes Mal hatten wir Angst.

Die erste Etappe dieser Fahrt dauerte nur etwas länger als eine halbe Stunde. Wir erreichten in Moskau den Weißrussischen Bahnhof. In einer vom normalen Passagierverkehr eigens abgetrennnten Halle saßen wir auf dem kalten Fußboden aus Steinfliesen und warteten die halbe Nacht. Knolle heiterte uns auf: «Weest ihr, ick bin froh, det ick im Ami-Sektor wohne. Amis sind kreativ, det ham wa ja jesehn an die villen Weißblechdosen von Oscar Meyer aus Chicago, die überall rumlagen. Bei die Amerikaner jeht allet automatisch. Die Kühe wern rinjetrieben, jeschlachtet, vaarbeetet, allet über Lofband. Und vorn kommen die fertigen Fleeschdosen raus. Jetzt, wo die Russen det nich mehr brauchen, schmeißen die Amis die Dosen in eenen Trichta, stellen det Band uff Rücklof und hinten komm die Rindviecha wieda raus.» In diesem Stil quasselte er die halbe Nacht. Dann, es war so gegen drei Uhr, mussten wir zu einem Abstellgleis laufen. Unsere Truppe wurde aufgeteilt, je nach regionaler Herkunft. Wir mussten Abschied von Knolle nehmen. Beim Einsteigen rief er mir und Edgar noch zu: «Machts jut, Freunde. Det letzte Stück Wejes schaffen wa och noch.»

Wir bestiegen einen Personenzug, der uns nach kurzer Zeit ins Durchgangslager Moshaisk nahe Moskau brachte. Dort existierte ein riesiges Sammellager für die aus der Gefangenschaft Entlassenen. Inzwischen hatte ich hohes Fieber, über 40 Grad, war eigentlich nicht reisetauglich und wurde deshalb umgehend ins Lazarett gebracht. «Schlaf dich erst mal aus. Heute und morgen wird wohl kein Transport erfolgen, bis dahin muss ich mich mal umsehen, was so geht», sagte Edgar und verstaute meine Sachen. Wie die meisten von uns hatte auch ich einen Holz-

Gruppenbild vom August 1949. Rechts unten Antifa-Leiter Thilo Ruppel, der kurz darauf nach Krasnogorsk ging, über ihm Edgar Goretzko. Rechts neben mir Thilos Nachfolger als Antifa-Leiter, dessen Namen ich nicht mehr erinnere.

koffer bei mir, der meine «Schätze» enthielt: 500 Zigaretten der Edelsorte «Kasbek» und Parfum.

Doch wider Erwarten sollte die Fahrt in die Heimat schon am nächsten Tag beginnen. Ich dachte: «Das darf alles nicht wahr sein! Da warte ich viereinhalb Jahre sehnsüchtig auf den Tag meiner Entlassung. Und just am Tag, an dem es losgehen soll, werde ich krank.» Weil ich schwer angeschlagen war, sollte ich vorerst im Lazarett bleiben und einen späteren Zug nach Hause nehmen. Es war zum Verzweifeln. Wir waren geprägt von tiefem Misstrauen gegen die sowjetischen Planer dieser Aktion: Was, wenn alles plötzlich gestoppt wird, weil sich der politische Wind dreht? Mit meiner SS-Vergangenheit und den Erfahrungen aus zwei «Beinahe-Heimreisen» musste ich jede Chance einer Entlassung beim Schopfe packen. Und wieder wurde Edgar aktiv. Er kam zu mir, riss mich hoch und appellierte an mich: «Los, steh auf, oder willst du hier versauern?» Dann teilte er mir mit, dass er den zuständigen Wachsoldaten soeben 200 Zigaretten spendiert hätte, damit ich mit ihm auf die Heimfahrerliste käme. Weitere 200 Zigaretten aus meinem Koffer hatte Edgar dem Arzt gegeben, der mich daraufhin als «fahrtauglich» beziehungsweise «transportfähig» eingestuft hatte. Taumelnd stand ich auf, zog mich an und ging zum Sammelplatz.

Es war höchste Zeit, denn der Zug füllte sich bereits. Zum letzten Mal rief ein Offizier meinen Namen, Vornamen, Vatersvornamen: «Luugs, Gjunter, German» (Lucks, Günter, Hermann). Und dann stieg ich ein. Eine spätere Reise wäre für mich in jedem Fall eine größere Tortur gewesen, denn ich hätte das alles ohne Edgar schaffen müssen – und die Fieberschübe dauerten unterschiedlich lang, manchmal bis zu zwei Wochen, mitunter verschwanden sie auch nach kurzer Zeit wieder. Bei diesem Anfall handelte es sich um einen, der etwas länger dauerte.

Und wieder mussten wir in einen dieser verfluchten Güterwagen. Allerdings in eine Art «Luxusversion», denn er war mit Stroh ausgelegt. Drinnen befand sich sogar ein Ofen, aber leider nichts zum Heizen. Edgar brachte mich zu meinem Waggon. Aus dem Lazarett hatte er eine Wolldecke geklaut, die er mir umlegte. Dann wurde er von einem Wachsoldaten unsanft abgedrängt, und ich hörte ihn erstmals richtig schimpfen: «Lass mich los, du Vollidiot!»

Er wurde zu einem anderen Wagen beordert, durfte mich dann nicht mehr besuchen, denn jedermann musste im Bereich seines Waggons bleiben und aufpassen, dass die Abfahrt nicht verpasst wurde. Als es mir Tage später etwas besser ging, wir fuhren bereits in Richtung Westen, erzählte mir ein Kamerad, ich hätte im Fieber vor mich hin gefaselt. Ich hätte russisch «Ja nje chatschu (Ich will nicht!)» gerufen, dazu Waljas Namen. Der Kamerad hatte mir während meines Deliriums mit einem Handtuch aus meinem Koffer ständig den Kopf abgetrocknet und meinte noch, dass er sonst aus meinem Koffer nichts entwendet habe, ich solle mich davon überzeugen. Als wäre das in diesem Moment meine größte Sorge gewesen. Ich saß wie schon bei der Fahrt vor fünf Jahren in der Nähe «meiner» Luftklappe, die jetzt allerdings nicht mit Stacheldraht gesichert wurde. Auch hob mich niemand mehr hoch, denn wir wussten ja, wohin die Fahrt ging. Die Klappe verursachte einen eisigen Luftzug.

Man konnte bei jedem Halt aussteigen, nur durfte man die Abfahrt nicht verpassen. Am 31. 12., die schrecklichen 40er Jahre verabschiedeten sich gerade, erreichten wir die polnische Grenze. Die Polen waren nicht gut auf uns zu sprechen und schikanierten uns, soweit es in ihrer Macht stand. Wir mussten draußen antreten, wurden gezählt, wieder gezählt und nochmals gezählt. Die Warterei war schrecklich. Sobald einer aufbegehrte oder bloß sagte, dass es wohl langsam mal genug sei, schimpften die polnischen Grenzer, nannten uns «Scheiß-Deutsche». Schließlich wurde es dem russischen Zugkommandanten, einem Offizier, zu viel. Er befahl uns einzusteigen, und nach kurzer Zeit setzte sich der Zug wieder in Bewegung. Um Warschau machten wir einen Bogen. Endlich, am 1. Januar 1950, passierten wir ohne weitere Verzögerungen die ostdeutsche Grenze, Gronenfelde nannte sich der Ort in der Nähe von Frankfurt an der Oder. Dort befand sich das Entlassungslager. Es waren nur wenige Menschen zu sehen. So etwas wie der aus Filmen bekannte «Empfangsjubel» von Menschen, welche die Bahnhöfe im Westen säumten, um uns zu begrüßen, gab es im Osten nicht. Hier wurden unsere Kameraden aus dem Ostteil Deutschlands entlassen. Sie bekamen ihre «Sprawka», Entlassungsscheine, und konnten nach Hause fahren.

Wir Westdeutschen bekamen ebenfalls einen russischen Entlassungsschein und eine Fahrberechtigung nach Cottbus, wo wir am Abend ankamen. Auch dort war der Bahnhof verwaist, wir sahen kaum Menschen. Um den Bahnhof zu verlassen, mussten wir durch eine Unterführung gehen. Da befand sich ein Kiosk, der aber verschlossen war und in dessen Fenster ein Werbeplakat mit der Aufschrift «Pfefferminzbonbon» zu sehen war. Ein kleiner Automat daneben war intakt, und ein Reichsbahn-Bediensteter zog mir eine Rolle heraus, denn ich hatte kein Ostgeld. Mir ging es vorübergehend etwas besser. Zusammen mit zwei Kameraden verließ ich den Bahnhof, wir wollten unsere Freiheit genießen und etwas erleben. Aber es war ein kalter Winterabend, kein Mensch war auf der Straße, die Stadt wirkte öde. Drei russische Streifensoldaten hielten uns mit Vorträgen auf, ließen sich unsere Dokumente («Dawai Papier») zeigen, sodass wir unseren Zug verpassten. Erst morgens konnten wir schließlich weiterfahren. Ich hatte immer noch Fieber und war sehr erschöpft. Beim Umsteigen hatte Edgar meinen Koffer mitgenommen.

Von Cottbus fuhren wir nach Heiligenstadt im Eichsfeld, im Nordwesten Thüringens gelegen. Dort ging es dann zügig im Fußmarsch über die Zonengrenze. Wir hielten unsere Entlassungsscheine hoch und passierten den «Eisernen Vorhang», der bereits etwas Gespenstisches hatte. Auf westlicher Seite standen drei große Bäume. In der ausladenden Baumkrone hingen dicht an dicht russische Pelzmützen. Auch wir warfen unsere Tschapkas ins Geäst. Ich hatte aber noch ein zweites, sehr schönes Exemplar, meine «Kubanka» aus schneeweißem Fell. Die behielt ich und nahm sie mit nach Hause. Sie erinnerte mich an Walja, nur ihr zuliebe hatte ich sie teuer erstanden. Bis weit in die 50er Jahre hinein blieb sie in meinem Besitz. Bis ich sie eines Tages meinem Stiefvater borgte. Der arbeitete als Schauermann im Hamburger Hafen. Das gute Stück wurde ihm gestohlen, weil er es leichtsinnigerweise im Umkleideraum hatte hängen lassen.

Am 2. Januar erreichten wir das legendäre Entlassungslager für Kriegsgefangene, das spätere Umsiedlungslager Friedland. Am Eingang einer großen Halle stand ein Tisch, an dem saßen englische Offiziere, deutsche Beamte und Ärzte. Die Halle war brechend voll, rund 200 Leute mussten wie wir ihre Entlassungsformalitäten erledigen. Ich stand ganz hinten. Edgar bahnte sich resolut einen Weg nach vorn und sagte zu den Ärzten: «Dahinten steht ein schwerkranker Mann, der hat hohes Fieber und droht umzufallen ...» Das wirkte, ich wurde nach vorn geholt, bekam Spritzen und Medikamente, meine Papiere und 40 D-Mark; das neue Geld war bereits seit Juni im Umlauf. Auch eine Fahrkarte nach Hamburg wurde mir ausgehändigt. Aufgrund meiner Vorzugsabfertigung bekam auch Edgar seine Papiere, so hatte er durch mich wenigstens einen kleinen Vorteil als Dank für seine Mühen.

Eine Nacht blieben wir in Friedland, dann brachte uns ein Bus zum Bahnhof. In Göttingen bestiegen wir den Personenzug nach Hannover, wieder froren wir, aber das waren wir ja gewohnt. Am Ende unserer Reise verblieben drei Kameraden im Abteil, die aus Tuschino kamen: Franz Soltau aus Harburg, Edgar und ich. Der Zug war kaum beheizt, auch in Deutschland herrschte noch Not, wenn auch nicht so groß wie in der Sowjetunion. Wir sahen noch sehr viele Trümmer. Zuvor hatten wir keine rechte Vorstellung gehabt, wie die Heimat wohl aussehen würde.

Es dauerte ewig, bis wir in Hannover ankamen. Ich war todmüde. Edgar und ich gingen auf den Bahnsteig. «Dort drüben, auf dem anderen Bahnsteig, fährt in 40 Minuten mein Zug nach Köln», sagte Edgar. «Dein Zug geht in zehn Minuten, wir haben nicht mehr viel Zeit.» Was gab es noch zu sagen? «Mach's gut und schreib mal», eben das, was man so zum Abschied redet. Dann umarmten wir uns herzlich. Sich umarmende Männer waren damals ein ungewohntes Bild. Einige nächtliche Fahrgäste schauten pikiert weg.

Schweigend ging Edgar mit seinem Holzkoffer auf die Treppe, die zum anderen Bahnsteig führte. Er drehte sich nicht um. Als der Zug anfuhr, schaute Franz diskret zur Seite, denn mir liefen die Tränen die Wangen herunter. «Komm gut heim, alter Kumpel!», sagte ich ganz leise. Ich sollte Edgar nie wiedersehen. Wir haben noch zwei, drei Briefe gewechselt. Aber wir lebten später in verschiedenen Welten, gründeten bald eigene Familien. Telefonanschlüsse waren damals noch nicht sehr verbreitet, sodass der schnelle Griff zum Hörer nicht in Frage kam. Und eine Fahrt von Hamburg nach Lüdenscheid war im Deutschland der Nachkriegszeit keine alltägliche Sache, sondern ein aufwendiges Unterfangen, obendrein ziemlich teuer. Irgendwie hatte ich ja allmählich Routine – im Lebewohlsagen.

Erst jetzt, während der Arbeiten an diesem Buch, habe ich erfahren, wie das weitere Leben Edgars, meines «großen Bruders», verlaufen war: Er hat 1951 in Lüdenscheid geheiratet, arbeitete als Redakteur bei der «Westfälischen Rundschau», arbeitete später in verschiedenen Unternehmen der Papierherstellung als Personalleiter und starb am 18. Januar 2008, einen Tag vor seinem 87. Geburtstag, in Weilburg an der Lahn. Das alles schrieb mir seine Witwe, die zu finden mit den heutigen Kommunikationsmöglichkeiten ein Leichtes war. Ich hätte mich einfach mal eher melden sollen.

«Mensch, hör mal, endlich wieder deutsche Ansagen», rief Franz, wohl um mich aufzuheitern. Andächtig lauschten wir: «Zum Personenzug nach Hamburg bitte einsteigen und die Türen schließen. Vorsichtig bei der Abfahrt des Zuges.» Wirklich glücklich war ich nicht, obwohl der Moment nahte, den ich fünf Jahre lang herbeigesehnt hatte. Ich dachte an Walja, meine Liebe im fernen Moskau. Und an meinen Freund Edgar, der soeben nach Köln fuhr. Beim Gedanken an die Domstadt fiel mir Albert Piller ein, was er wohl jetzt machte? Indes zuckelte der Zug durch die Landschaft, an jeder Station haltend, Schnellzüge fuhren damals nicht. Der Morgen dämmerte bereits, ich war ein wenig eingeschlafen, da rief Franz plötzlich: «Du, das ist jetzt Lüneburg, bald sind wir zu Hause. In Harburg steige ich aus. Besuch mich mal in Harburg, meine Adresse hast du ja. Mensch, nach Hause, domoi. Komm, alter Knabe, ick moch mol wedder plattdütsch snaken, lot uns mol wat singen!» Er fing an, und ich stimmte ein: «Blaue Jungs, blaue Jungs von de Woterkant, ahoi, ahoi, ahoi.»

Komisch, dachte ich, wie sich die Szenen gleichen. Auch damals, vor fünf Jahren, wurde gesungen, als der Zug diese Strecke passierte, nur in die andere Richtung. Ich hatte meinen Koffer auf den Knien abgelegt. In ihm hatte ich meine Schätze gebunkert – etwas Parfum, für das meine Mutter aber dann keine Verwendung hatte, weil es ihr zu süß roch, dazu ein paar Gitarrensaiten, ein Paar saubere Fußlappen, ein weißes Oberhemd mit blauem Kragen und einige Bogen «Block-Schreibpapier». Und natürlich Tabakwaren – zwei Pakete Machorka sowie etwa 300 Zigaretten der billigen Sorten «Paratschutist» (Fallschirmspringer), Belamorkanal (Weißmeerkanal) und Kino. Aber auch einige Schachteln der Edelsorte Kasbek (Berg im Kaukasus) sowie Drug (Freund). Bei Letzteren, so erinnere ich mich noch, war ein Hund auf der Packung abgebildet.

In Harburg sagte Franz nur noch «Tschüss», sprang aus der Abteiltür und fiel seiner Frau in die Arme, die schon auf ihn wartete. Mich hielt es jetzt nicht mehr auf dem Sitz. Wir überquerten die Elbbrücken, und endlich fuhr der Zug in die Halle des Hamburger Hauptbahnhofs ein.

Meine Mutter hatte schon längst von meiner Entlassung erfahren und erwartete mich am Hauptbahnhof. Im Zug saßen noch etwa 50 ehemalige «Plennys», Entlassene aus anderen Lagern. Eine riesige Menschenmenge erwartete uns. Frauen, Männer und Kinder liefen am Zug entlang. Viele hielten uns Bilder von Soldaten entgegen, in der Hoffnung, dass wir den einen oder anderen dieser vermissten Kameraden erkennen würden. Aus der Menge vernahm ich dann eine vertraute Stimme: «Günter, o mein Junge!» Ich stolperte aus dem Zug und fiel meiner Mutter in die Arme. Sie sagte nur: «Der Opa hatte recht, als er meinte, dass der Junge wiederkommt. Der sei zwar klein, aber zäh, wirst schon sehen …» Dabei war ich nicht mehr klein, sondern überragte sie weit über einen Kopf, was sie erfreut feststellte. Auch mein Stiefvater war dabei, er hielt sich etwas im Hintergrund. Den russischen Entlassungsschein musste ich abgeben und erhielt stattdessen einen britischen mit dem Vermerk «was discharged on (date) 4.1.50 from the Waffen-SS»! Mist, dachte ich, selbst bis hierher verfolgt mich dieser blöde Verein! Werde ich denn dieses Stigma nie wieder los?

Wir bestiegen die Straßenbahn, an deren Heck ein Plakat angebracht war, auf dem stand: «No overtaking left!» (Nicht links überholen!) Das verwunderte mich. Mein Stiefvater erklärte mir, dass die Engländer, sie waren in Hamburg die Besatzungsmacht, oft versuchten, links an der Bahn mit ihren Jeeps vorbeizufahren. Denn in England herrscht bekanntlich Linksverkehr. Dabei kam es dann immer wieder zu schweren Unfällen. Eine neue Welt tat sich vor mir auf. Zuerst fiel mir auf, dass noch immer riesige Trümmerberge das Bild des Hamburger Ostens dominierten. In den Ruinen des Kinos «Schauburg Hamm» hing noch ein Plakat des letzten Films aus Kriegstagen, «Ich vertraue dir meine Frau an», mit Heinz Rühmann in der Hauptrolle. Wir wohnten nicht mehr im Keller, aber im selben Haus. Mein Stiefvater hatte uns in der noch intakten zweiten Etage eine recht gute Wohnung hergerichtet. Meine beiden Halbbrüder waren herangewachsen, der kleine Helmut war erst 1944 geboren worden. Und meine kleine Halbschwester war bereits auf dem Weg, eine junge Dame zu werden.

Bevor ich, so wie das damals üblich war, ein möbliertes Zimmer zur Untermiete beziehen konnte, schliefen wir beengt in der kleinen Wohnung meiner Eltern. Die Eltern im Schlafzimmer, wir drei Brüder in einem Zimmer und meine 14-jährige Schwester im Wohnzimmer. Mit einem Kuss auf die Wange weckte mich meine kleine Schwester am ersten Morgen daheim, sagte dazu: «Hast du gut geschlafen, Goschoi?» Noch im Halbschlaf hörte ich es – Goschoi, mein Spitzname aus Kindheitstagen.

«Bubi» war in Moskau geblieben, das Kapitel war zu Ende. Niemand würde mich hier je wieder so nennen. Ich war glücklich, denn jetzt war ich tatsächlich wieder zu Hause.

Stationen meiner Odyssee von Januar 1945 bis Januar 1950

Januar 1945	Hamburg
März 1945	Beneschau bei Prag, Bad Luhatschowitz
April 1945	Grenzgebiet Österreich/ Tschechien, Krieg
Mai 1945	Pisek, Krankenzug
Ende Juni 1945	Tabor, Gefangenenlager
Ende September 1945	Abfahrt aus Brünn im Viehwaggon Richtung Ungarn
4. Oktober	Zwischenstopp in Iasi/Rumänien Weiterfahrt bis etwa Stalingrad, dann zurück in Richtung Nordwesten bis ins Baltikum
Anfang November	Ankunft in Tallinn, Estland
Mai 1946	Lettland, Auts, Bene, Salaspils, Ogre
1. Oktober 1946	Mittau bei Riga/Lettland
Winter 1946	Klin, Russland, 90 km nordwestlich von Moskau
April 1947	Tuschino, bei Moskau
Ende Dezember 1949	Rückführung via Polen, Cottbus und Heiligenstadt im Eichsfeld sowie Lager Friedland (Hessen)
4. Januar 1950	Ankunft in Hamburg

NACHWORT

Es dauerte lange, bis ich wieder das führen konnte, was man unter einem «normalen Leben» versteht. Die Erlebnisse – Krieg und Gefangenschaft – hatten mich verändert, sie prägen mein Leben bis heute. Ich war zunächst lange krank. Über zwei Monate lang quälte mich diese malariaartige Krankheit, ich lag im Krankenhaus im Hamburger Stadtteil St. Georg.

Wieder genesen, fing ich bei der Deutschen Post beziehungsweise der späteren Bundespost an zu arbeiten. Doch ich war ein anderer Mensch geworden, tat mich schwer mit den straffen Hierarchien einer so großen Behörde und entwickelte Aversionen gegen die «alten Kommissköppe» mit Beamtenstatuts in ihren bedeutungsschwangeren Uniformen. Unter meinen Vorgesetzten galt ich bald schon als unbequem. Ich fühlte mich dort unglücklich. Anfang 1955 erhielt ich ein Schreiben vom «Amt Blank» aus Bonn, dem Vorläufer der Bundeswehr, die gerade im Aufbau begriffen war. Man bot mir eine Beschäftigung an. Mit meinen «Osterfahrungen», so schrieb man mir, sei ich ein wertvoller Mann. Schon nach einer kurzer Unterweisung stünde mir eine Laufbahn als Unteroffizier offen. Man versprach mir die schnelle Beförderung innerhalb der Unteroffiziersränge und lockte gar mit Erleichterungen beim Erreichen von Offiziersgraden – sofern ich geeignet sei. Weil ich damals ohnehin über eine berufliche Neuorientierung nachsann, überlegte ich lange; immerhin lockte ein schneller Aufstieg. Am Ende lehnte ich das Angebot aber ab, schob gesundheitliche Gründe vor. Tatsächlich bekam ich in regelmäßigen Abständen Fieberschübe, eine Erinnerung an die Wochen in den baltischen Sümpfen. Doch in Wahrheit lehnte ich die militärische Laufbahn ab, weil ich mich dazu nach dem Erlebten gar nicht mehr in der Lage sah. Ich wollte keine Waffe mehr in die Hand nehmen, und war der Verteidigungsauftrag noch so gerechtfertigt, waren Grundlagen und Legitimation dieser neuen Armee noch so demokratisch. Ich war ein gebranntes Kind, was Uniformen und militärischen Drill betraf. Dieser Krieg hatte einen überzeugten Zivilisten aus mir gemacht. Und dafür bin ich sogar ein wenig dankbar.

Mein Sohn hat mich einmal darauf aufmerksam gemacht, dass ich stets nervös reagierte, wenn kleine Röhrchen, Stäbe oder selbst der Griff einer aus der Terrine ragenden Suppenkelle auf mich gerichtet waren. Automatisch drehte ich dann die Suppenkelle in eine andere Richtung – eine scheinbar harmlose Macke, die dieser Krieg in mir hinterlassen hat. Oft muss ich an den russischen Soldaten denken, der mir im Sanitätszug seine entsicherte Waffe an die Stirn gehalten hat.

Viel habe ich in den ersten Monaten und Jahren nach meiner Rückkehr an Walja gedacht. Doch ich wusste auch, dass wir keine Zukunft hatten; nie wäre ich freiwillig in die Sowjetunion zurückgegangen. Ich hatte keinen vernünftigen Beruf und hätte Walja so auch nicht viel bieten können. Nicht einmal das Geld für die Reise hatte ich, falls man mich überhaupt hätte einreisen lassen. Meine Familie hatte ihre sozialistische Gesinnung in die Nachkriegszeit hinübergerettet. Meine Erlebnisse im und nach dem Krieg hatten mich von meiner jugendlichen NS-Marotte vollends kuriert, ich kehrte in den sozialistischen Schoß meiner Familie zurück, wenn auch mit gebremster Leidenschaft. Der KPD mochte ich nicht beitreten, die FDJ, die es auch in Westdeutschland gab, empfand ich als fairen Kompromiss. Ich dachte an Waljas Appell: «Bitte, Shenja, versprich mir, dass du nicht über ‹Sawjetski Sojus› (die Sowjetunion) schimpfst, wenn du wieder zu Hause bist!» «Wie könnte ich einem Land böse sein, in welchem mein liebes Mädchen lebt», hatte ich entgegnet.

Ein weiterer Grund, der westdeutschen FDJ beizutreten, war für mich die Chance, mit ihrer Delegation 1950 am Deutschlandtreffen der Jugend und Studenten in Ostberlin teilzunehmen. Ich hoffte sehnlich, in der sowjetischen Delegation etwas über Walja zu erfahren, hoffte gar, sie dort zu treffen. Natürlich traf ich sie nicht. Bei der Rückkehr nach Hamburg kam es zu heftigen Zusammenstößen mit der Polizei. Als ich am Jungfernstieg Flugblätter gegen die Zerstörung der Lüneburger Heide durch die britischen Panzer verteilte, wurde ich verhaftet. Drei Monate Haft erhielt ich: wegen Schädigung des Ansehens der Besatzungsmacht. Ich war eben, wie Walja oft scherzhaft sagte, ein unverbesserlicher «Durak» (Dummkopf). Zehn Monate nach meiner Freilassung saß ich schon wieder hinter schwedischen Gardinen.

Meine Schwester überredete mich später, mit der FDJ-Gruppe an einem Treffen der örtlichen christlichen Jugendgruppe teilzunehmen. Sanft schob sie mich in die Nähe ihrer ebenfalls anwesenden Schulfreundin Doris. Etwas später besuchten wir ein Gartenfest, auf dem dieses niedliche, aber resolute Geschöpf mir komplett den Kopf verdrehte, ich verliebte mich in sie. Ich befreundete mich mit Doris, verlobte mich dann. Sie ist heute noch meine Frau, die goldene Hochzeit haben wir schon lange hinter uns.

ES BEGANN MIT EINEM DICKEN UMSCHLAG

Nachwort des Koautors Harald Stutte

Das dicke Kuvert lag seit Wochen im Posteingangsfach des Politik-Ressorts meiner Zeitungsredaktion. Niemand fühlte sich dafür zuständig, denn es war adressiert an das «Ressort Zeitgeschichte» der *Hamburger Morgenpost.* Doch ein solches Ressort gibt es bei unserer Zeitung nicht. Ich hatte etwas Zeit, verteilte die Post an die Kollegen und spielte bereits mit dem Gedanken, das Bündel dem Adressaten zurückzusenden – oder wegzuwerfen. Man muss dazusagen, dass Tageszeitungsredaktionen mit Briefen, Drucksachen, Artikeln und selbst Lebenserinnerungen überschwemmt werden. Das meiste davon kann nicht verwendet werden. Und um jedem der Schreiber zu antworten, fehlt die Zeit. Ich öffnete den Umschlag und fand einen Packen von 30 dichtbeschriebenen Schreibmaschinenseiten. Ich nahm mir vor, zumindest den Anfang zu lesen, doch ich las und las, denn der Text ließ mich nicht mehr los. Ich vertiefte mich in die Geschichte. Sie handelte von einem jungen Menschen auf halbem Weg zwischen Kindheit und Erwachsensein, der sich in den letzten Kriegstagen freiwillig an die Front gemeldet hatte und erst nach fünf Jahren wieder heimgekehrt war. Ich sah die Fotos, die er mitgesandt hatte, sah in die Augen eines Jugendlichen und eines pausbäckigen Mädchens und hatte sofort das Gefühl: Die Geschichte dieses kindlich aussehenden SS-Mannes, der sich in sowjetischer Gefangenschaft in eine fast gleichaltrige Jungkommunistin verliebt, muss erzählt werden.

Zufällig rief Günter Lucks Tage später in der Redaktion an. Sein Manuskript befand sich bereits seit Wochen bei uns, ich hatte mich ihm aber erst vor wenigen Tagen gewidmet. Vermutlich war er etwas erstaunt, dass ich sofort wusste, wer er war und um was es ging. Wir verabredeten einen Termin, dem Dutzende folgten. Beide begaben wir uns auf eine Reise in seine Erinnerungen – ich als Fragender, er als ein Mann, der offenbar sein Leben auf einer Art innerer Festplatte abgespeichert hatte. Selbst an Gerüche, Farben, Dialoge erinnerte er sich.

Mich beeindruckte vor allem die Aufrichtigkeit seiner Erinnerungen, frei von Verbitterung oder Rechtfertigungszwang. Viel ist über die individuelle Schuld dieser Generation geschrieben worden: Hatte sie die Chance, sich dem NS-System zu verweigern? Hat die damalige Jugend versagt? Die Erinnerungen von Günter Lucks verdeutlichen, dass die Generation junger Kriegsteilnehmer – aufgewachsen und sozialisiert im NS-Staat – in einem Dilemma lebte und wenig Chancen hatte, sich der Verführung durch das System zu entziehen. Sie waren die dreifachen Verlierer des von Hitler begonnenen Krieges. Sie bezahlten mit ihrer Kindheit, die sie in Jungvolk-, HJ- und Wehrmachtsuniformen marschierend vergeudeten. Im Krieg entrichteten sie – schlecht ausgebildet und fanatisiert – als Kanonenfutter einen großen Blutzoll. Und nach dem Krieg schmorten sie, während Alte und Kranke vorzeitig entlassen wurden, oft die längste Zeit in den alliierten Gefangenenlagern.

Lucks' Erlebnisse relativieren nicht Schuld und stellen nicht den verbrecherischen Charakter der Waffen-SS in Frage. Sie machen nur deutlich, dass mitunter auch in den Uniformen der Täter Opfer steckten. Die Stärke des Buches sind die detaillierten und authentischen Schilderungen des ganz banalen Kriegsalltags: Zweifel, Ängste und Hoffnungen in einer betrogenen Jugend, das Überleben und Sterben in der Gefangenschaft. Wie es möglich sein konnte, dass eine ganze Generation den fanatischen Ideen eines kriminellen Regimes verfiel, war für mich stets eines der größten Rätsel der jüngeren deutschen Geschichte. Nach über drei Jahren Beschäftigung mit dem Leben von Günter Lucks habe ich dafür zwar keine abschließende Erklärung gefunden. Doch ich habe jetzt eine Vorstellung, in welchem enormen Spannungsfeld zwischen staatlicher NS-Indoktrination, der Distanz zum Regime, die mitunter vom Elternhaus ausging, falsch verstandenem Pflichtgefühl, Heimatliebe, manipuliertem Nationalstolz, pubertärer Abenteuerlust und nackter Todesangst diese Generation ihren Weg suchen musste. Und ein wenig überrascht habe ich zur Kenntnis genommen, dass sich hinter dieser «gleichgeschalteten» HJ-Fassade die Gedanken, Ängste und Sehnsüchte der damaligen Jugend gar nicht so sehr von dem unterschieden, was junge Menschen heute beschäftigt.

«Wer sich der Geschichte nicht erinnert, ist dazu verdammt, sie zu wiederholen.»

George Santayana, amerikanischer Philosoph